風起南洋

馬來西亞華人的華文教育、族群認同與多元文化

韓　晗——主編

莫泰熙｜馬來西亞華校董事聯合會總會前首席行政主任　**王潤華**｜馬來西亞南方大學學院中文系教授

陳奕平｜暨南大學華僑華人研究院教授　**安煥然**｜馬來西亞新紀元大學學院中國語言文學系教授

潘碧華｜馬來亞大學中文系主任、副教授　**洪麗芬**｜馬來西亞博特拉大學現代語言暨傳播學院副教授

——等合著

序

二〇二〇年秋天，我的同事韓晗教授作為召集人，聯合莫泰熙先生、令狐萍教授與盛靜教授三位學界先進，由武漢大學國家文化發展研究院發起主辦「馬來西亞華人的華文教育、族群認同與多元文化」國際學術會議。這次會議非常成功，我在大會前作了致辭並在雲端全程與會，親眼見證了這場盛況。後台資料顯示，旁聽者多達數十萬人。會議結束後，韓晗教授和同事們不辭辛勞，用一年的時間奔走聯絡、評審文稿，終於完成了論文集《風起南洋——馬來西亞華人的華文教育、族群認同與多元文化》的編輯工作，並由臺灣秀威資訊科技出版。邀我作序，我欣然應允。

馬來西亞華人是海外人數最多的華人族群，也是馬來西亞本地民族之一，1957年，馬來亞華人一度約占總人口的40%，如今占馬來西亞總人口近四分之一。據歷史記載，馬來西亞華人的移民史可追溯至漢代，明代鄭和下西洋與晚清先後經歷過兩次大規模內地移民南下，時稱「下南洋」。馬來西亞華人不但人數龐大、歷史悠久，而且精誠團結、自信自強，對家鄉充滿感情，是中華文化在海外傳播的重要載體。

鄭和下西洋是馬來西亞華人群體迅速發展的一個重要起點，王潤華先生、安煥然教授在這次的會議報告中都談到了鄭和下西洋。清代詩人黃叔璥亦曾有詩：「生兒出浴向河濱，仙氣長留冷逼人。三保當年曾到處，南洋諸國盡稱神。」這裡的「三保」就是俗稱「三保太監」的鄭和，遠航出海的鄭和，得到了南洋民眾的支持與愛戴，這就是安煥然教授講的「軟實力」。黃叔璥是首任臺灣巡察御史，任期曾乘船考察東南及南部海域諸島嶼，寫了八卷本的《台海使槎錄》，我想他的話還是有可信之處的。兩位教授的大作對於這一問題均有深刻洞見，我就不班門弄斧了。

近代以來，馬來西亞華人積極參與中國現代化進程。晚清時，「錫礦大王」胡子春捐款建粵漢、蘇浙、漳廈三條鐵路，為中國南方現代化起到了重要作用。孫中山先生曾數次來到馬來西亞的檳城、怡保、吉隆坡、麻六甲等地宣傳革命，余東雄、李晚等馬來西亞華人，在孫中山先生的邀約下，積極投身革命，獻身國家，成為彪炳青史的辛亥志士。抗戰時期，馬來西亞華人相繼成立馬來亞華人各界抗敵後援會與南洋華僑籌賑祖國難民總會，願與國內同胞共紓國難，書寫了馬來西亞華人發展史上最為壯麗的史詩。這次我看到錢杉杉博士參會的論文就是專論南洋與「革命」的關係，這個話題非常值得研究，年輕一代關注這個議題，說明了這裡有常做常新的學問。

最近四十餘年，馬來西亞華人來中國內地讀書、經商、就業者甚眾，以武漢大學為例，我校多個學院常年招收為數不少的優秀馬來西亞華人學生，如出席這次會議的林志敏教授就是武漢大學優秀校友，曾師從於我的同事尚永亮教授，如今林教授在文學研究領域取得了卓異的成績，成為了馬來西亞著名的中國古典文學學者，為中華文化在馬來西亞的發展做出了許多貢獻，在這裡我向林志敏校友由衷表示祝賀。

蓋因馬來西亞華人文脈深厚，故而其故事也極其豐富。在馬來西亞華人數百年發展歷程當中，有各種精彩的故事，他們熔鑄成了馬來西亞華人靈魂中的歌與詩。當中既有他們為爭取平等權利而不屈不撓的抗爭史，也有與其他族群並肩努力、相互提攜的奮鬥史。因此，這些故事不但包括史詩般的宏大敘事，還包括那些在偶然之間扣人心弦的歷史片段，它們是馬華文化這首交響樂中的主旋律與各種音符。在這次與會學者的論文中，我看到上述問題都有較為細緻的論說，一些觀點與知識使我耳目一新，獲益不少，這裡不一一詳述。

馬來西亞作為南洋的重要組成，它其實是許多近代中華傑出人士的萬里鄉關，這裡發生的一切故事，都與中華文化有著千絲萬縷的聯繫。從地理位置上看，它雖看似孤懸在外，但卻在精神上從未脫離中華文化而遺世獨立，它不是「不知有漢何論魏晉」的世外桃源，而是與海內外中華兒女同呼吸、共命運的天涯故園。這背後是上千萬南洋華人生生不息、世代耕耘的結果，當中許多馬華兒女，以海風山骨的拼搏精神，做到了「子孫永遠比較像華人」（借莫泰熙先生語）。我們舉辦的這次會議與編輯出版的這本論文集，就是以學者的方式向馬華朋友們致敬。

武漢大學國家文化發展研究院多年致力於國家文化、國民文化研究，特別重視對中華優秀傳統文化的海外傳播諸問題的思考。在同事們的努力下，這些年我們確實也取得了一些成果，當然這也與海內外同行學界的支持密不可分。這本論文集的出版，既是我們與諸位學界先進友誼的結晶，也是大家支持我們的證明。在此我也希望，海內外學界同行朋友們能攜起手來，為馬來西亞華人文化研究的未來，繼續書寫新的篇章。

是為序。

傅才武

2021年12月20日

於武漢大學郭沫若故居

目次

第二輯　近代以來馬來西亞與中國的文化政治互動

第三輯　馬華文化歷史資源的現代化轉化

第一輯

馬來西亞近代華人文化先驅的事蹟與活動

華教精神：林連玉古體詩的自我形象

潘碧華

馬來亞大學中文系主任、副教授

成茉莉

國立臺灣大學中國文學系碩士研究生

前言

林連玉（1901-1985），生於中國福建永春，祖父林以仁以及父親林賡颺都是清朝名儒，以教書為生，他自小接受傳統儒家教育，研讀四書五經。1916年，林連玉在父親的安排下到廈門當學徒，1920年考入集美學校師範部文史地系，後以破紀錄的成績畢業，留校執教2年。1927年，集美因學潮事件被關閉後，林連玉南來馬來亞，投靠族兄林采仁，先後在霹靂愛大華國民學校、巴生共和學校、加影育華學校以及吉隆坡尊孔學校等多所中學擔任教師。1949年，他領導成立吉隆坡華校教師公會，終身推動華文教育，尤其1951年《巴恩報告書》、1954年《教育白皮書》、1956年《拉薩教育報告書》推出後，林連玉挺身而出領導華人社會向政府表示不滿，堅決維護華文學校的基本特徵，在馬來西亞華人社會產生很大的影響。1961年，馬來西亞教育局吊銷了他的教師執照，1964年被內政部褫奪去馬來西亞公民權[1]。然

[1] 1961年8月，內政部以「故意歪曲教育政策，煽動各民族間的惡感和仇視」為由，表示將褫奪林連玉的公民權。1961年8月22日，林連玉被教育部長取消教師註冊，隨後他所有的著作被列為禁書。1964年10月，林連玉的公民權正式被褫奪。

而，種種政治打壓不曾讓林連玉放棄他的鬥爭理念，縱觀馬來西亞獨立前後的華教奮鬥史，林連玉以團結教師、捍衛華教、爭取公民權以及促成「三大機構」[2]成立而為人所稱道，也因此激勵了許多人，被視為華教的精神象徵。1985年12月18日去世後，林連玉被譽為馬來西亞華人的「族魂」，吉隆坡福建義山為他建立了一個墓園，世代受華社的瞻仰和祭拜，同時也將他的忌日定為「華教節」。

從廖文輝的〈20年來的林連玉研究概覽（1986-2005）〉來看，歷年有關林連玉的出版書籍可分三類，即林連玉本身的論著、有關林連玉研究的論著以及林連玉資料彙編的出版品。林連玉本身的論著可分兩類，即詩文創作，以及有關華文教育的論述。有關林連玉研究的論著，一般以短篇文章為主，多是個人情感宣洩的回憶性質文章，而學術性的研究則在2001年開始逐漸受到重視，如「華教50100林連玉百歲冥誕學術研討會」中，學者們開始引用社會學科的理論進行更深入的研究。值得一提的是，此後所舉辦的研討會如「林連玉與馬來世界的對談」（2009）、「林連玉與烏斯曼阿旺：真正的愛國主義者」（2010）等，皆以林連玉作華社的精神表徵，意圖與馬來社會進行跨族群對話。顯而易見的是，大部分的評論和研究至今專注於林連玉與華文教育、華社發展、政治角力以及政治人物的互動關係等研究視角，有關林連玉詩文創作的學術研究，至今還是較少的。

甑供曾作〈林連玉與50年代的《商餘》〉，歸納出林連玉雜文的三大特色，即題材多樣化、藝術技巧靈活、標題新穎別致。鄭良樹〈論林先生的人格和情懷——讀《連玉詩存》後〉則從他的古詩文創作中，突出表現他清貧傲骨、具有民族氣節的英雄形象。黃岳潤則在

[2] 「三大機構」即馬來西亞華校教師會總會（教總）、馬來西亞華校董事聯合會總會（董總）與馬華公會。有關林連玉對華教的貢獻可參見廖文輝：〈百年思連玉，華教共此時——林連玉對華文教育的貢獻〉，《華教歷史與人物論集》（雪蘭莪：策略資訊研究中心，2007年），頁120-124。

〈《連玉詩存》讀後〉一文中，表示林連玉的作品裡流露出的「學究味」，是受儒家道統文化所影響。另有春山〈林連玉經典詩淺講〉，深入解析〈呂毓昌妹夫有詩見寄步韻一首〉，結合當時的政治背景闡述林連玉在華教鬥爭方面扮演的角色。這四篇有關林連玉文學成就的研究文章，皆以主觀性較強的讀後感形式書寫，主要借其詩文對應歷史，復現他爭取華文教育的過程，因此關注的焦點仍然圍繞著華教與政治中心展開。脫去林連玉作為一個教育家的外衣，將其視作一個文學創作人的身分本位去研究，探索其幽微隱秘的心靈世界或人格精神，學術界還是少有人涉足。

林連玉創作了大量的雜文與古詩詞，大部分都曾在新馬各大報章副刊刊出，如南洋商報《獅聲》和《商餘》等[3]。1985年林連玉逝世後，林連玉基金會陸續將他生前作品集結出版，包括雜文集《雜錦集》（1986）、《吳鉤集》（1986）、《姜桂集》（2002）；記事錄《風雨十八年》（上、下集，1988）；言論集《林連玉先生言論集》（2003）；舊體詩詞集《連玉詩存》（1986）；回憶錄《回憶片片錄》（1963）等，各種文類大量的創作也間接證明了他的寫作才能。《連玉詩存》（1986）是林連玉的舊體詩詞自選集，收錄了82首古典詩詞創作，內容甚廣，包括懷人詩、感懷詩、閒適詩、悼亡詩、詠物詩、詠史詩、贈友詩等。形式方面，主要以七言律詩為主，也有七言絕句、五言古詩、七言古詩、雜言詩以及詞。

對比林連玉的古詩詞與雜文創作，我們可以發現他的雜文多順應時事發展而撰文評論，討論國事、教育課題，主要向社會傳達訊息，因此具有雜文體批判時事的尖銳鋒芒，帶有個人強烈的感情色彩卻不失理性特色，讓我們看到一個奮不顧身、堅韌不拔的華教英雄的

3　可惜的是，林連玉為自己編輯自選集時，沒有注明確切的創作日期或刊出日期。

形象，永遠站立在眾人的前端，感慨激昂發表言論。在如此光輝的形象之下，大家反而忽略了他內心感受，而事實上，他的詩作多是生活中吉光片羽的記錄，很大程度上表現他的物質生活與精神世界的真實面貌。古典詩詞本來就帶有與作者本身相關的紀實紀史性質，更何況林連玉曾坦言「風花雪月我無緣，不畫鴛鴦不寫仙」（〈學詩自白四首〉之二）[4]，同時表示「應是篇篇有我相……口與願違未肯書」（〈學詩自白四首〉之四），足以證明他以詩明志的創作心態，作為一種自敘性質的創作，借此也提供了我們走入他內心世界的憑據。即使是偉人，內心深處也有迷茫和脆弱，其詩詞為我們展現感性的一面，讓我們看到一個完整的林連玉——一面對群眾堅強，內心溫情的知識分子形象。

因此，本文將以林連玉自選集《連玉詩存》為參考對象，從他的古體詩詞創作中探討其生命中的感發與心理感受，還原林連玉立體多面的文人形象。

一、感時憂國的精神

林連玉自七歲起便跟著祖父、父親學習《三字經》、《大學》、《中庸》、《論語》、《梁惠王》、《朱子家訓》、《孝經》、《詩經》、《春秋左傳》等，培養了他以天下為己任的責任與抱負。來到馬來亞，他有感當地華人普遍受教育的程度不高，生活困苦，文風低落，因此決心推廣華文教育、宣揚華人文化。作為南洋少數的知識分子，在一個四方多事、倉皇多變的時代，林連玉在詩作中不時透露出明顯的憂患意識，表現出對國族命運、族人生存狀態的深切關懷。第

[4] 此文所引用林連玉之詩詞，皆出自於林連玉：《連玉詩存》（吉隆坡：林連玉基金委員會，1986年）。

二次世界大戰爆發之際，日軍南侵馬來亞和新加坡，他以救護隊員身分參與馬來亞保衛戰，目睹年輕人遭侵略者殘酷殺害，發出痛心的悲號：「忍將赤子肆凌遲，蹙頞萬民痛在茲」[5]、「生民久作萬家哭，聚矢誰供一束蒲」[6]，這些生靈塗炭的場景激起他的民族情感，讓他覺得必須通過教育激發族人的民族憂患意識，保全華文教育的傳統，就是保衛這片土地上的民族文化。

林連玉維護華文教育的舉動，引起獨立前後的統治階層的顧忌，對他採取政治迫害，使他生活屢屢陷入絕境。然而，林連玉卻很少在文字中宣洩個人苦難，而是把全副心思繫在族人的命運上。在〈步蔡寰青書懷元韻四首〉中，林連玉在字裡行間流露出對動亂時局的焦慮。「國家興亡，匹夫有責」，林連玉何嘗沒有濟世的宏志，但當時知識分子大部分選擇遠離政治鬥爭，身邊的戰友也未盡全力給予配合，令他感到孤掌難鳴：「厚顏猶說師能武，強項都因壑未填」[7]，沒有在朝政治人士的配合，縱是有凌雲壯志的雄心，也難挽狂瀾，於是他寫「已見殘棋餘隻帥，豈同猛虎負全隅」[8]，這不難讓人聯想起林連玉與幾位華人政治領袖，如李孝式、陳修信、梁長齡、陳東海、梁宇皐等人的關係，因政治立場不同而告關係破裂，無法合作。當時內安法令的實施讓華教人士人人自危，迫使許多言論禁聲，不敢談論時事，文人也紛紛收筆自保，導致「浩蕩貔貅驅入海，聯翩策士迫歸燕」[9]的狀況。林連玉以文人的鏗鏘氣骨，不向權貴低頭，對不公平的政策採取嚴厲批判的態度，他身先士卒，戰友卻紛紛隱退，使他陷入

[5] 林連玉：〈步蔡寰青書懷元韻四首〉之二，頁14。

[6] 林連玉：〈步蔡寰青書懷元韻四首〉之四，頁15。

[7] 林連玉：〈步蔡寰青書懷元韻四首〉之三，頁14。

[8] 同前註。

[9] 同前註。

四面楚歌的境地，繼而發出「聖人不作孔丘死，誰攔狂瀾鄭闕心」[10]的唏嘘之感。

在坎坷窘迫的人生路途上，借詩詞詠懷，成為林連玉抵抗無情現實的精神支柱。在舊體詩的創作中，林連玉經常撫今追昔，不論在典故的運用上，或是詠史懷古的類型選擇與對象選取上，強調以史為鑑，抒發崇高的人生理想，如韓信吊死鐘室[11]、削足適履[12]、三人成虎[13]的典故等，即使放在當時的馬來亞華社，也帶有自我警惕之用。另外，林連玉也經常吟詠歷史上的名人，作為自我人格的楷模，如〈論史——文天祥〉中提供了這樣的證明：

嵯峨道範久追扳，正氣長留天地間。
赤膽撐扶危社稷，丹心規復舊河山。
幽囚囹圄原安樂，棄擲頭顱亦等閒。
讀罷遺篇重下拜，依稀寤寐見清顏。[14]

他在詩中追溯了文天祥的英勇事蹟，表揚他寧死不屈的精神，林連玉對他是如此折服，讀罷下拜，甚至夢中相會，如若以佛洛德所言「夢是通往潛意識的捷徑」[15]為基礎，夢境可以說實現了他對現實的理想期待，正是因為現實不堪，夢境裡呈現了對文天祥拔山蓋世的威猛精神念念不忘的情懷。這一夢，可以說是為他打下了一針強心劑，推動他繼續抗爭。從林連玉在詩詞中對古人的褒貶，如〈詠史——曹

[10] 林連玉：〈和黃杜殘四十初度元韻〉次前韻，頁22。
[11] 參見林連玉：〈贈郭壽鎮先生兩首〉之一，頁17。
[12] 參見林連玉：〈送王宓文總視學官歐遊度假〉，頁30。
[13] 參見林連玉：〈李光前先生挽詞〉，頁40。
[14] 林連玉：〈詠史——文天祥〉，頁48。
[15] 佛洛德著，孫名之譯：《釋夢》（北京：商務印書館，1996年），頁77。

操〉、〈詠史——史可法〉、〈黃花崗紀念〉、〈嘲披雲〉等，可窺見林連玉的性格和人生觀。他對於無名英雄異常憐惜，曾作〈鄭將軍墓〉，「國仇未報壯士死，一壞黃土臥斜陽」[16]，在惋惜痛恨交雜的情感中勾勒出的將軍形象，實際上糅雜了他個人身世的感慨與某種精神抱負，通過與之惜惜相憐的姿態，化解了他的悲恨，也賦予他繼續抗爭的勇氣。「敢將傲骨驕新貴，不把強顏諂世人」[17]，選擇一條浩氣長存的道路，註定不會是平坦順暢的道路，而他既然堅信正氣得以長存天地，那也由得「千秋定論是奸雄」[18]，但在此之前，他是抱著寧為玉碎的精神，「大陸將沉淪，男兒貴殺身」[19]、「棄擲頭顱亦等閒」，展現出文人的傲骨節氣。

身處在一個動盪的時局，林連玉以古人為典範，作為生命的引導。他寫舊體詩，是為了書寫他的抱負，在「詩言志」的敘述傳統下，古詩這樣的文體更好地表達了他的心聲。面對岌岌可危的華教，長久以來抑鬱激憤，最終使他從一個「家事國事天下事，事事關心」的一介書生，蛻化成一個「橫揮鐵腕批龍甲，怒奮空拳搏虎頭」的華教領袖，帶領群眾走上了華教救亡的街頭運動。

二、繼承中華文化

林連玉曾經為自己起了一個別號，叫「四一先生」，即擁有一張嘴、一支筆、一輛腳車、一個目標。憑著這些「工具」，林連玉遊走大街小巷，用嘴演說，用筆開戰，為了爭取文化平等的目標，他知道自己必須付出代價，他以「我不入地獄，誰入地獄」的豪情壯志，昭

[16] 林連玉：〈鄭將軍墓〉，頁26。
[17] 林連玉：〈贈丘君騰芳四律〉之一，頁10。
[18] 林連玉：〈詠史——曹操〉，頁27。
[19] 林連玉：〈黃花崗紀念〉，頁25。

告族人：「我知道我是等於原子彈，我本身會遭到被毀滅的代價。你知道我已六十歲了，今後餘年無幾，以此餘年獻給民族文化的救亡運動正是光榮的歸宿。」[20]林連玉不畏犧牲的強大意志，鼓勵華社捍衛民族事業的激情，推動他開展一次又一次的華教救亡運動。

林連玉在一次訪談中說：「吃教育飯是死路，我老早就打算退出教育界了。可是，我始終沒有這樣做，這就是因為良心不許我這麼做。」[21]對於華文教育的這份堅持實際上有源可溯，從他的教育背景來看，自幼接受的儒家思想，早已使他產生以天下為己任的抱負，「為天地立心，為生民立命，為往聖繼絕學，為萬世開太平」[22]，因此推廣華文教育、履行傳承華人文化的使命感來得更為迫切。他作為一個「氣節之士」，面對現實困頓，不平則鳴，讓他忍不住呼喝咆哮，澎湃強勁的民族氣節撼天動地：

飄零作客滯南洲，時序渾忘春也秋。
幸有嶙峋傲骨在，更無暮夜苞苴羞。
橫揮鐵腕批龍甲，怒奮空拳搏虎頭。
海外孤雛孤苦甚，欲憑只掌挽狂流。[23]

林連玉在首聯兩句便透露了時空意識，滯留在炎炎赤道上南洋時間之久，讓他忘記故鄉曾有的春夏秋冬，也讓林連玉一個作客的身分產生微妙的轉移，呼應了當時華人在當地的艱苦奮鬥。頷聯二句，林連玉

[20] 1960年10月21日書信，林多才：〈為華文教育，托妻寄子，留丹心——林連玉部分家書整理〉，收入李亞遨編：《族魂林連玉續編》（雪蘭莪：林連玉基金，2005年），頁104。

[21] 黃東文：〈林師連玉印象記〉，收入教總秘書處編：《族魂林連玉》（吉隆坡：林連玉基金委員會，1991年），頁49。

[22] 張載：〈張子語錄〉，《張載集》（北京：中華書局，1978年）。

[23] 林連玉：〈呂毓昌妹夫有詩見寄步韻一首〉，頁31。

進一步表示自己的生存守則：一身嶙峋氣節，處事守正不阿，為人光明磊落，因此毫無畏懼。而頸聯二句則是形容自己赤手空拳，以文人的壯志豪情，膽敢向強勢的「龍虎」搏鬥，對不平之事抗爭。尾聯一句「海外孤雛孤苦甚」，林連玉憑兩個「孤」字強調，借由一個煢煢孑立、無權無勢且孤苦無依雛鳥形象，生動刻畫出當時華人處於中國大陸與在地馬來亞地域政治上的尷尬身分，外沒有強大的背景靠山，內無同志聯盟，處境悲苦無依。儘管如此，作者仍然立誓，即使只是孤掌，他也要奮不顧身，憑一己之力挽救狂瀾，勇往直前，預示作者一生的奉獻精神。

〈波德申海邊化石〉也表現了巍巍氣節、千古長存的堅定精神：

喬木當年枕海嶠，巍巍勁節幹雲霄。
堅貞自負千秋骨，化石猶能葬怒潮。[24]

在這裡，林連玉描寫化石的原型，原是千萬年前的喬木沉潛海底，經過歲月的沉澱、滄海桑田，化作了巍巍巨石，挺拔插向天空。巨石的嶙嶙傲骨，不隨波逐流、不受惡劣環境所侵蝕，即使是巨浪怒潮，它依舊堅貞不屈，不會沉沒潮流中。此詩讚美海邊化石的形象，也是作者對自己的期許，希望自己在政治局勢的狂風巨浪之中，能夠堅持理想和氣節，成為抵擋潮湧來襲的中流砥柱，為民族事業捍衛到底。「葬怒潮」一詞巧妙的安排，也讓人聯想起精衛填海的傳說，作者通過一個遠古神話的原型，再現了抵抗強權不屈不撓、破釜沉舟的精神。奪其命者，精衛窮其一生周旋，以填攸害；而滅我族類，林連玉必是「刑天舞干戚，猛志固常在」[25]，以大無畏的精神捍衛人民權益。

[24] 林連玉：〈波德申海邊化石〉，頁42。

[25] 〔東晉〕陶淵明著，逯欽立校注：〈讀山海經〉之十，《陶淵明集》（北京：中華書局，

林連玉在這首詩中表現出猶如屈原「亦余心之所向兮，雖九死其猶未悔」[26]的英雄氣魄，通過一連串的意象，將林連玉一個守護者、抵抗者姿態勾勒出來。

由此可見，林連玉的詩歌精神背後，緊緊聯繫著新馬的政治動態。從他的雜文作品如〈華校教師薪給的基本觀念〉、〈談馬來亞的精神〉、〈馬來亞民族統一辯誤〉等，都是緊貼著時代的脈搏，尤其在華教課題上，立場站得更堅穩。正如孔子所言：「士不可以不弘毅，任重而道遠。仁以為己任，不亦重乎？死而後已，不亦遠乎？」[27]為民族事業奮鬥成為了林連玉一生的目標。沈慕羽曾經高度評價：「林連玉先生為華校赴湯蹈火，應居第一功。每次事件發生，他都身先士卒，奔走呼號，可說無役不與。」儘管在華教課題上取得了一定的成就，林連玉卻從不願獻身政治，或走向一個更高的平台。在他看來，「但開風氣不為師」、「功成不必在我」，這種功成不居的精神，讓人欽佩，後人也以此形成了「林連玉精神」作華教人士不畏艱辛、勇往直前的表率。因此，作為一種寫實心境的詩歌創作，也勾勒出林連玉愛國憂民的偉大情懷，對生靈百姓念茲在茲、無時或忘的知識分子形象。

三、君子固窮

在華教與民族的課題上，林連玉一直是衝鋒陷陣的領隊人物。然而，拋開這個民族英雄的光環，他在現實中過著極其貧困的生活。當

1979年），頁138。

26 〔東周〕屈原：〈離騷〉，收入李山主編：《楚辭選譯》（北京：中華書局，2005年），頁8。

27 〈論語・泰伯〉，收入國學整理社輯：《諸子集成》（北京：中華書局，1957年），頁159。

時教師薪金偏低，根據林連玉的說法，「我在尊孔中學任教，於1948年左右，月薪僅有二百四十多元」[28]，更何況學校董事部又時常拖延發薪，為了應付永春鄉下一妻三子的生活，林連玉每個月扣除自己日常基本費用，悉數回返家鄉，經濟上捉襟見肘，入不敷出。因此他被迫撰寫雜文投稿，「每個月多了整一百元的稿費收入，對我的家庭經濟是有極大的幫助」[29]。因此林連玉的學生黃東文回憶，窮困的生活讓林連玉無心整飾衣冠面容，頭髮「不梳如茅草」、面孔「面皮烏臒，皺紋密佈」、牙齒「一口煙屎牙不知者會懷疑是名副其實之『道友』」、腳上「一雙帆布鞋，又不穿襪子」[30]；就算穿起教書服裝也像個「甲怕拉」（工頭）、「校工」[31]。曾經有一次，他窮得口袋裡只有五毛錢，買了一碗麵、一包煙，便一個銅板也不剩，還得依仗學生們的義捐籌錢替妻子治病，生活苦不堪言。下面一首詩印證了他們的說法，是他個人踏入教育界後的心情寫照：

漫言教育為英才，粉筆拈來事可哀。
苜蓿和根清水煮，褐衣吐綻見到裁。
盤飧累月難兼味，樽酒十年儉一酷。
似把婆心奏上帝，再生休向此中來。[32]

林連玉一生投入華教事業，渴望培育英才，無奈投入了教育行業

[28] 林連玉：〈小引〉，《姜桂集》（吉隆坡：林連玉基金會，2002年），頁1。

[29] 陳玉水：〈把一生獻給民族教育的巨人〉，收入馬來西亞教總秘書處主編：《族魂林連玉》（吉隆坡：林連玉基金委員會，1991年），頁86。

[30] 參見黃東文：〈林師連玉印象記〉，收入馬來西亞教總秘書處主編：《族魂林連玉》（吉隆坡：林連玉基金委員會，1991年），頁48-49。

[31] 黃潤嶽：〈我所認識的林連玉先生〉，收入馬來西亞教總秘書處主編：《族魂林連玉》（吉隆坡：林連玉基金委員會，1991年），頁64。

[32] 林連玉：〈寄李甘棠先生〉之四，頁5。

之後，生活益加艱苦。衣著方面，他的粗麻布衣多番補綴，「百結鶉衣花欲吐」[33]；一日三餐，他以清水煮苜蓿，清淡無味，少有肉吃，少有酒喝。面對繁重的工作，林連玉勞心損神，身子不堪承受而多次病倒。以下便是林連玉的病榻側寫：

案牘如山已損神，那堪疾病更纏身。
藥爐原是不詳物，扁鵲無端膠漆親。[34]

扁鵲是戰國時期著名的醫學家，在這裡，林連玉以累累如山的案牘，對襯自己貧病交迫、單薄孱弱的身軀如何被沉重的工作壓垮，接著細細說明自己與醫生見面會診、藥爐終日相伴的窘境，一句「膠漆親」生動地將他與藥爐的關係表現出來，真實地反映了他困頓潦倒的生活。

這類題材的詩作比比皆是，再有如〈典質四詠〉裡，林連玉「典釵、贖釵、再典、再贖」四部曲，將他生活拮据的情況赤裸裸表現出來。由於「饑驅仰屋苦無糧」[35]，林連玉「檢得金釵付質庫」，六個月後才「贖得金釵急遽回，老妻相見笑顏開」，但生活饔飧不繼，唯有「泥伊拔取插頭鳳，再回庫中質一回」[36]，一年之後再贖回典當的釵與鈿的時候，借貸的利息已達十二千之多。

面對種種壓力、精神意志極度緊繃的情形下，林連玉自然也曾抵擋不住煎熬，尋求上帝消苦彌災，讓他不再承受生活的折磨。林連玉會萌生這樣的念頭，自然是在精神極度倦怠而感覺脆弱的反應。林連玉曾在〈我的小史〉裡表示自己父親認為讀書人沒有好出路，因而把林連玉送往廈門當學徒。從現實的生活層面來看，學文際遇辛酸，林

[33] 林連玉：〈寄李甘棠先生〉之三，頁4。
[34] 林連玉：〈贈丘君騰芳四律〉之四，頁11。
[35] 林連玉：〈典質四詠〉之一，頁24。
[36] 林連玉：〈典質四詠〉之二，頁24。

連玉在祖父與父親的身上都親眼見識過了；但從理想層面來說，他自小在四書五經等中華文化經典所受的薰陶，成就了他作為一個知識分子的抱負與嚮往，而之毅然「重蹈覆轍」，走回家族老路。因此，考入集美學院，畢業後憑著極好的成績成為一名教員，雖然是極自然的決定，但由此走向激進爭取華教權利的勇士，卻是他作為一個知識分子，面對華社種種社會問題，作為一個批判者所能給予的回應。

中國知識分子歷來接受「經世致用」的儒家傳統，讀書的本質在於修身齊家平天下，是為了「入世」、「入仕」，對現實社會有所承擔。在這種治事、濟世的理想前提下，「獨善其身」的原則是無法滿足為人師表的林連玉的，他渴望「兼善天下」，也因此走在這條追尋的苦途中，少了對「小我」個人的關注，著眼廣大族群的福利。從精神層面上來看，儒家的傳統教育形塑了林連玉作為一個知識分子在華族權益課題上堅持的信念；從物質層面上來說，貧困清苦的生活也磨礪出來他高貴的品德情操。因此他坦言，「自是培才關國運，寧辭茹苦與安貧」[37]，饑寒之身懷抱著濟世定國的偉大胸襟，為了民族權益可以成仁取義，寧為玉碎，不為瓦全的精神，讀來令人欽佩。

四、閒適淡泊的精神生活

在爭取華族權益的道路上，林連玉遭受連連打擊，理想與現實尖銳的矛盾，促使林連玉更急於尋找一個抒發的管道，自我內在機制進行調節，尋求心理的平衡。南洋的熱帶雨林氣候，適宜種植，一般家門前後都種植花草蔬果，除了頤精養氣，也是平日主食來源之一。林連玉的居所也不外如此，他曾在詩中透露這片田園風光，「屋邊尚有

[37] 林連玉：〈奉和林文淑贈尊中五老元韻〉，頁9。

半弓地，為愛濃陰好護家。雜植佳苗三五本，更無間隙可栽花」[38]，可見是蔥綠油油的一片自然景色。這一草一木落在詩人的眼裡，很自然地成為了吟詠的對象，對於自然美的感受豐富了他的精神世界，陶然忘機，讓他暫時漱洗塵襟，平慰心靈。因此，他的詩歌裡充斥著彌散沖淡的審美心理特徵。

> 爛了征衣白了頭，天涯落拓未歸休。
> 飽看人類成芻狗，故薄名場說壯猷。
> 知足已無塵俗累，食貧詎有苞苴羞。
> 尚教匿跡名山區，漱石還當更枕流。[39]

林連玉在首聯第二句先勾勒出一幅沉重的畫面：破爛的征衣、蒼蒼的白髮，引發我們對時光無情流逝卻壯志未酬的感歎。頷聯接著表示他對政治的失望，「飽看人類成芻狗」，就如他曾說過的「所謂政治，原來是這一群人壓迫另一群人的把戲……真理只存在於得勢人的口中」[40]，因此「故薄名場說壯猷」一句，生動地表現出作者的立場：一來他隱喻著當時的社會機制無法遴選人才，二來表達了自己不屑加入這樣遊戲機制的心理，從中也隱隱表現了自己懷才不遇的感歎。面對逐漸老去的身軀、現實不公等種種打壓，作者的哀感傷愁來到極點之下筆鋒猛然一轉，衝破這道消極困境，轉以瀟灑豁達的心態迎接風雨，「知足已無塵俗累」，因知足而常樂，因傲骨而甘貧，他情願放下塵俗紛擾喧囂，遠離宦官沉海，將精神寄託山水之間。他在這裡引

---

38 林連玉：〈偶成〉，頁45。

39 林連玉：〈步黃杜殘書懷元韻〉，頁37。

40 1964年1月31日書信，林多才：〈為華文教育，托妻寄子，留丹心——林連玉部分家書整理〉，收入李亞遨主編：《族魂林連玉續編》（雪蘭莪：林連玉基金，2005年），頁104。

用了「漱石枕流」的典故，表現出他渴望隱逸山林，餐雲臥石，飲穀棲丘的生活，間接也表達了他不願隨波逐流的志向。

在爭取民族權益崎嶇不平的道路上，林連玉一路走來顛顛簸簸，因此其詩中有不少寫實性質的生活紀事，讀來感傷沉重。然而他從來不曾沉溺於哀感自殤的苦悶中，反而能以積極豁達的心態迎接生命的挑戰。1942年二戰時期，日軍窮兵黷武，林連玉在馬來亞淪陷後幾經輾轉來到印尼，韜光養晦匿跡山芭，以牧豕為生。顛沛流離的生活讓他「清臒儼似耐饑鶴，怯縮渾如敗鬥雞」[41]，這副敗鬥雞的模樣，主要因為被剝奪了教育學子的精神寄託，才讓他倍感煎熬。儘管如此，林連玉卻從不退縮，耐心等待時至運來，「顛連困頓無人狀，只為時窮志不迷」[42]，在極度惡劣的環境下，林連玉仍能「守其正，全其節」，一身傲骨不屈，體現了高尚的氣節。

從這裡可以看出，林連玉儘管生活艱苦，但卻自得其樂。從他的另一首詩句「乘車偏說步行穩，食肉專誇飲水宜」[43]來看，他是甘於這種儉約刻苦的生活狀態：不汲汲於富貴，不戚戚於貧賤，但對人生的寄託從不建構在一個超越現實以外的理想烏托邦。從這一點來說，他是理性的，也是入世的。按孟子的說法，「天將降大任於斯人也，必先苦其心志，勞其筋骨，餓其體膚，空乏其身」，這些考驗林連玉樣樣都經歷過，但他聰明地將之轉化作磨礪自我德行、修心修性的生活方式。在他贈與丘騰芳的詩裡，林連玉表示自己與他「一樣窮愁兼弱稟，同甘守分且安貧」[44]，又或如他與郭壽鎮互勉的詩句，「與君同是倔強人，節操堅持礪此身」[45]，可見他是樂於為之，以此保全他冰

[41] 林連玉：〈寄李甘棠先生〉之三，頁5。

[42] 同前註。

[43] 林連玉：〈學詩自白四首〉之四，頁13。

[44] 林連玉：〈贈丘君騰芳四律〉，頁11。

[45] 林連玉：〈感懷〉，頁16。

清傲骨的節操。因此在他的眼裡，「菜根脫粟甘如許，粗布舊裙淡益妍」[46]，效仿顏回「一簞食，一瓢飲，在陋巷，人不堪其憂，回也不改其樂」[47]。君子固窮，在追求真理的苦旅，粗衣糲食的生活，林連玉猶是怡然自得的。

因此，排除衣食住行必要的生活條件，林連玉非常注重其精神生活品質。這樣的氣質是長久浸染四書五經等中華經典磨礪出來的品性。他「性喜詩書味嘗淺」[48]，投注了很多時間在閱讀上，因為「信是讀書真得間，瓣香一炷傾私心」[49]。對於這些聖賢提倡的倫理教條，他也帶著理性批判的視角審視，「試檢聖經賢者傳，分明顯豁是真詮」[50]，才給予這些作品肯定。除了閱讀，他也喜愛音樂，「天涯幸有絃歌樂，任是清貧也莫論」[51]，讓他忘卻現實的煩惱。空閒之餘，他四處遊歷，如在印尼巴厘島所作〈鄭將軍墓〉、森美蘭波德申〈波德申海邊化石〉、中國浙江岱山〈步歐陽雪峰遊岱山元韻〉等可見一斑。閒散無事做的日子，淡泊而寡欲，「此身以外無長物，雙袖輕盈待好風」[52]，實在讓人難以想像一個時時處於政治漩渦內的人物，實際上心境如此平靜開脫。

林連玉大量的閒適詩創作，反映了他豁達的心境，在他被褫奪公民權、幾乎被權貴壓垮、貧困交加的時段，也能反復思量沉澱，通過文學閱讀與詩文創作，在自然萬物與身心交會的感受中，反復洗滌自我，最終化解了生活的失意，甚至超脫了如此境界，找到寄託人生的

46 林連玉：〈悼亡十首〉之二，頁18。

47 〈論語・雍也〉，收入國學整理社輯：《諸子集成》（北京：中華書局，1957年），頁121。

48 林連玉：〈步歐陽雪峰先生庚寅除夕元韻兩首〉之一，頁23。

49 林連玉：〈和黃度殘四十初度元韻〉再次前韻，頁22。

50 林連玉：〈學詩自白四首〉之三，頁12。

51 林連玉：〈感懷〉，頁16。

52 林連玉：〈寄李甘棠先生〉之二，頁5。

方向。就如他所言，「半饑半飽無奢望，獨來獨往自在身。磊落胸懷滋善養，質諸天地秉諸心」[53]，深刻概括了他的人生哲學。而從這樣的情況看來，借用明朝方孝孺的話，「賤貧而沛然有以自樂，生有以激乎人，沒有以傳諸後，謂之達可也，非窮也」[54]。林連玉開脫的心境，奈何塵俗紛擾，「隆情小築」[55]（林連玉於士拉央的簡陋小屋）也宛如蓬萊之居，讓人聞之嚮往之，無限憧憬。

五、眷念親情友情

作為一個詩人，必是有著「吟詠之間，吐納珠玉之聲，眉睫之前，卷舒風雲之色」[56]的敏感文思，擁有捕捉個體微妙情感的能力，訴諸文字醞釀，借此呈現個體幽微心靈世界。林連玉在這方面的作品是感人至深的，包括追憶亡母的二首〈哭母〉、與親友敘舊之詩〈贈有珠侄〉三首等可見一斑，然而最為人所動容的莫過於〈悼亡十首〉。

〈悼亡十首〉是由七言律詩組成的十首組詩，以悼亡妻子為對象，展現出作者情感轉折的整個過程。十首詩的首篇場景設置在殯儀館，以嫋嫋不絕的哀音與冥紙，渲染出妻子老年客死他鄉的淒涼。由第二首開始，作者開始建構妻子賢慧的形象，同時表達了自己未讓妻子享福就飲恨黃泉的自責之感。這樣的情緒在第三首詩中進一步深化，作者舉例表示自己常年離家在外，與妻聚少離多而倍感哀婉傷

---

[53] 林連玉：〈和黃度殘四十初度元韻〉，頁22。

[54] 〔明〕方孝孺：〈書夷山稿序後〉，《四部備要・集部・遜志齋集》（上海：中華書局影印，出版年不詳），卷18。

[55] 林連玉曾形容他的住所：「地勢高爽，彌望環列諸山，青翠可挹，清光入懷，臨南北馬公路，交通尤便……諸相親及友好，集資為余起蓋新屋，半磚而半木，周以鐵網，玲瓏潔淨，餘甚喜之。」詳文可參閱〈情小築簡志〉，收入霹靂華校董事會聯合會秘書處主編：《林連玉》（霹靂：霹靂華校董事會聯合會，1986年），頁58。

[56] 〔梁〕劉勰著，王利器校箋：《文心雕龍校正・神思》（上海：古籍出版社，1980年），頁187。

感。來到第四首，作者借用唐朝詩人元稹懷念原配妻子韋叢之作〈遣悲懷〉的詩句「今日俸錢過十萬，與君營奠復營齋」所表達的情感，表示自己設齋宴以供僧道、多次招魂，卻喚不回妻子的音容笑貌，而這些猿猴取月、徒勞無功的努力失敗，更是讓他面對冰冷的現實哀痛欲絕。第五首詩歌，作者追憶起妻子的賢良淑德，陪伴著度過十五年歲月的點點滴滴，讓他忍不住縱聲痛哭，期望來世還能再續前緣。第六首詩歌，作者再度回憶過往，感歎當年與妻子開的玩笑牢騷竟然一語成讖，讓他柔腸百結，不堪回首過往舊情。接著到了第七首，敘述焦點轉移到孩子身上，表示自己因妻子離去而悲情難抑，導致孩子面臨失母又失父的淒涼之景。作者妻子離世之時，九歲長子罹患重病，次兒五歲，三兒年僅兩歲，一鰥夫攜三孤兒，披麻戴孝、匍匐在地，「大啼小哭慘呼娘」[57]，因此他猜想妻子倘若九泉有知，也必是在望鄉台上涕淚汪洋。接著，作者平復了心情，從生活層面上娓娓道來妻子為家庭的付出。她少有機會食佳餚，更說不上買新衣裳，平時兼任農務與織坊工作，因此常年藥不離口，況且還得經常在夜燈下點算賒帳，因而認為妻子薄命也是有因可尋的。來到第九首，作者細數妻子離去後的情景：梳粧檯上殘脂剩粉、紡織機結網、爐灶煙冷，襯托出一個人去樓空、冷淡孤清的意境。根據詩歌附錄的注釋，作者在這個時期把自己三個孩子寄食胞弟家中，可見日子過得實在窘迫，而生活的苦悶亦復讓他思念亡妻。最後，作者攜帶孩子們欲前來展墓，卻遭於菟（老虎）阻擾而不果。一碑之隔已據天涯，而今離家僅十餘里的墓地卻也鞭長駕遠，讓他只能遙望道場則劳，負疚萬分。

由此可見，作者反復以「淚」、「淒涼」、「傷心」等字眼，交織出一幅幅催人落淚的畫面，情感水到渠成，熔鑄了作者的全情全

[57] 林連玉：〈悼亡十首〉之七，頁20。

意，結合多重藝術手法表現，凝練、深化了夫妻間濃厚的情感，讀來令人動容。「忍人是我莫須疑」[58]，他的思念中夾雜了連綿悔恨，為自己未能及時給予妻子更好的生活而深感愧疚。這種負疚心理無疑是建立在妻子與自己在家庭事務上付出的不對等而產生的遺恨，十五年以沫相濡的歲月裡，生活層面上的衣食住行，林連玉對於妻子相當依賴，「覓食無方籲我拙，持家有則賴卿賢」[59]，因此他對於妻子的離去無所適從，頗有「貧賤夫妻百事哀」之感，因而感歎「此生缺憾終難補，再世姻緣敢望卿」[60]，一個癡情漢子的形象，呼之欲出。十首悼亡詩，時段橫跨十二餘載，場景設置從奠堂、房閣、墓園不斷轉移，記憶在腦海反復搬演，思念未隨時光轉淡，反而逐步堆疊強化，通過回憶的儀式召喚來妻子一個完美的形象，林連玉更因此哀感自憐，記憶的美好與現實的殘酷來回碰撞形成強烈對比，讓讀者看見一個在內疚自責之感、魂牽夢縈之思等種種感傷情懷中徘徊良久的「忍人」。

除了親人，林連玉對朋友也是一片肝膽照人，他的贈酬詩與輓詞對象甚多，包括何適、林文淑、黃杜殘、歐陽雪峰等人，其中李光前是新馬著名的華僑企業家兼慈善家，對於林連玉母語教育鬥爭非常贊許，因此1967年逝世之際，當時已被褫奪公民權的林連玉無法前往祭奠，因而作了四首七言律詩〈李光前先生挽詞〉。開篇首句「輕狂似我藐群公，獨對先生拜下風」[61]，襯托李光前先生高風亮節。接著作者回憶起自己與他相識的點滴，當時李光前與他兩人「清談娓娓關風運，垂愛殷殷問起居」[62]，長輩給予的關愛讓他非常感動，同時他高深的知識素養更是讓作者欽佩。因此作者緊接著在第三首詩中為自己無

[58] 林連玉：〈悼亡十首〉之三，頁18。

[59] 林連玉：〈悼亡十首〉之二，頁18。

[60] 林連玉：〈悼亡十首〉之五，頁18。

[61] 林連玉：〈李光前先生挽詞〉之一，頁40。

[62] 林連玉：〈李光前先生挽詞〉之二，頁40。

法前往祭奠表示歉意，「致奠三呼缺我跡，心香一瓣為君俱」[63]，表達了自己無法前去瞻仰其遺容的遺憾。來到尾聯，「黯然物化隨仙去，遺愛長留萬古新」[64]，儘管肉身不在，但精神將恒存天地，通過追憶與思念的方式，林連玉依依不捨之情，一覽無遺。

因此，林連玉通過對親友感情的披露，無形間展露了他感性的一面，卸下他「怒髮衝冠」、感時憂國的硬漢子形象，林連玉適時展現了鐵漢的柔情。他善於從日常兩人相識的點滴入手，通過回憶、比喻等手法再現，進而烘托出整個情感氛圍。通過真事件、真對象、真感情的鋪陳敘述，林連玉熾熱的情感如細流涓涓穿梭字行之間，讓人感受到一個真情真意的血肉之人，熠熠閃耀著人性的光輝。

結語

通過林連玉的詩歌歸納，我們可以築構出他複雜多面的形象。作為社會的一分子，他關懷民生疾苦，以利筆揭露社會亂象，怒火咆哮中烘托出他憂國憂民的形象；作為一個南來華人，他對於民族事業懷抱強烈決心，奮不顧身的獻身精神成就了他在華教奮鬥史上垂名青史的英雄，卻也使他在現實生活上成為一貧如洗的貧仕。然而，沒有政治勢力的參入、金錢利害的包袱，林連玉遂成為社會的一股清流，用他一生刻苦儉樸的生活，保全了他的清譽。在他大量的閒適詩當中，林連玉開脫的胸襟，將一個奈何外界塵俗紛擾乃不亂其心的「大隱隱於世」之隱者形象深深烙印在讀者腦海裡。平白樸質的文字表述底下，林連玉無時不透露出對於親人摯友的深厚情誼，讀來倍感溫馨。

由此可見，正是詩人一顆敏感的心靈，使他的詩歌沒有淪作為藝

[63] 林連玉：〈李光前先生挽詞〉之三，頁40。

[64] 林連玉：〈李光前先生挽詞〉之四，頁40。

術的表達而產生的唱酬應和之作，林連玉將他真切的情感、真實的生活經驗通過詩歌完整表現出來，一個有血有肉的真性情之人由此建立起來。就是這一份「真」讓讀者產生心靈的共振，進而引起共鳴，予人如臨其境的深刻感受而產生同情、理解作者心情，以此賦予詩歌重要價值。詩歌是一種表述自我、反映現實的利器，林連玉通過他的詩詞創作，言說了種種離情別恨，消融了對世界的悲憤，間接也賦予了他抵抗現實的力量。

「為人孝悌，而好犯上者，鮮矣」[65]，林連玉可以說是古今中外少有的形象表徵。用林文淑贈送尊孔中學五老的詩作來看，「陶然恬淡以安身，坐擁書城不染塵……傲骨嶙峋轉正氣在，半生勞瘁剩清貧」[66]，很準確地概括了他的一生。林連玉的詩歌中源源不絕的生命力，在於他所折射出的豐富情感所創造出的鮮明形象，使之在篇篇遺作中留下了一個個光輝的背影。

---

65 〈論語・學而〉，收入國學整理社輯：《諸子集成》（北京：中華書局，1957年），頁121。

66 林連玉：〈贈尊孔中學五老〉，頁36。

新馬地區華人革命情感與中國人際網路建構——以張永福、林義順為對象

錢杉杉

馬來亞大學文學與社會科學學院博士研究生

何啟才

馬來亞大學文學與社會科學學院教授

前言

學界有關海外華人與革命史的研究，越來越把革命情感作為一種話語和方法，將南洋華人知識分子的革命走向研究範式化、程式化，對於不同、其中的特徵的討論則較少。具體而言，其一，單一中心的理論，比如僅關注到中國本土以及新客華人，忽略土生華人，或是僅僅立足本地忽略了在地華人對於中國的影響。其二，將土生華人的革命情感簡單的範式化歸因於民族主義。誠然，民族主義能夠很好的解釋新客華人的革命情感，但是土生華人的革命情感則不能範式化地歸因於民族主義。史學即人學，本文以張永福、林義順為研究對象，以比較史學的方法分析同一時期不同的南洋華人知識分子的革命情感的依託，以精神史的研究思路考察華人知識分子的獨立人格與個人生命處境，將革命情感、人際網路納入歷史研究，與個人走向做一互動性研究，以立足本地兼具國際視野研究思維、人際聯繫和歷史，考察新馬地區華人知識分子個人走向的關鍵因由所在。

張永福、陳楚楠、林義順同為星洲三傑，自同盟會成立至辛亥

革命成功，張永福、陳楚楠是主要角色，林義順主要負責對外聯絡上的宣傳與交際，以及中興日報的出資與經營。張永福生於1872年9月5日，1957年4月5日去世，林義順生於1879年11月12日，與孫中山同日，1936年3月19日去世。

根據《南洋與創立民國》的整理，張永福繼承張理「新長美」後，旅日期間決定在新加坡開拓橡膠業，成為新加坡橡膠鉅子。張永福是同盟會前身——「小桃園俱樂部」主要成員，「蘇報案」後，張永福與陳楚楠以「小桃園俱樂部」為名，聲援章太炎、鄒容，合辦《圖南日報》。此後，與汪精衛積極投身星洲書報社宣傳，創辦《南洋總彙報》，1906年，張永福與孫中山並住晚晴園寓所，任同盟會新加坡分會副會長，1907年，張永福與陳楚楠、林義順合辦《中興日報》，1910年，張永福任同德書報社社長，1912年，受孫中山旌義狀，出任國民黨新加坡名譽支部長。1924年，出任端蒙學校總理，1933年，完成《南洋與創立民國》，1938年，張永福號召支援中國抗戰，汪精衛投日後，張永福投汪，任中央監察委員，實任越南特派員，奔走多地，為汪精衛遊說。1945年，國民政府逮捕張永福，1948年，張永福刑滿後寓居九龍，1955年出版《觚園詩集》，1958年，《觚園耶許聲》出版，後病逝[1]。

根據《星洲同盟會錄》的整理，1889年，林義順就讀聖約瑟英校，後在張永福、陳楚楠、陳泰公司任職。1901年，林義順同阮碧霞成婚，1906年，林義順任同盟會新加坡分會交際主任與外交主任。1913年，孫中山二次革命失敗，林義順接待陳炯明及黃強等人。1912年，林義順接受孫中山旌義狀，1917年，出任大元帥府參議，1918年，創辦華僑中學，1921年以及1925年，出任中華總商會會長，1927

[1] 張永福：《南洋與創立民國》（新加坡：晚晴園——孫中山南洋紀念館，2013年）。

年及1931年，任怡和軒俱樂部總理，1929年，任潮州八邑會館總理，1932年，出任國難會議議員，1929年，代表同盟會新加坡分會，參加孫中山的奉安大典。1935年，林義順積勞成疾，1936年病逝於上海，安葬中山陵[2]。

選取張永福、林義順為討論的對象原因在於，首先，張永福、林義順同為土生華人、著名愛國志士與革命僑領，並且具有未來革命道路選擇與後世評價上的代表性，其中，林義順的評價是正面，張永福的評價則是中性，或帶有負面的，能夠代表海峽華人的不同革命道路選擇。除了具有代表性以外，張永福、林義順共同在於，二人同為海峽華人，祖籍潮汕，生於新加坡，林義順八歲前父母相繼過世，由張理與陳寶娘帶大，和母舅張永福共同接受私塾華文教育，深受中國文化的啟蒙與薰陶，與再華化有密切的聯繫。也就是說，血緣上，二人是母舅關係，生長環境上，共同由張理、陳寶娘撫養，教育上，共同接受私塾華文教育，並且未來具有相同的信仰。不同在於，張理長子張永福繼承張理大多遺產，林義順繼承部分遺產。此外，張永福承繼父業，接受的是傳統私塾華文教育，與張永福不同的是林義順具有聖約瑟英校的英校教育背景。由此，一些學者認為，新馬地區華人「回應模式」區別的原因是，是否接受了英校教育[3]。

誠然，英校教育的背景是林義順有別與張永福的因素，但是，若以二者共同的好友陳楚楠為例，陳楚楠與張永福經歷一致——同為子繼父業，接受華文教育的二代華人，陳楚楠在對待是否投日的態度上，則與張永福完全相反。由此，海外華人革命情感取向不能簡單的完全歸咎為是否接受英校教育，即西方現代教育，或是受到意識形態

2　林義順：《星洲同盟會錄》（新加坡：晚晴園——孫中山南洋紀念館，2015年）。

3　李元瑾：《東西文化的撞擊與新華知識分子的三種回應：邱菽園、林文慶、宋旺相的比較研究》（新加坡：新加坡國立大學，2001年），頁179-180。

的作用與影響。我認為，南洋華人知識分子並非是單一的面相，客觀的歷史走向只有同情感、人際等非理性的因素綜合，才能真正發現革命人的真確面相。換言之，歷史走向並非既定好的一元化的單一線條的脈絡，南洋華人的革命情感與人際網路前期具有較為單一的氣象和格局，但是後期，因由中國歷史發展呈現出的政治極化的現象，南洋華人知識分子處於種種不同政治團體衝突、對立的場域中，並非簡單的理性化的成為某一政治主體的一員，而是在各自不同的情感取向、人際網路與政治訴求影響下呈現出的不同個人走向與歷史結局。

張永福、林義順的人際網路，關鍵是與孫中山的交集，1905年孫中山經停新加坡經尤列引薦，與張永福、林義順正式見面，實際上，在會面以前，張永福、林義順與孫中山的人際網路已經在逐步重疊。1899年張永福參加邱菽園、林文慶組織的好學會，曾共同上書反對廢黜光緒，1900年康有為與日本刺客事件，孫中山抵達新加坡，與林文慶、黃乃裳接洽。同年，張永福與陳楚楠、林義順在小桃源俱樂部評議政事，三人不支持康有為虛君立憲，逐漸認同孫中山區分滿漢，民主共和。1903年張永福、林義順經黃伯耀介紹，結識尤列，看到革命期刊《革命軍》、《蘇報》、《皇帝魂》等等。1904年張永福、林義順合資創辦《圖南日報》，尤列任名譽編輯。1905年孫中山致函尤列詢問《圖南日報》相關內容，同年，張永福、林義順與孫中山會面，提到許雪秋、余既成、黃乃裳在潮汕的革命工作。與孫中山的交集是張永福、林義順人際網路正式形成的開始，下表為二人的人際網路的整理。

表1　SBD張永福、林義順共有非血緣人際關係整理

與張永福關係	人物	與林義順關係
密切夥伴	孫中山	密切夥伴
密切夥伴	汪精衛	普通夥伴
普通夥伴	胡漢民	普通夥伴
普通夥伴	陳嘉庚	密切夥伴
普通夥伴	陳楚楠	密切夥伴
密切夥伴	張來喜	普通夥伴
密切夥伴	殷雪村	普通夥伴

資料來源：Singapore Biographical Database

從此表可以看出，二人與汪精衛、陳嘉庚、陳楚楠態度與交往程度是不同的，原因在於張永福、林義順的個人取向與人際網路建構，分別有前後不同的階段，導致了革命走向的不同。

一、張永福革命情感取向與人際網路分期

張永福人際網路的建構，以張永福通電支援汪精衛為界分為前後階段，前期是1872年至1939年與孫中山進行革命階段，後期是1939年至1957年與汪精衛政權阻礙革命階段。

張永福人際網路的前期建構是廣州起義失敗後，孫中山出逃，張永福出借孫中山晚晴園一事起。張永福的母親陳寶娘贊成張永福出借晚晴園：「汝倒是有一點思想，能夠認識順逆的正理這樣清楚，我實在是歡喜的。」[4]孫中山構想的中華民國國旗，則由張永福夫人陳淑字親手繡制，《良友》孫中山先生紀念特刊也收錄了「中山先生與張永福及日人萱野在晚晴園合影」，「當時晚晴園不僅成為革命經費的籌募中心，更扮演營救革命志士和安置流亡同志的避難地，比如雲南河

[4] 張永福：《南洋與創立民國》（新加坡：晚晴園——孫中山南洋紀念館，2013年），頁17。

口起義失敗後，林義順和張永福等人就安排600名志士撤退到新加坡，並成立中興石山公司安置他們」[5]。在此期間，張永福對於孫中山是甚為滿意的，「同志中有許多反覆求詳的質問，先生總不憚煩的條分縷析，清清楚楚有根有據的解答，真是我們的良師益友，使我們感到極度的滿意」[6]。此外，張永福與陳楚楠、黃乃裳、馮自由、胡漢民、汪精衛保持密切的聯繫，「先生昔年參加革命，與胡漢民、汪精衛二人，私誼甚篤；於汪精衛尤甚」[7]。下表為《申報》刊載張永福新聞內容統計，此表統計的張永福為孫中山故舊，非「造船所工人」[8]或「清江案匪」[9]張永福。

表2　《申報》刊載的張永福之相關新聞分類統計（1872-1940）

新聞類別	報導次數										總數
	1918	1923	1925	1928	1929	1933	1934	1936	1937	1940	
實業	-	-	1	-	-	-	-	-	-	-	1
籌振	-	-	-	-	-	-	-	-	1	-	1
僑務	-	-	-	-	-	-	1	-	-	-	1
嘉獎	-	1	-	-	-	-	-	-	-	-	1
任職	-	-	-	-	1	1	1	3	-	-	6
社交	-	-	1	-	-	1	-	10	-	-	12
捐物	-	-	-	-	-	-	-	-	2	-	2
通緝	-	-	-	-	-	-	-	-	-	1	1
免職	-	-	-	-	-	-	-	-	-	1	1
其他	1	-	-	1	-	-	-	-	-		2
總數	1	1	2	1	1	2	2	13	3	2	28

資料來源：《申報》

5　莫美顏：〈將晚晴園提升到世界級——訪孫中山南洋紀念館主席鐘聲堅〉，《聯合早報》第52版，2011年10月6日。

6　張永福：《南洋與創立民國》（新加坡：晚晴園—孫中山南洋紀念館，2013年），頁18。

7　林義順：《星洲同盟會錄》（新加坡：晚晴園—孫中山南洋紀念館，2015年），頁116。

8　佚名：〈造船所工會新代表名單〉，《申報》（版面不詳），1936年4月21日。

9　佚名：〈萱生案偵查中牽及接見人〉，《申報》（版面不詳），1936年10月4日。

根據上表，張永福在社交與任職上的著力程度遠遠大於其他方面，著重任職表明張永福有很強的政治參與的觀念，「一些南洋的革命領袖如張永福紛紛呼籲華僑繼續扮演積極角色，不要只是把自己的革命輝煌史作為換取官職的勳章」[10]。同時，張永福與陳楚楠正副會長的職位事件可以體現張永福前期取向，張永福年長陳楚楠十二歲，同盟會分會成立後，陳楚楠出任會長一職，張永福任副會長，但是，翌年改選以後張永福一直出任會長，陳楚楠則任副會長，一定程度上體現張永福的政治參與的積極主張。此外，1928年濟南五三慘案，新加坡僑界大為憤慨，積極援建中國建設，但是，張永福沒有積極參加山東籌賑會運動，而是積極參與1932年張永福任監察主任的籌賑中國難民委員會，可以看出張永福的國民黨本位革命主義，以及張永福在任職上的著力程度。「張永福只能建和安柏同高的五層樓大廈，但當局允許他在大廈一角加蓋圓屋頂，算是比鄰居略高。」[11]張永福的擬建藍圖，則可以看出張永福重優裕的秉性。並且，張永福重熱忱情感，敬重孫中山故舊。「張永福君，對於孫中山先生逝世後，昨特發出徵文啟事，大致謂孫中山先生，手創民國，立空前絕後之偉業，為吾族歷史上從來未有之人物，惜天不永年，悠然長逝。」[12]在籌措起義上，張永福在孫中山黃岡起義求款信後，與陳楚楠等人捐款三萬餘元，黃岡起義失敗後，協助營救余既成，此後，在七女湖起義、汕尾起義、防城起義、鎮南關起義、馬篤山起義、河口起義等，張永福也多有捐款，河口起義失敗後，安置收容起義軍。張永福對於日本有較好的回憶，張永福膠鞋廠的機器來自日本，為篩選機器，張永福曾多

[10] 洪藝菁：〈華僑為革命之母語出何處？〉，《聯合早報》第52版，2011年10月6日。

[11] 謝燕燕：〈晚晴園昔日主人：張永福〉，《聯合早報》第52版，2011年10月6日。

[12] 佚名：〈同僑哀悼中山先生四志張永福君之徵文〉，《南洋商報》（版面不詳），1925年3月19日。

次往返日本，張茂德提到，其中一次，張永福曾看到富士山火山噴發的景觀。

總體而言，在第一階段，張永福的積極意義在於，辛亥革命前的中國革命，包括辛亥革命，張永福竭力參與中國革命與中國援建工作，以致實業經營虧損極大。其次，張永福非常注重情感化的，情感上的夥伴友誼。最後，張永福具有很強的政治參與的觀念，強調自己能夠參與實際變革。

張永福的個人取向與人際網路上的後期轉變，則是張永福參加汪精衛政權。學者比較關注的是1939年張永福出任汪精衛中央政府中央監察委員，是張永福正式投日的表現。實際上，張永福倒向汪精衛不是一蹴而就的，而是在此前的活動範圍、個人取向和人際網路，已經在逐步與汪精衛趨同。1924年張永福返回汕頭任銀行行長，1926年張永福擔任汕頭市長。換言之，張永福作為處於歷史激變的階段的個體，面對蔣汪的強烈的對抗性，在對抗的背後是無法脫離的自我纏繞的窠臼。張永福既有自身強烈的參與政治與任職需求的願望，又基於汕頭工作時所切身感悟到的種種腐敗現象，現實層面上，張永福並不認同身邊的人、現象、體制，但是另一方面，他又絕對的認同自身信仰的政黨、主義，因此，這一時期，張永福不滿於國民黨施政以及內部的貪腐現象，因此，求訴於與蔣介石有別的汪精衛等早年交往密切的革命同志。「張永福1932年搬回中國後，又與早年的革命同志胡漢民、汪精衛等保持聯繫。」[13]

下表為《申報》刊載張永福新聞內容統計，此表中的參政、嘉獎、社交、其他項的新聞類別，統計的是張永福在汪偽政權的相關活動。

[13] 謝燕燕：〈張永福：土生土長的辛亥革命先驅〉，《聯合早報》第52版，2011年10月6日。

表3　《申報》刊載的張永福之相關新聞分類統計（1940-1957）

新聞類別	報導次數			總數
	1942	1943	1944	
參政	-	3	1	4
嘉獎	-	1	-	1
社交	-	-	1	1
其他	1	-	-	1
各年新聞報導總數	1	4	2	7

資料來源：《申報》

這一時期，國民黨對於張永福投汪的報導，則將張永福等同漢奸身分。「據報告，敵今撥港幣二萬元，收買張永福使其通電回應汪逆精衛之賣國主張……本部以張永福為身屬黨員，今竟甘為敵寇工具，自毀革命歷史，倒行逆施，特通令海外各黨部報館會同使領館，對此漢奸危害國家民族之行為，嚴密防範。」[14]這一時期，蔣政府對於張永福的報導等同於收港幣兩萬叛變的漢奸身分。除張永福本身的投日行為外，報導也與蔣政府不重視任用張永福等南洋的華商、知識分子有關。汪精衛政權對於張永福的任用則較為重視，比如「連同國府委員張永福氏赴越南推進僑務工作，該學員等正準備一切，不日即可就道」[15]，以及「國府委員張永福氏，奉派充任駐越南通商代表，以出國赴任在即，僑委會褚兼委員長特於十月十日中午，在中日文化協會，設宴款送」[16]。事實上，汪精衛政權的任用滿足了張永福的任職需求與積極的政治參與的需要，張永福的個人取向對於政治轉變是較為關鍵的因素。

在第二階段，張永福在中國期間發現國民黨當政與理想的行政

14　中國第二歷史檔案館：《中央黨務公報》（南京：南京出版社，1939年），卷1，頁19。
15　佚名：〈張永福將赴越南推行僑務工作〉，《僑聲》1942年卷第11期，卷4，頁47。
16　佚名：〈褚兼委員長設宴餞別張永福〉，《僑聲》1942年第11期，卷4，頁47。

模式有很大差距，國共二次合作更是使一向反共反蔣的張永福極其不滿，與張永福舊有情義的汪精衛，此時提出親日反蔣的國民黨南京政府，並決議委任張永福任國民政府委員以及中央監察委員，滿足了張永福的任職需求、重「革命夥伴」情感與國民黨本位的革命情感。

綜上所述，影響到張永福的革命情感與革命轉向，自身的個人取向與人際網路建構是最大的原因，首先，張永福積極參與政治，在任職上的著力程度遠遠大於其他方面，此外，他注重生活優裕富足，因為經商，對於日本也有很好的印象。最關鍵的是，張永福秉持的是國民黨本位革命主義，捐款捐物也是針對性的對於國民黨的援助。張永福的個人取向與人際網路建構前後分期明顯，前期是積極參與革命事業，疏於實業，人際交往以革命夥伴為主，後期是參與汪精衛政府，積極參政，破壞革命。

二、林義順革命情感取向與人際網路分期

林義順的人際網路建構，以同盟會支部轉移檳城，以及張永福、陳楚楠幾乎破產為界的前後階段，前期是1879年至1911年的完全的參加革命階段，後期是1912年至1936年注重實業以及發展人際的階段。

前期，林義順曾陪同孫中山在芙蓉、吉隆坡、怡保等馬來半島各地宣傳革命，林義順義順莊的湛華別墅，是林義順接待反袁南來黨國要人住所。值得注意的是，1904年林義順曾返回潮汕宣傳革命發展余通、陳湧波，「同鄉情誼加戰鬥同志的感情，使他對這兩位革命友人特別關注」[17]。與此相同，林義順創立八邑會館，體現出林義順有明顯革命地域主義情感。1906年林義順受孫中山的委派，在檳榔嶼會面僑

[17] 馮自由：《馮自由回憶錄：革命逸史》（北京：東方出版社，2011年），頁9。

領吳世榮，成立同盟會分會，吳世榮任會長，受到孫中山讚揚。1907年《中興日報》創刊，林義順任第一任總經理，居正、胡漢民、汪精衛曾先後任主編。1909年林義順為解決《中興日報》資金周轉問題，決定以有限公司的方式運營《中興日報》，定股二萬元，與胡漢民、汪精衛在各地募股，得到孫中山支持並主理實行。

在第一階段，林義順出於親友鼓動和教育因素，往返各地，全力投身革命，全力參與起義的籌備與後援工作，結交發展革命同志，比如陳楚楠、胡漢民、汪精衛、吳世榮等。

林義順的後期轉變，則是目前多數學者所沒有關注到的變化，或可能林義順是因為同盟會南洋支部轉移檳城，有鑑於張永福、陳楚楠對於中國革命事業財力物力人力投入巨大，以致破產，因此，林義順的革命活動實際上並不如前期的投入，而是注重實業、發展人際。根據黃賢強教授的研究，後期，林義順往返中國大陸和臺灣的行程約有十次，1917年9月至11月林義順經上海前往北京，受到政府要人接見，獲得中國政府的支持，在海南開墾種植橡膠，獲稱華僑歸國創業典範。1921年10月至11月林義順受中華民國製糖公司的邀請，以中華總商會會長的名義發表演講，後繼續前往北京。1926年11月至12月林義順臺灣一行，行程為：新加坡—香港—廈門—基隆—臺北—台中—台南—高雄—新竹—臺北，林義順在廈門受到林文慶的接送，下榻鼓浪嶼中英酒店，並參觀廈門大學。林義順臺灣一行，參觀木宮町神社、圓山公園、北投溫泉、臺灣博物館、臺灣商品陳列所、臺北公園、臺灣植物園、臺北專賣局、帝國株式制糖工廠、農事試驗場、南公園、開元寺、台南神社、孔子廟、赤坎樓、安平港、安平制監會社、萬壽山、吳鳳廟、阿里山、新竹實業共進會、農工官、角板山、臺北中央研究所。林義順臺灣一行是有目的的，一是在充實人脈網路，臺灣四大家族有兩個接待了林義順，受辜家辜顯榮在臺灣最大的酒樓——江山樓接待，受板橋林家林薇閣接待，數次拜訪臺北專賣局松下芳三郎，拜訪淡水黃東茂子黃金水等人；二是發展實業，林義順前往臺灣商品陳列所、臺灣植物園、帝國株式制糖工廠、中央中究所等地，取得樟腦、相思種子歸植南洋[18]。

同樣的，根據林義順的姻親關係整理則也能夠發現，林義順人際網路的經營程度之深廣。其中，林義順育有四子六女，長子與陳嘉庚女陳麗好成婚，次子與李俊源女李寶娘成婚，四子與蔡源水女蔡舌娘完婚，長女與黃仲涵子黃忠宗成婚，次女與薛中華子薛夢熊成婚，六女則與陳宗器子陳學圖成婚。總體而言，相較前期，林義順後期重實業與交際，不重革命和任職。

對於林義順的評價，無論生前死後、還是現在都是非常肯定的，1929年2月林義順經香港、廣州、上海至北京參加奉安大典，據〈前南洋同志會代表林義順祭中山先生紀〉記錄，林義順代表的對象包括鄭聘廷、陳嘉庚、陳楚楠、林文慶等會員，以及華僑銀行、華南銀行、醉花林俱樂部、怡和軒俱樂部等。據新加坡國家檔案館的檔案記載，中國政府安排陸軍少將作為林義順的護衛，在北平歡迎南洋華僑代表林義順的攝影中，林義順旁邊是胡適[19]。1936年3月4日至19日林義順經香港至上海，病逝於上海，歸葬中山陵。

總體而言，在第二階段，林義順出於同盟會起義數次失敗，檳城取代新加坡成為南洋同盟會中心，有鑑於張永福和陳楚楠重於革命，疏於財力，以致業務經營受挫，林義順革命活動不如以往活躍，大多數的行程則是利用機會探訪實業鉅子與政界人士，著重發展實業與經營人脈。

綜上所述，林義順特徵是重實業，重潮汕，重人際經營與平衡，

[18] 黃賢強：「認識林義順」講座，新加坡，2019年10月5日。

[19] 黃賢強：「認識林義順」講座，新加坡，2019年10月5日。

重交際，個人取向與人際網路前後分期明顯，前期是全力參與革命事業，人際交往以革命同志為主，後期則以興辦實業，注重發展人際網路為主，林義順的革命走向，也是與個人取向以及中國的人際網路掛鉤的。

三、個案分析：對待陳炯明與孫中山

林義順與陳炯明私交不甚密切，在前期，二人的聯繫大多是與其他革命志士的共同反袁活動，在後期發展實業階段，林義順與陳炯明相聯繫的重要人物是黃強，黃強是林義順臺灣一行隨行者，黃強記錄林義順臺灣一行的相關內容，出版《臺灣別府鴻雪錄》。黃強是陳炯明先後任命的粵軍總部副官長、閩南護法區司令部總參議、粵軍兵站總監、廣東工藝局局長，1920年，受陳炯明推薦任粵海關總督，陳炯明失勢後，效力國民革命軍。

值得注意的是，1920年，陳炯明伐廣州桂系，林義順為其募餉三十餘萬[20]。1926年4月，陳炯明曾題贈林義順的「急公好義」是目前可見的陳炯明傳世的唯一書法，黃炎培、孫中山、汪精衛、黃興、居正、吳邁、陳少白、吳敬恒等人，也皆曾贈林義順墨寶並傳世。1930年3月24日，陳炯明也曾致函林義順。

張永福重故舊，林義順與張永福對待陳炯明的私人情感是相同的，在陳炯明逝世時，張永福曾寫〈張永福挽陳炯明聯〉紀念陳炯明，「溯當年奉總理命命曾勁馳驅討賊誓東郊敝屣都督尊榮豪傑如君能有幾，洎此後違師座威嚴重遭譴責韜光隱南粵退甘平民生活英雄沒世豈無聞」[21]。

---

[20] 馮自由：《馮自由回憶錄：革命逸史》（北京：東方出版社，2011年），頁133。

[21] 張永福：〈張永福挽陳炯明聯〉，《南洋商報》（版面不詳），1933年10月17日。

結合上文，林義順與張永福對待陳炯明與孫中山的個人情感、私交等是基本相同的。但是在支持孫中山反袁或是支持陳炯明另立旗幟的選擇上，林義順與張永福的不同選擇，則可以看出二者不同的革命取向。孫中山主張激進討袁，黃興則主張期以五年，緩進討袁。1914年，陳炯明、李烈鈞主張緩進，批評孫中山沉迷革命，不言救國。新加坡僑領雖然多不支持孫中山討袁，強調要與日本為敵，但是，在支持陳炯明另立旗幟上，「除陳新政、林義順、蔡熾三及客籍少數分子贊成外，多數同志反對彼等另樹一幟也」[22]，以致「星期州同志略分三派，陳、張君等為甲派；二林君等為乙派，同仁俱樂部為丙派」[23]。學界普遍認為，國民黨的激進討袁與緩進討袁政策，前者體現的是國民黨本位主張，而後者體現的則是國家本位主張。我認為，這一不同的政治取向應用於林義順與張永福，也能夠體現張永福革命情感是國民黨本位主張，林義順則是國家本位主張，即個人取向是不同的革命選擇的影響因素。

四、個案分析：對待汪精衛與蔣介石

在逝世前，林義順和汪精衛保持了良好的關係，交集多為與一眾革命人士共同活動。比如，1910年汪精衛刺殺事敗，陳璧君等人曾在成邦園居住，「此園乃陳楚楠君、林義順君所有，清末汪兆銘君炸攝政王時，胡漢民君、陳璧君女士、吳世榮君、黃金慶君、吳應培君來星洲，討論營救汪兆銘君之住宿處也」。1927年「陳嘉庚和林義順在新加坡怡和軒俱樂部接待汪精衛」[24]。

---

[22] 鄧澤如：《中國國民黨二十年史跡》（上海：正中書局，1948年），頁592。

[23] 〈中華革命基總務部覆丘繼顯希評述各派意見不同之原因函〉，收入黃季陸主編：《革命文獻‧第四十五輯》（台北：國民黨中央黨史會，1969年），頁623。

[24] 〈褚兼委員長設宴餞別張永福〉，《僑聲》1942年第11期，卷4，頁64。

與張永福不同的是，林義順和各方保持了良好的關係，國史館檔案記錄，1930年4月30日林義順致函請蔣介石為別墅題「蓬萊洲」三字，1930年5月21日國民政府回復林義順「主席現赴前方」，此後，林義順再次致函[25]。在此意義上，不難發現，林義順與汪精衛、蔣介石的關係皆較為良好。並且，除與蔣介石、汪精衛皆有來往，林義順與宋子文、黃炎培、李烈鈞、閻錫山、鄒魯、田桐、吳邁、張繼、段祺瑞、李濟深、黎元洪、周震麟、王寵惠等人也多有來往，無論是否具有爭議，林義順一概同等對待。

同一時期的張永福對待蔣介石的態度，則有很大的區別，比如〈張永福通電請蔣下野〉的態度是極貶低的。「蔣主席，屢勸釋胡，未獲採納，致啟劇變，眾叛親離，危黨亂國，咎胥在兄，又傳募公債八千萬，為征粵費，粵曆有功於國，孰忍令其蹂躪，眾情憤激，請即下野，以謝天下，張永福叩。」[26]這一時期，同樣在張永福看來有嚴重過失的汪精衛，張永福則以相對平和的態度，加以規訓與勸告。「弟忝與兄交三十年，曆受吾兄愛惠，聞此不勝悚惶，甚願電訊失實，吾兄無意北上，不受宵小誘惑，不與敵人合作，保全同志等交誼。」[27]儘管因為蔣介石籌措公債征粵與汪精衛北上一事，張永福都具有微詞，但是對於蔣介石一方，張永福用非常貶低性的詞語批判，對於汪精衛一方，則是勸告的態度規訓兄長。

張永福對待蔣介石與汪精衛的不同的敘事態度存在一種敘事暗示，蔣介石與新馬地區華人聯繫並不深，汪精衛則與南洋華人聯繫密切，特別是在前期的交往與革命活動上，汪精衛給張永福留有良好的印象。很多學者認為國民黨聯共的決定是張永福參加汪精衛政權的原

25 黃賢強：「認識林義順」講座，新加坡，2019年10月5日。

26 佚名：〈張永福通電請蔣下野〉，《南洋商報》（版面不詳），1931年5月29日。

27 佚名：〈張永福發代電告北平汪精衛〉，《南洋商報》（版面不詳），1930年7月24日。

因，我認為，僑界資產階級諸如張永福、陳楚楠、林義順、陳新政等人皆曾對孫中山的聯共主張表示反對，但是，陳楚楠等同樣是曾反對孫中山聯共的僑領，但是在後期是否投日和是否支持共產黨上，與張永福則採取了完全相反的態度，選擇了共產黨。在是否叛國投汪上，林義順與張永福不具有比較意義，但是我認為，以張永福與時人的行為對比分析，張永福投汪原因在於，一是不滿蔣介石，二是反對聯共，三是對於汪精衛能力與品格的認同，四是不滿於國民黨的執政方式與產生的貪腐問題，五是出於自身的任職需求。總體而言，張永福與汪精衛的私交在張永福的革命情感取向上有重要意義，也就是說，張永福投汪實際原因還是個人取向與人際網路上的影響。

結論

張永福的個人取向與人際網路建構，以投日事件分為前後階段，前期是積極作用，後期基於不滿蔣介石政府，重視汪精衛與自己的革命傳統、任職需要等因素，參與親日活動，起到消極作用。

林義順的個人取向與人際網路建構，以南洋革命中心轉移，同盟會起義數次失敗，張永福、陳楚楠重視革命，疏於財力以致破產，分為前後階段，前期全力參與革命，後期則著重發展實業，經營人脈。

在革命情感上，基於不同的個人取向與人際網路，張永福的革命情感，是重「革命夥伴」式的，國民黨本位的革命情感，林義順則注重人際網路的經營與聯繫，奉行國家本位的革命情感，與不同主體保持了一種巧妙的平衡。在個人取向上，張永福更有親身參與政治的取向，注重任職，並且對日本有良好的回憶，情感上則同情「死而後已」者，林義順則更為「順天應時」，注重經營實業，發展人際網路，無論物件是否具有爭議，皆一視同仁，在革命情感上則受到「畛域主義」影響。林義順不重任職的表現，部分學者認為，林義順是有鑑於陳楚楠、張永福過於投身革命，疏於實業，幾近破產的結果，因此對於政治參與與任職的重視程度不高，大多數的時人和學者，則認為是道德操守。不論林義順是出於品格使然還是現實考量，在客觀經濟實力與人際的建構上，或者是在中國方面的認同上，相較張永福，林義順則更為成功的塑造了一個僑領的形象。以張永福為代表的部分僑領，革命情感帶有原初性的超越的色彩，期望自身能夠在革命的浪潮中共振並且對於政局有實際性的改變，而對於國民黨的施政現象又具有抵抗感。林義順內心的掙扎感則沒有張永福強烈，而是保持著謙謙君子的形象。如此，南洋華人知識分子不同的個人革命情感取向與人際網路，具有非常強烈的個人色彩，塑造了全然相反的政治選擇、革命走向與結局。

綜上所述，民主革命伊始，新馬地區華人知識分子具有強烈革命情感與民族意識，但是，南洋華人的革命情感與中國本土的革命情感，並非是亦步亦趨的。也就是說，南洋華人知識分子個人選擇與未來走向不是被易於發現的，不是固有存在不變的，而是不斷被認識，不斷重構的過程。一方面，南洋因其具有獨有的國際性與華人知識分子的資本的累積，又因遠離中國本土具有法治上的有限性，成為革命者的存在的庇護空間。另一方面，從地方史視野考察，需要意識到人的有限性。換言之，地理空間的分野，恰恰也是時間的分野，也就是說，與處於中國本土的知識分子不同，南洋華人知識分子對於中國的消息來源是片面的、有限的，據此產生的行動與反應無法與中國本土知識分子衡量與等同。因此，無論是基於外緣性分析還是對於內在理路的分析，南洋華人的革命認同，同南洋華人的身分認同一樣，經歷了在地化與特殊化，並且，受到不同華人個體的情感取向與中國的人際網路的影響。

康有為在檳城的著述運思及其旨趣
——以《四書》新注為中心

蔣明

中山大學歷史學系博士研究生

庚子勤王運動失敗後，康有為先後避居新加坡與檳榔嶼、印度大吉嶺，自述「庚子（1900）春，徙圖南溟。及夏，英海門總督亞歷山大館我於其庇能（檳榔嶼）節樓，名之曰大庇閣。居十五月，至辛丑（1901）十月乃去」[1]。其在檳城居於總督署內（即今檳城州州長官邸），感覺甚為滿意，在致母書箚中稱其所受總督之禮遇極周到，「督意甚厚，不知所以報之也」[2]。康有為「避地閒居，日以著述自遣」[3]，除《大庇閣詩集》147首詩外，先後撰成了《中庸注》和《春秋筆削大義微言考》兩部著作，並完成了《孟子微》[4]的主要部分，

---

1 康有為：〈大庇閣詩集序〉，收入上海市文物保管委員會主編：《康有為遺稿・萬木草堂詩集》（上海：上海人民出版社，1996年），頁112。

2 康有為：〈上母親書〉（1900年8月11日），姜義華、張榮華編校：《康有為全集》（北京：中國人民大學出版社，2007年），第5集，頁246。

3 康同壁：〈南海康先生年譜續編〉，收入樓宇烈整理：《康南海自編年譜（外二種）》（北京：中華書局，2012年），頁81。

4 康同壁〈南海康先生年譜續編〉中稱「光緒二十八年壬寅……冬至日，《孟子微》成」（可參看樓宇烈整理：《康南海自編年譜（外二種）》，頁104。），不確。按《新民叢報》光緒二十八年（1902）第十號所刊〈孟子微自序〉康有為所署日期為「孔子二千四百五十三年，光緒二十七年冬至日」，而民國二年（1913）《不忍雜誌》所刊〈孟子微自序〉（與前序不同）所署日期則為「孔子二千四百五十二年，即光緒二十七年冬至日」，以孔子紀年而論兩者相差一年，然都清楚標明乃「光緒二十七年冬至日」。且《新民叢報》光緒二十八年第十號出版時間為五月十五日，在冬至之前。梁啟超該年四月〈與夫子大人書〉中也有「現已將《孟子微》一篇分載報中」之語，可參看丁文江、趙豐田主編：《梁啟超年譜長編》（上海：上海人民出版社，2009年），頁184。據此，可斷定《孟子微》一書實成書於光緒二十七年冬至。而康有為十月自檳榔嶼赴印度後，一直忙於各種應

《大學注》、《論語注》當也在此時發軔，形成了對「四書」進行新注解的運思。

康有為從1900年至1910年曾五度居於檳榔嶼，檳城在其乘桴浮海的流亡生涯中具有重要意義，學界以往對康有為在檳城的活動較為缺乏關注，尤其是有關「著述」的核心事業。僅僅是在涉及康氏文學層面的南洋詩研究，會提及其在檳城所撰之《大庇閣詩集》[5]。

然檳城所作詩集不過是康氏賦閑之作，1900年至1910年這樣的大時代風雲變幻之際，其重心絕不在此，而是「保皇」、「改制」與「創教」。這都與其經學著作有關。以往學界關於康氏經學著作之關注主要集中於《新學偽經考》、《孔子改制考》等與「五經」相關的文本，而其所撰《四書》新注，即《孟子微》、《中庸注》、《論語注》、《大學注》，則相對較少有前賢進行深入論述。有宋以降，「四書」與「五經」同為「學而優則仕」時代士人必讀的儒學經典，同時也是「道統」譜系建構的依據，康有為欲「改制立教」，《四書》是其繞不開的核心文本，而其於乘桴越海以避時難之際，將著述重心由「五經」轉向「四書」，開始「援公羊以釋四子書」，箇中緣由，也引人思索。

酬及遊覽，並無足夠閒暇時間在此期間從頭至尾完成此作。

5 相關研究可參看高嘉謙：《漢詩的越界與現代性——朝向一個離散詩學（1895-1945）》（台北：國立政治大學中國文學研究所博士論文，2007年），頁187-227；高嘉謙：〈帝國意識與康有為的南洋漢詩〉，《政大中文學報》2010年第13期，頁數不詳；李立信：〈戊戌後康有為之海外詩歌研究〉，收入廣東康梁研究會編：《中國近代文學與海外國際研討會論文集》（廣州：廣東人民出版社，1994年），頁71-86；洪柏昭：〈論康有為的海外詩〉，收入彭海鈴編：《中國近代文學與海外國際研討會論文集》（澳門：澳門近代文學學會，1999年），頁251-267；常雲、謝飄雲：〈論康有為的海外詩〉，收入劉聖宜編：《嶺南歷史名人研究》（廣州：中山大學，2002年），頁127-176；黃錦樹：〈過客詩人的南洋色彩贅論——以康有為等為例〉，《海洋文化學刊》2008年第4期，頁1-24；金峰：〈《大庇閣詩集》中所見康有為的思想與情感〉，《商丘師範學院學報》2013年第4期，頁85-88。

一、大義與微言

康有為避居檳城之次年二月，《中庸注》成，序稱：

> 孔子生二千四百五十一年。康有為避地於檳榔嶼英總督署之大庇閣。蒙難艱貞，俯地仰天，乃以其暇繹思故記。明然念孔子之教論，莫精於子思《中庸》一篇。此書自《漢藝文志》既別為篇，梁武帝曾為之注，而朱子注之，輯為《四書》，元明至今，立於學官，益光大矣。恨大義未光，微言不著。予小子既推知孔子改制之盛德大仁，昔講學廣州，嘗為之注。戊戌遭沒，稿多散佚，吾既流亡，不知所居。逡巡退思：此篇繫孔子之大道，關生民之大澤，而晦冥不發，遂慮掩先聖之隱光，而失後學之正路，不敢自隱，因潤色夙昔所論，思寫付於世。[6]

此序對於透視康有為在檳城的著述運思及其旨趣極為關鍵，可注意處甚多。首先，此序明確稱「昔講學廣州，嘗為之注」，雖未有材料得以確證，但至少說明康氏認為在檳城關於「四書」之著述與其早年運思有關。另外值得關注的是「大義未光，微言不著」八字。儘管清末今文學家普遍好講「微言大義」，但對「微言」與「大義」其實有所區分。

康有為早期對此有明顯界定，在光緒十五年（1889）九月的〈謁白鹿洞紫陽書院二首〉中寫道：「《大學》與《中庸》，純粹有次第，《孟子》配《論語》，洙泗心傳繼。五經失微言，四書發大

6　康有為：〈中庸注序〉，樓宇烈整理：《孟子微・中庸注・禮運注》（北京：中華書局，2012年），頁187。

義。」對朱子《四書集注》表現出一定的推崇，然而同時也蘊含了《四書》僅能「發大義」而不能得孔子之「微言」的評判。所以就在同年（1889）九月離京之前，康有為在給沈曾植的信中便稱「今之中國，圓顱方趾四萬萬，《四子書》遍域中誦之，而卓然以先聖之道自任，以待後學，不為毀譽、排擠、非笑所奪者，未有人焉。此所以學術榛塞，風氣披靡也」[7]。「先聖之道」為何？顯然可以肯定的是絕非《四書》所發之「大義」。詩中所謂「大義」指義理，而「微言」即「改制」之意，康有為在《教學通義》中就曾指出朱子「惟於孔子改制之學，未之深思，析義過微，而經世之業少，注解過多」[8]。

因此，康有為更加關注於「五經」，而於「四書」則已欲有所捨棄。朱一新敏銳地發現了這一點，他在與康有為的論學書箚中稱：

> 足下曩言西漢儒者乃公羊之學，宋儒者乃《四子書》之學，僕常心折是言。足下既知《四子書》與《公羊》各有大義矣，奚為必欲舍之？漢、宋諸儒，大端固無不合，其節目不同者亦多。必若漢學家界畫鴻溝，是狹僻迷謬之見也。然苟於諸儒所畢力講明者，無端而羼雜焉以晦之，諒非足下任道之心所宜出也。漢學家治訓詁而忘義理，常患其太淺；近儒知訓詁，不足盡義理矣，而或任智以鑿經，則又患其太深。夫淺者之所失，支離破碎而已，其失易見，通儒不為所惑也。若其用心甚銳，持論甚高，而兼濟之以博學，勢將鼓一世聰穎之士顛倒於新奇可喜之論，而惑經之風於是乎熾。[9]

7 康有為：〈與沈刑部子培書〉，姜義華、張榮華主編：《康有為全集》（北京：中國人民大學出版社，2007年），第1集，頁236。

8 康有為：〈教學通義〉，《康有為全集》，第1集，頁138。

9 朱一新：〈朱侍禦答康長孺書〉，《康有為全集》，第1集，頁319。

顯然，對於康有為拋卻《四書》之義理而以《公羊》「高深」之微言取而代之的做法，朱一新已頗有不滿。在《無邪堂答問》中，朱一新更提出：「道咸以來，說經專重微言，而大義置之不講。其所謂微言者，又多強六經以就我，流弊無窮。」[10]隱隱可見針對康氏立論之意。

在給朱一新的回信中，康有為剖白心跡稱「僕之急急以強國為事者，亦以衛教也。沮格而歸，屏絕雜書，日夜窮孔子之學，乃得非常異義」，此「異義」即康有為所發掘的「微言」，具體而言，是為「孔子為創教之聖，立人倫，創井田，發三統，明文質，道堯舜，演陰陽，精微深博，無所不包」。康氏又指出了「發孔子微言大義」之次第：

> 僕竊不自遜讓，於孔子之道似有一日之明，二千年來無人見及此者，其他略有成說。先辟偽經，以著孔子之真面目；次明孔子之改制，以見生民未有；以禮學、字學附之，以成一統；以七十子後學記續之，以見大宗。輯西漢以前之說為「五經」之注，以存舊說，而為之經。然後發孔子微言大義，以為之緯。體裁洪博，義例淵微，雖汗青無日，而□□窮年，意實在此。[11]

顯然，先辟偽經指《新學偽經考》，明孔子之改制指《孔子改制考》，而「七十子後學記續之，以見大宗」，應是對子思、孟子等孔門後學著作立論而言，這在康有為早年講學中有所闡述，但是未能系統展開，光緒十七年（1891），康氏始開講堂於長興裡，訂立學規，著《長興學記》。從其授受內容來看，「四書」所闡發的理學大義仍

[10] 朱一新：《無邪堂答問》（北京：中華書局，2000年），頁21。
[11] 康有為：〈答朱蓉生書〉，《康有為全集》，第1集，頁325。

然是其關注的重要範疇，《長興學記》稱：

> 後世學術日繁，總其要歸，相與聚訟者，曰漢學，曰宋學而已。……嘗推本二學，皆出於孔子，孔子之學，有義理，有經世。宋學本於《論語》，而《小戴》之《大學》、《中庸》，及《孟子》佐之，朱子為之嫡嗣。凡宋、明以來之學，皆其所統。宋、元、明及國朝學案，其眾子孫也，多於義理者也。漢學則本於《春秋》之《公羊》、《穀梁》，而《小戴》之《王制》，及《荀子》輔之，而以董仲舒為公羊嫡嗣，劉向為穀梁嫡嗣。凡漢學皆其所統。[12]

光緒十九年（1893），康有為又在萬木草堂先後著《孟子為公羊學考》和《論語為公羊學考》，開始進行「援公羊以釋四子書」的工作。其後，康氏展開了對宋儒四子書之學的攻訐，他在剖析「好善者不出於士大夫文學之人」的成因時指出這乃「劉歆之罪，而亦宋儒之誤也」。因為「世儒繐侗固陋，僅通四子書，而不知他學」，「泥守文字，固不足責也」[13]。次年（1894），康有為在廣西講學，作《桂學答問》，對《孟子》一書的重視程度達到前所未有的程度，康有為稱：

> 天下之所宗師者孔子也，義理制度皆出於孔子，故學者學孔子而已。孔子去今三千年，其學何在？曰，在「六經」，夫人知之，故經學尊焉。凡為孔子之學者，皆當學經學也。人人皆當

[12] 康有為：《長興學記》，收入樓宇烈整理：《長興學記‧桂學答問‧萬木草堂口說》（北京：中華書局，1988年），頁16。

[13] 上海市文物保管委員會：《康有為遺稿：戊戌變法前後》（上海：上海人民出版社，1986年），頁179。

> 學經學，而經學之書汗牛充棟，有窮老涉學而不得其門者，則經說亂之，偽文雜之。如泛海無舟，邈然望洋而歎；如適沙漠而無鄉導，倀倀然迷道而返，固也。然以迷道之故，遂舍孔子而不學，可乎？今為學者覓駕海之航，訪導引之人。有孟子者，古今稱能學孔子，而宜可信者也。由孟子而學孔子，其時至近，其傳授至不遠，其道至正，宜不歧誤也。孟子於孔子無不學矣。而於「禹抑洪水，周公兼夷狄」，述及孔子，即舍「五經」而言《春秋》。於「禹惡旨酒，湯執中，文王視民如傷，武王不泄邇，不忘遠，周公思兼三王」，述及孔子，亦舍「五經」而言《春秋》。然則孔子雖有「六經」，而大道萃於《春秋》。若學孔子而不學《春秋》，是欲其入而閉之門也。[14]

《桂學答問》中的這段話蘊含的信息量十分豐富，必須通覽方能得其全。學孔子從何處入手？康有為首先給出的答案是先學孟子。然而，康氏緊接著就提出了孟子如何學習孔子的問題，並指出孟子學孔子之主旨在學《春秋》，最終的指向十分明顯，那就是《春秋》乃學孔子之門徑。《孟子》是作為《春秋》之輔助而受到康有為重視的，康氏又言明《孟子》與《公羊》之關係稱，「人莫不讀《孟子》而不知為《公羊》正傳也」，「《孟子》之義無一不與《公羊》合」[15]。至此，康有為已不再關注《孟子》中的「大義」問題，而是以《孟子》證《公羊》之「微言」。當然，《孟子》本身是否具有「微言」則尚未進入康有為的視域之中。

在《萬木草堂口說》中，對於《孟子》及「微言大義」的問題，康氏又有進一步申論。首先，康有為將「微言」與「口說」結合，稱

[14] 康有為：《桂學答問》，《長興學記．桂學答問．萬木草堂口說》，頁29。

[15] 同前註，頁31。

「孔子有經有緯，緯者口說微言也」。又稱「孔子謂，書不盡言，言不盡意。然則，聖人之意，其可得見乎？書者，六經也；言者，口說也；意者，聖人所未著之經，未傳諸口說者也。然則，聖人之意一層，猶待今日學者推補之」[16]。「口說」並非等於「聖人之意」，然推補「聖人之意」，必先通「六經」及「口說」，因為「作《春秋》以托王法，其詞微，其旨博，故全賴口說」[17]。而孟子與荀子、董仲舒三人「皆傳孔子口說」[18]，「孔子之後，儒分為八，至孟、荀遂分兩大宗。孟、荀之微言最多，《論語》尚少。蓋論語隨意記孔子之言，而孟、荀則有意明道也」[19]，只是「董傳微言多於孟，大義多於荀」[20]，這實際上是承認了《孟子》之中也有「微言」之存在，只不過少於董仲舒而已。康有為又指出「《孟子》多言仁義，《論語》多言仁智，皆微言也」[21]，「《大學》規模甚大，《中庸》微言較多」[22]，實則已點出四子書之中皆有「微言」之存在了，由此也可以看出這與其後作《孟子微》等《四書》新注申發「微言」一脈相承之關係。

《四書》之中皆有微言，為何又都未能發明呢？康有為認為這乃宋儒之過，尤其是朱子，這種指向逐步強烈，如《論語注》謂「有宋朱子，後千載而發明之，其為意至精勤，其誦於學官至久遠，蓋千年以來，實為曾、朱二聖之範圍矣。惜口說既去，無所憑藉，上蔽於守約之曾學，下蔽於雜偽之劉說，於大同神明仁命之微言大義，皆未有發焉」。然而「《論語》本出今學，實多微言，所發大同神明之道有

16 康有為：《萬木草堂口說》，《長興學記・桂學答問・萬木草堂口說》，頁71。
17 同前註，頁216。
18 同前註，頁110。
19 同前註，頁216。
20 同前註，頁205。
21 同前註，頁211。
22 同前註，頁166。

極精奧者，可為世世之法」[23]。而《大學》「皆孔門弟子後學傳孔子之口說，孔子之微言大義實傳焉」。因此「朱子特選《中庸》與此篇，誠為精要，惟朱子未明孔子三世之義。蓋孔子太平之道，暗而未明，鬱而不發，蓋二千年矣」[24]。

至此，《四書》在康有為學理脈絡中由「大義」而「微言」的軌跡就清晰了，而康有為於檳城重新運思撰《四書》新注，乃欲取代朱子之舊注，甚至本人取代朱子地位之意圖也就呼之欲出了。

二、「三世」與保皇

前文已揭，康有為援《公羊》釋《孟子》之「微言」，有其思想發展的內在脈絡。然何以在檳城流亡之際再揭其旨，則與時事之刺激有著密切關聯。康有為避居檳城之時中國社會正處於「大變局」的動盪之下，義和團運動的爆發，庚子勤王的失敗，《辛丑條約》的簽訂，極大地刺激了時人對於清廷的反感，其中包括眾多康門弟子。「革命」還是「立憲」？在這期間開始成為一個時代中心話題。《孟子微》的出現，一定程度上是「應變局」的產物。康門弟子陸乃翔、陸敦騤合撰〈南海先生傳〉記述當時情景稱：「回鑾之際，天下欣欣想望太平，以變法自強。既而不聞復辟，人心望絕，海內憤無所施，多有言革命自立者。先生乃為書累數萬言，力言內訌之不可，舉印度以為戒。蓋方今國爭之勢，貴在合國，而不貴在分民族；只可言立憲，而不可言革命也。若行革命，則中國魚爛土崩瓦解之期立至。」[25]

---

23 康有為：〈論語注序〉，湯志鈞編：《康有為政論集》（北京：中華書局，1981年），頁508-509。

24 康有為：〈大學注序〉，《康有為政論集》，頁510。

25 陸乃翔、陸敦騤：〈南海先生傳〉，夏曉虹編：《追憶康有為》，增訂本（北京：生活・讀書・新知三聯書店，2009年），頁48。

康有為力圖扭轉革命趨向之努力，也是理解「四書」新注的一個不可忽視的因素。

關於康有為撰《四書》新注的外在緣由，許多論者單據文本內容而推闡，認為康是在為「變法」尋求更廣泛的理論依據，而事實則恰好相反。在庚子之秋康有為避地檳榔嶼之時，梁啟超曾請求其撰寫改制之議，康明確表示不可，恰恰在此之後，康有為撰成《四書》新注。而後，康有為在其1902年的《中國改制議》中指出了其注《大學》、《中庸》、《論語》、《孟子》的思慮所在：

> 今為中國言變法，有必宜更新者，有必宜沿舊者，驟遙躐等，非惟顛蹶，亦不能成。美成在漸轉，進化在次級，故有可變一年數月而旋棄者，有累數年試效而加進者，大成之功期二十載，規模之立期以十年，此二十年中之宜經累變者，皆不得已之次第也。即吾自為之，則今者所立久即改之，後者所為與前大反。譬如以藥治病，病既變痊，方亦日改。吾且自改吾制，而何以告人，且恐人之泥吾方而致病也，超乎！執一獨步方而不足治病久矣。且今競爭之世，不患不變法，患不講德育。故吾日寫定夙昔所注之《禮運》、《大學》、《中庸》、《論語》、《孟子》，《春秋微言大義考》，暨《人類公理》，以明大同太平之義。【下缺】[26]

毫無疑問，康有為撰《孟子微》不是為繼續變法尋求理論支撐，「德育」顯然與「明大同太平之義」有關，而「明大同太平之義」為何能夠防止躐等？這不得不說是康有為的關鍵運思所在。躐等，明指

[26] 康有為：〈中國改制議〉，《康有為遺稿：戊戌變法前後》，頁272。

革命而言。康有為談變法問題時，已明顯注意到要與「倡革」者有所分別，因此在致趙必振信中指出：

> 蓋各國變法，皆有其根。美國以新民新國，華盛頓故能起而自立。其波先動於法，然亂八十年乃能定。其餘歐土各國雖變，而時勢、國力皆與吾國不同，無可比者。日本之變，亦賴尊王，然後維新。然日本是時外無列國之交迫瓜分，內有強藩之兵力相持，故皆可用內力，然亦不聞倡革說也。今吾國之勢，幾等於埃及、土耳其，甚則高麗、安南；方當外競而非內爭之時，與法、美迥異。土地廣大，又非南美、瑞士可比。如欲保全國種而言革，非特人心不順，大事難成；及其鷸蚌相持，徒令漁人得利，適足以促各國之分而已。[27]

庚子勤王失敗之後，海外各埠革命黨與保皇會之衝突日益劇烈，正在康有為撰《中庸注》與《孟子微》的1901年，革命黨的陳少白、黃世仲、陳思仲與保皇會的胡顯鶚分別以《中國報》和《嶺海報》為陣地展開了激烈的筆戰，此後，更是形成「無時無地無之」的局面[28]。而與革命黨相比，更令康有為擔心的則是門下弟子紛紛傾向革命之態勢。

1898年，梁啟超在湖南時務學堂「借《公羊》、《孟子》發揮民權的政治論」[29]，撰〈讀《孟子》界說〉，其中全部十五條「條界」說在《孟子微》中都能找到相對應的注解內容，此尚可見師弟間於

---

[27] 張榮華編校：《康有為往來書信集》（北京：中國人民大學出版社，2012年），頁378。

[28] 馮自由：〈清季革命保皇兩黨衝突始末〉，《革命逸史》（北京：中華書局，1981年），第6集，頁15-16。

[29] 梁啟超：〈蔡松坡遺事〉，《晨報・蔡松坡十年周忌紀念特刊》，轉引自《梁啟超年譜長編》，頁84。

「《孟子》、《公羊》相通」之學理脈絡一致性[30]。但是，當1902年康梁因「革命保教大同等諸義」發生激烈衝突時，梁啟超卻致信康有為，稱「為避免外人以弟子等之言為先生之言，因此累及先生」，而「已將《孟子微》一篇分載報中，外人之疑，亦當稍釋矣」[31]。顯然，曾自稱其學「實無一字不出於南海」[32]的梁啟超，此時已認為康有為的《孟子微》與其主張是明顯有別的，以致外人一看便能知二者之分別。那麼，這期間的分歧和變化是如何產生的？1900年4月梁啟超在致康有為信中委婉向康有為提出了君主與民主政體的問題：

> 現時皇上既已嘔血，外使覲見，言天顏憔悴異常，想病重久矣。萬一不能待我之救，則彼時當何如討賊？固也。然賊雖討，而上已不諱，則主此國者誰乎？先生近日深惡痛絕民主政體，然果萬一不諱，則所以處此之道，弟子亦欲聞之。今日危急哀痛之極，又當百事草創之時，不能不縂縂慮及也。[33]

康有為對此極為憤怒，嚴斥了梁啟超，在同年六月致徐勤書中又稱：

> 卓近經痛責後，來書引過。然如去年事，及言保皇會而謂嗤之以鼻，汝等近來不敬如此，市井人尚不至是，而謂學道者如是乎！違命專橫既久，自忘其不可矣。父子閨房有禮，尊卑長幼有命，安有無禮違命如汝等者乎！不意汝等學古之道，嘵嘵自

---

30 梁啟超：〈讀《孟子》界說〉，《梁啟超全集》（北京：北京出版社，1999年），第1冊，頁159-161。

31 丁文江、趙豐田編：《梁啟超年譜長編》，頁184。

32 上海圖書館編：《汪康年師友書箚》（上海：上海書店，2017年），頁1693。

33 丁文江、趙豐田編：《梁啟超年譜長編》，頁144。

命，而專以無禮違命，專謬驕橫為事。[34]

門弟子「無禮違命」，「倡革命」之風氣日盛，此時的康有為自然開始強調遵守秩序次第與不躐等之意旨，在同年致經元善書中稱：

《四書》之義，其道極博。然《大學》必先格物致知，然後正心誠意。《中庸》謂不明乎善，不誠乎身，故博學、慎思、明辨而後篤行。《孟子》謂博學而詳說，乃以反約。《論語》謂博學於文，約之以禮，亦不可畔；故孔子在位，必先正名。側聞足下之說，誤以那拉後為皇上之母，於正名之義，則尚未博學、審問、慎思、明辨、約禮，而遽欲篤行誠身，則未嘗格物致知而遽言正心誠意也。[35]

康有為在《四書》中發現了他所需要的理論資源，這與其後他開始撰《四書》新注有重要聯繫。當然，要使得《四書》完全成為其宣揚「不躐等」之依託，康有為還要進一步的工作，那就是系統地進行「援公羊以釋四子書」注解。在《孟子微》中，具體則表現為以「三世說」來闡發《孟子》中的君民關係以及社會進化之次第，康有為稱：

《春秋》要旨分三科：據亂世，升平世，太平世，以為進化，《公羊》最明。《孟子》傳《春秋》公羊學，故有平世亂世之義，又能知平世亂世之道各異……孔子豈不欲即至平世哉？而時有未可，治難躐級也。如父母之待嬰兒，方當保抱攜持，不

---

34 上海市文物保管委員會編：《康有為與保皇會》（上海：上海人民出版社，1982年），頁133。

35 康有為：〈致經蓮珊書〉，蔣貴麟編：《萬木草堂遺稿》（台北：成文出版社，1976年），頁281。

能遽待以成人之禮；如師長之訓童蒙，方用夏楚收威，不能遽待以成學之規。故獨立自由之風，平等自主之義，立憲民主之法，孔子懷之待之平世，而未能遽為亂世發也。以亂世民智未開，必當代君主治之，家長育之，否則團體不固，民生難成。未至平世之時，而遽欲去君主，是爭亂相尋，至國種夷滅而已。[36]

實質上，康有為在此已對「革命」與「保皇」的諸多相關問題都有所回應，即君主絕不可廢除，完全民主只能在太平大同之世，暫時尚不可行，而貿然躐等越級不僅不能達到「平世」之「民主」，相反會導致大的混亂與動盪。可以說，康有為在《孟子微》中處處皆有時事之寄託，其又稱「或民主，或君主，皆因民情所推戴，而為天命所歸依，不能強也。亂世、升平世、太平世，皆有時命運遇，不能強致，大義則專為國民。若其因時選革，或民主，或君主，或君民共主，迭為變遷，皆必有之義，而不能少者也。即如今大地中，三法並存，大約據亂世尚君主，升平世尚君民共主，太平世尚民主矣。此孟子遍論三世立主之義，其法雖不同，而其因世得宜，則一也」[37]。因此，中國此時的現狀決定了需要實行的必然是君民共主，即君主立憲制度。

「君民共主」之政體首先需要理順君、民、國之間的關係。何為「君民共主」？康有為稱：「國者，民之國也，故一切憂樂與民同之。孟子無事非為民，無言非為民，而陳太平之義，莫若同民之旨矣。此托於君主同民，君民共主之政體也。」[38]在《孟子微》中對此還

[36] 康有為：《孟子微》，《孟子微・中庸注・禮運注》，頁21-22。
[37] 同前註，頁104。
[38] 同前註，頁97。

有諸多發明，如謂：「民者，天所生也；國者，民共立也。民各營其私業，必當有人代執其公事。如一公司之有千萬分，不能不舉一司理人以代理焉。君者，國民之代理人也。代理人以仁養民，以義護民，眾人歸心，乃謂之君。所謂天下歸往，謂之王則可。」[39]又謂：「國者，民之公產，如一肆之有公股焉。君者，為一國之司理人耳。肆有傾敗，責司理，人民有饑寒，責國之司理人經營不善，安能辭責？此乃平世之公理也。據亂世，民智未開，世猶幼稚，故賴君保抱提持，為父母焉。至平世，則民已壯而成人，君僅為司理人也。」[40]甚至稱：「蓋國之為國，聚民而成之，天生民而利樂之。民聚則謀公共安全之事，故一切禮樂政法皆以為民也。但民事眾多，不能人人自為公共之事，必公舉人任之。所謂君者，代聚民任此公共保全安樂之事。為眾民之所公舉，即為眾民之所公用。民者如店肆之東人，君者乃聘雇之司理人耳。民為主而君為客，民為主而君為僕，故民貴而君賤易明也。」[41]康有為反復推闡《孟子》「三世」與「大同」之意，就是希望能夠表明實行君主立憲制度之優越性。也只有這樣，康氏才能繼續高舉其在海外所樹立之「保皇」旗幟。

康在檳城正是及門弟子發生激烈衝突的時候，多年之後因「聯省自治」之事康有為在復趙恒惕書中曾憶稱：

> 昔庚子之秋九月，吾居南洋之檳榔嶼，門人梁啟超自日本來見，謂中國太大，宜每省自立，分為十八國乃易治，吾聞而適適然驚，謂何處得此亡國之言。

39 同前註，頁106。

40 同前註，頁92。

41 同前註，頁20。

此時所面臨的激進風氣是康作為海外保皇黨領袖不能不處理的問題。康有為以中國尚處由據亂世而升平世之過渡，講「變法」更要講「德育」，因此不可躐等而行民主，這在同時的康氏其他著述中都能互相印證。庚子勤王運動後的「革命」與「保皇」之爭，確是激發康氏以《公羊》的「三世」次第闡發《孟子》的外在因緣。如此，「援公羊以釋四子書」方有落腳實處。

三、孔教與道統

1897至1910年新馬地區興起「孔教運動」，與康有為「尊孔崇儒」之號召形成合流，風靡一時。而當時南洋地區華人所接觸的基本文獻仍是「四書」，如邱菽園曾著便於南洋華人子弟幼學之用家塾課本《新出千字文》，稱「所言皆《四書》精義」，《南華義學條議》規定讀書次第為「先讀《孝經》，次讀《四書》」[42]。康有為此時於檳城運思《四書》之新注，旨趣實有所在。

創建孔教，是康有為一生之抱負所在。馮自由稱康有為「少有創立新教、取孔子而代之志，其自號長素，即取凌駕素王之義。其門人陳千秋號超回（顏回），梁啟超號軼賜（子貢），麥孟華號駕孟（孟子），曹泰號越伋（子思），韓文舉號乘參（曾參），均取此義。時人以康立論怪僻，自稱聖人，咸以『顛康』呼之」[43]。康有為更因此遭到了御史余聯沅之彈劾[44]。康有為也並不諱言，自稱「吾少嘗欲自為

---

42 參見梁元生：《宣尼浮海到南洲：儒家思想與早期新加坡華人社會史料彙編》（香港：香港中文大學出版社，1994年），頁3、5、32。

43 馮自由：〈戊戌前孫康二派之關係〉，《革命逸史・初集》，頁47。

44 余聯沅彈劾稱：「康祖詒自號長素，以為長於素王，而其徒亦遂各以超回、軼賜為號。」原片見《軍機處檔》，133658，台北故宮博物院藏。該片收入《翼教叢編》，時誤為安維峻所上，相關的文字可參見蘇輿：《翼教叢編》（上海：上海書店出版社，2002年），頁25。轉引自茅海建：《從甲午到戊戌——康有為〈我史〉鑒注》（北京：生活・讀書・新

教主矣，欲立乎孔子之外矣，日讀孔氏之遺書，而吹毛求疵，力欲攻之」[45]。胡先驌則回憶道：「又聞康有為初入京，托人介謁吾師（沈曾植）。初康自負驕甚，以語言隔閡乃以筆談，康驟問：『今日尚可為孔子、釋迦、耶穌、謨罕默德否？』」[46]於梅舫就此指出，康有為顯然早就有再做朱子（孔子）的狂想，而與沈曾植之筆談已使康氏欲立教為宗師之意明白顯露[47]。

那麼，如何創建孔教呢？茅海建認為，「根據《孔子改制考》，孔子『創制立教』的工作主要是兩項：一是創制經典，二是傳教於門徒。《新學偽經考》、《孔子改制考》自然還不是「康學」的最終經典，按照梁啟超的說法，是萌生已久、且有初步表述的『大同三世說』」[48]。而具體承載「大同三世說」的經典無疑包括了《大同書》、《禮運注》以及《孟子微》等《四書》新注。《孟子微》中確實包含了大量的「立教」之說。如注《孟子・離婁上》「人之患在好為人師」一章時稱「諸子創教者，以其方術為不可加，持之有故，言之成理，以此聚徒，以惑亂天下，故以為人之患也」。注《孟子・盡心下》「聖人，百世之師也」一章時又稱「此章美立教之聖，風動百世，興起人心」[49]。對於與「教主」相關之問題，康有為在《孟子微》中也有所表述，他將伯夷、伊尹和柳下惠都視為殷周時之教主，並稱「教主以天爵貴，故子思述孔子之道，以德自尊，以人君只可事我，

知三聯書店，2009年），頁39。

45 康有為：〈參議院提議立國精神議書後〉，《不忍雜誌》1917年第9期，頁9。

46 胡先驌：《胡先驌詩文集》（合肥：黃山書社，2013年），頁673。轉引自於梅舫：〈朱子學與康有為《新學偽經考》的演成〉，《全球史視野下的中國近代史——中國社會科學院近代史研究所第十九屆青年學術論壇論文集》（廣州：中山大學，2017年），頁465。

47 於梅舫：〈朱子學與康有為《新學偽經考》的演成〉，《全球史視野下的中國近代史——中國社會科學院近代史研究所第十九屆青年學術論壇論文集》（內部出版，2017年），頁465。

48 茅海建：〈戊戌時期康有為的「大同三世說」〉，《第一屆經學與經學史工作坊會議論文集》（長沙：岳麓書院，2017年），頁15-16。

49 康有為：《孟子微》，《孟子微・中庸注・禮運注》，頁149、158。

不可為友。孟子紹述之，發三達尊之義，曰：爵一，齒一，德一：蓋治以爵為首，教以德為尊，教主常在王上。拿破崙敗獲教皇，尚自稱為弟子。元帝師八思巴講道，位在帝上。此亦是言德也，而藉教主之余尚如此」[50]。聯繫前文內容來看，這或許有幾分夫子自道之意味。梁鼎芬曾詢問章太炎，謂「聞康祖詒欲作皇帝，詢以有所聞否？」章答以「只聞康欲作教主，未聞欲作皇帝。實則人有帝王思想，本不足異；惟欲作教主，則未免想入非非」[51]。康有為早在1896年的講學中就曾提出：「地球數千年來，凡二大變，一為春秋時，一為今時，皆人才蔚起，創制立教。」[52]「春秋」當指孔子「改制立教」之時，而「今時」則無疑具有某種自我期許在其中。汪大燮致汪康年書信中曾提到一件極其意味深長的逸事，他說：

> 菊生又言康在桂管刻俚言書多冊分送，其中說話亦無甚奇，惟每說及己則稱康子，而康字必大於余字數倍。陳詠墀來函，言其所作所為，無不酷肖白蓮教，一一仿洪楊故智，不爽毫釐。[53]

菊生為張元濟，其能知康有為自刻書中「康字必大於余字數倍」當有所據。由康有為大談春秋諸「子」改制立教，聯繫其以前大肆張揚「康子」自稱之事實，則其心跡已顯露無疑了。在《孟子微・辟

---

50 同前註，頁129-130。

51 馮自由：《中華民國開國前革命史》（桂林：廣西師範大學出版社，2011年），頁77。

52 康有為：〈康南海先生講學記〉，《康有為全集》，第2集，頁109。

53 上海圖書館編：《汪康年師友書劄》，頁708。此函所稱康氏在桂管刻之「俚言書」可能是指《康子內外篇》，書中屢有「康子……」，康有為模仿先秦子書所寫，符合「俚言書」特點。不過《康子內外篇》目前所知的版本系統中沒有在廣西刻的。但在廣西刊刻的《桂學答問》中沒有出現「康子」，其餘像「俚言」的《長興學記》、《萬木草堂口說》也沒有「康子」。可以推測的一種可能是康在廣西刊刻了《康子內外篇》，但數量極少，只用以送人，而這一部分都已佚失，當然，也有可能刻的不是《康子》而是另一種已佚的語錄書。

異》中，康有為又詳細闡述了孟子以孔子之教為正統而攻訐異端的重要性，康有為稱：「在孟子之時，老墨之言盈天下，則其昌大之速至矣。韓昌黎疑孟子之距楊墨，以為非二師之道本，然未考創教之由也。觀《墨子‧非儒篇》之攻孔子，詬詈無所不至，則孟子之距之，豈為過哉？」[54]當然，這尚屬於正本清源階段，旨在維護孔子之「正統」地位，而康有為的關注重心則主要放在孔門道統之傳承上。就在康有為撰《孟子微》之同年，梁啟超作〈南海康先生傳〉稱：

> 其從事於孔教復原也，不可不先排斥俗學而明辯之，以撥雲霧而見青天。於是其料簡之次第，凡分三段階：第一、排斥宋學，以其僅言孔子修己之學，不明孔子救世之學也；第二、排斥歆學（劉歆之學），以其作偽，誣孔子誤後世也；第三、排斥荀學（荀卿之學），以其僅傳孔子小康之統，不傳孔子大同之統也。[55]

《四書》新注正是所謂「傳孔子大同之統」之作，在《孟子微》序言中康有為即稱：「蓋顏子早歿，而孔子微言大義不能盡傳矣。荀卿傳《禮》，孟子傳《詩》、《書》及《春秋》。禮者，防檢於外，行於當時，故僅有小康據亂世之制，而大同以時未可，蓋難言之。《春秋》本仁，上本天心，下該人事，故兼據亂，升平、太平三世之制。子游受孔子大同之道，傳之子思，而孟子受業於子思之門，深得孔子《春秋》之學而神明之。」[56]在此康有為完成了對「孔子—子游—子思—孟子」的道統譜系之建構，與從韓愈到二程和朱熹所建構的

---

[54] 康有為：《孟子微》，《孟子微‧中庸注‧禮運注》，頁162。
[55] 梁啟超：〈南海康先生傳〉，《追憶康有為》，增訂本，頁10。
[56] 康有為：《孟子微》，《孟子微‧中庸注‧禮運注》，頁1。

「孔子—曾子—子思—孟子」道統譜系相比，可以發現，康有為已直接將承孔子之道統的關鍵門生由曾子替換成了子游，而其依據則是子游傳承了孔子的「大同之道」。曾子在宋明理學中有著極為特殊的重要地位。首先，曾子被認為是子思之師；其次，《大學》為「四書」之為學次第之首，而《大學》被認為是曾子所作；此外，曾子「慎獨」之學在重心性修養工夫的程朱學者眼中也普遍受到重視。康有為欲對有宋以降的道學脈絡進行澈底的顛覆，首先要顛覆的便是曾子的地位。早在萬木草堂的講學中康有為就表示了類似的看法，不過較為零散，如：「孟子受業於思之門人，有《史記》可據，子思受業曾子，無可據。」[57]「子思作中庸，精深博大，非曾子可比，惟孟子確傳子思之學。子思高出於曾子。」[58]「曾子、子夏傳孔子之學粗，子思傳孔子之學精。」[59]這就瓦解了子思與曾子之關係。接著又稱：「著禮運者子游，子思出於子游，非出於曾子。顏子外，子游第一。」[60]在《孟子微》中，康有為對此進行了進一步的系統論述，其稱：

> 《論語》開章於孔子之後，即繼以有子、曾子，又孔門諸弟子皆稱字，雖顏子亦然，惟有子、曾子獨稱子，蓋孔門傳學二大派，而有子、曾子為鉅子宗師也。自顏子之外，無如有子者，故以子夏之學，子游之禮，子張之才，尚願事以為師，惟曾子不可，故別開學派。今觀子夏、子張、子游之學，可推見有子之學矣。子游傳大同之學，有子必更深，其與曾子之專言省躬寡過、規模狹隘者，蓋甚遠矣。後人並孟子不考，以曾子、顏子、子思、孟子為四配，而置有子於子夏、子張、子游之下，

---

57 康有為：《萬木草堂口說》，《長興學記・桂學答問・萬木草堂口說》，頁101。

58 同前註，頁101。

59 同前註，頁102。

60 同前註，頁131。

不通學派甚矣。[61]

康有為又運用《公羊》「三世」說指出「有子傳升平之學，其傳在子游、子張、子夏，而子游得大同，傳之子思、孟子。曾子傳據亂世之學，故以省躬寡過為主，規模少狹隘矣」。只是因為「曾子最老壽，九十餘乃，弟子最多，故其道最行。而有子亦早卒，其道不昌。於是孔子之學隘矣」，在康有為看來，這實乃儒教之不幸。而程子以子思為曾子門人，康氏則認為只是王肅偽《家語》之誤。康又以《中庸》、《孟子》之義閎深，而曾子將死之言卻「尚在容貌辭氣顏色之間」，因此斷定曾子之學與荀子之禮學同，而「與孟子、子思異矣」[62]。

去除曾子在道統譜系中的地位後，康有為便將創立孔教的抱負與《公羊》的「三世」說及「大同」連接起來。中稱：「孟子之道，一切出於孔子。蓋孔子製作之聖，大教之主，人道文明，進化之始，太平大同之理，皆孔子制之以垂法後世，後世皆當從之。」[63]康有為以孟子為基督教之保羅，佛教之龍樹，從中也可見其立教意圖之強烈。《孟子微》之緣起實與康有為欲利用《孟子》一書推闡孟子與公羊相通之思想而立教有密切關係。

然自宋以降，《孟子》已成為朱子《四書》之一部分，康有為始終無法回避，這也是其必須「援公羊以釋四子書」的原因所在，這甚至與民元以後康有為的行跡息息相關。1912年，康有為致信弟子陳煥章勸勉其主持孔教會時就稱：「吾注有《禮運》、《中庸》、《四書》、《春秋》及《禮記選》，可以宣講，發明升平、太平、大同

[61] 康有為：《孟子微》，《孟子微．中庸注．禮運注》，頁168。

[62] 同前註，頁168-169。

[63] 同前註，頁27。

之義，令人不以君臣道息而疑孔教之不可行。」[64]直至1923年的講演中，康有為還說：「然則雖知孔子之教，當知《春秋》三世之義，當知《禮運》大同之說。吾有《偽經考》、《孔子改制考》、《春秋微言大義考》、《論語注》、《中庸注》、《孟子微》，皆發此義。庶幾孔教可興，大同之治可睹，而諸君尊孔之心為之大慰。」[65]康有為鼓吹《四書》之中的「公羊」之義，顛破朱子舊注權威之意甚昭，其創制立教之心尤為執著，到1924年秋，康有為在復朴殷植的書信中還指出：「宋儒生於董子千年之後，經劉歆滅絕今文真經之餘，舉世所服從者，皆劉歆之偽古文學也。宋諸賢心疑五經之破碎支離矣，故求於諸經無所得，乃發明《論語》、《孟子》，選《大學》、《中庸》於《禮記》中，號為『四書』，以教學……朱子博學而明辨……專力於注四書。自元、明立於學官，大行於明、清，遠傳於朝鮮、日本，皆朱子學。蓋其博大精深，講求尊孔，誠千餘年來未有比也。」康有為對此應是有其羨慕之情的，然而，這也刺激了他再次向朱子發起挑戰，康有為稱：

> 朱子知《四書》而不知《五經》，知據亂而不知太平大同，非割去中原等於偏安而何？朱子之發揚道義，激厲人心，教莫切焉、功莫大焉，其尊之甚至，故隱忍久之，欲為朱子諱。然無如民主之國既多，社會之說盛行，若不發明孔子大同之道，而徒稱號偏安之朱子，則孔子之教恐亡也。孔教亡而朱子何所附焉？

康有為嚴斥朱子學為偏安，而「今天下所言孔子者，皆非孔子之

64 康有為：〈致仲遠書〉，《康有為與保皇會》，頁369。

65 康有為：〈長安演講錄〉，《康有為全集》，第11集，頁285。

學，實朱子之學而已」，康氏力圖扭轉這種天下皆歸朱之現象，因此其選擇了「援公羊以釋四子書」，以便於利用《公羊》之口說微言與「三世」大同之思想，宣揚孔教，發明其所認為的真正的孔子之學。康氏的這一思路與南洋的「孔教運動」相疊合，並因承了此時南洋華人以《四書》為主要讀本的風氣，但歸根結底其撰《四書》新注之旨趣仍在於其一以貫之的「改制創教」之抱負，其在檳城著述的一系列運思也都因此而發。

結語

康有為於檳城所撰之《中庸注》、《孟子微》及對《四書》新注之運思，是特殊時期的關鍵論著，是清末「經學」與「政治」相互糾纏的熔合品。《四書》新注淵源於早年與友人論學以及在草堂講授時逐步形成的一些學理上的思考，但其依歸絕不僅僅限於學理意義之上，《四書》不僅是康有為在庚子「蒙難」後避居南洋應變局之產物，更寄託了其對舊有皇朝秩序改變後「經學」如何在新時代應用的思考，康創建「孔教」之抱負，「援公羊以釋四子書」之運思，或許正是其對傳統中國變革下「經學」轉型之糾葛的因應之策。

吳義雄認為，「『四書』之所以有利用價值，是因為理學在數百年時間中的發展及其官方意識形態的地位使『四書』帶有不言自明的文化權威，借助這種權威可以向仍以理學為正統的士林文化證明其學說的正確性」[66]。固然。樊增祥在送陝西高等學堂學生留學時甚至直言自己「自少至老，僅能讀四子書，其為諸生臨別之贈者，仍吾中國聖

---

[66] 吳義雄：〈康有為與理學初論〉，《中山大學學報》（社會科學版）1996年第4期，頁面不詳。

人之言耳」[67]。

1905年，日本人兒崎為槌在所撰〈清國學生思想界之一般〉中曾對28名15歲至20歲的中國學生進行調查，其在學塾中所學習知識的大致情況如下表[68]：

1905年中國學生知識結構調查表

書名	人數	比例
四書	28	100%
詩經	28	100%
書經	27	96.4%
左傳	20	71.4%
禮記	13	46.4%
易經	12	42.9%
古文釋義	6	21.4%
史記	2	1.1%
綱鑑易知錄	2	1.1%
唐詩選	2	7.1%
千家詩	2	1.1%
二十一史前四史	2	1.1%
周禮	1	3.5%
爾雅	1	3.5%

這大致反映出了十九世紀末二十世紀初的知識結構現狀。從表中可以看出，《四書》在讀書人所受知識系統中的核心位置，這與前文所揭南洋華人子弟受學以《四書》為基礎文本的現象是一致的。康有為為之鼓與呼的《春秋》等諸經未能像《四書》一樣成為廣大士人學

[67] 〔清〕樊增祥著，那思陸、孫家紅點校：〈送陝西高等學堂學生留學東洋序〉，《樊山政書》（北京：中華書局，2007年），頁387。

[68] 兒崎為槌：〈清國學生思想界の一般（承前）〉，《教育研究》（出版單位不詳，明治三十八年（1905）），頁72-74。關於此次調查的其他分析可參見左松濤：《近代中國的私塾與學堂之爭》（北京：生活・讀書・新知三聯書店，2017年）；朱貞：《清季民初的學制、學堂與經學》（廣州：中山大學歷史學係博士論文，2012年）。

子必須涉獵的經典，這也是他將重心轉向《四書》的重要因素。因為歷史文化的慣性，《四書》在近代中國政治、文化、社會等方面影響的深度和廣度仍然不能被忽視，以《四書》新注作為觀察視窗透視當時的學術風氣，或許可收管中窺豹之效。

第二輯

近代以來馬來西亞與中國的文化政治互動

鄭和登陸麻六甲以後：中華文化的傳承與創新

王潤華
馬來西亞南方大學學院中文系教授

明代鄭和率領當時世界上最龐大的「無敵艦隊」，七次下西洋。這一系列的和平與文化之旅，首次在西曆1405年7月11日出發，至今已有六百餘年的歷史。鄭和的文化遠航，啟發了華人及其文化向異域轉移。我們的祖先就是沿著同樣的海路，在清朝的時候，飄洋過海，移民到了馬來西亞[1]。根據比較可靠的史料，鄭和航向西方，有五次在麻六甲（Melaka, Malacca）停留很久。有許多傳說與史實難分的故事，如鄭和協助馬來人擊敗外來侵略者，建立了麻六甲王朝，在西方殖民者還未侵略之前，已成為馬來西亞歷史上第一個強盛的國家，也使麻六甲成為東南亞商業最繁盛的城市[2]。

一、中國和平崛起的典範：協助擊敗外來侵略者，建立麻六甲王朝

1405年以來，鄭和七次下西洋，竟有五次到麻六甲。第一次是1405年，其次是三下西洋（1409年）、四下西洋（1414年）、五下西

1 王天有：《鄭和遠航與世界文明》（北京：北京大學出版社，2005年）。

2 本文撰寫，特別注重新馬學者有本土意識寫的史料處理，如邱新民：《東南亞文化交通史》（新加坡：新加坡亞洲研究會，1984年）；魯白野：《馬來散記》（新加坡：星洲世界書局，1954年）；林水檺、駱靜山編：《馬來西亞華人史》（吉隆坡：留台聯總，1984年）。

洋（1417年）及七下西洋（1430年），都曾登陸麻六甲[3]。雖然史書記載不多，但至少知道鄭和率領官兵駐紮在三寶山上，船隊駐紮在麻六甲海域。那時爪哇人及暹羅人經常來攻打剛從新加坡逃亡到麻六甲的麻六甲王朝，鄭和的海軍協助馬來人擊敗外來侵略者，消除了海盜的侵擾，鞏固了麻六甲王朝的政治與經濟。在西方殖民者還未侵略之前，麻六甲已成為馬來西亞歷史上第一個強盛的國家，成為東南亞商業最繁盛的城市。據說鄭和還協助護送麻六甲蘇丹祖孫三代朝貢往返，並對入侵的鄰國軍隊進行調和，為麻六甲王朝及其政治制度奠定了關鍵性的基礎。麻六甲原來就在東西方的海路必經之地，一旦成為當時東西貿易活動的主要商港，很快會成為東南亞經濟商業繁榮的城市，來自阿拉伯、印度、中國、暹羅、爪哇等地的商船雲集，絲綢、茶葉、煙草、香料是主要的交易產品。

鄭和對滿剌加王朝的貢獻至少有三：一是頒詔賜印、封山豎碑、興建王城、調解睦鄰，使滿剌加國免向鄰國交納黃金，得以全力發展經濟；二是送去犁耙、馴養水牛、教栽水稻、圍塘飼養鱷魚等等，傳播先進文化和生產方式，改變了當地人原始落後的農漁方式；三是鄭和督率船隊工匠為麻六甲建造商貿橋；港務總管都是由鄭和推薦的華人充任，鄭和還帶去製幣工匠以斗錫仿鑄中國銅錢式錫幣，用於商貿交易[4]。

1511年葡萄牙人攻佔了麻六甲，消滅具有106年歷史的滿剌加（麻六甲）王朝。1641年，荷蘭殖民者又佔領滿剌加（麻六甲）。英國人在1824年及1826年先後繼承殖民統治。西方殖民者便把麻六甲王朝與中國的和平之旅、和平崛起的歷史塗抹掉，改寫歷史，說馬來西亞的歷史從葡萄牙、荷蘭、英國殖民時期才開始。因此，我們需要重新書

3 魯白野：《馬來散記》，頁8-9。

4 邱新民：《東南亞文化交通史》，頁349-365、366-384。

寫本土的歷史[5]。

二、麻六甲峇峇文化：落地生根／本土化／西方化的海外華人／文化新典範

麻六甲是峇峇（Baba）華人文化的發源地。這些華人不但是地球上最早的中國移民，也是中國人在異域落地生根與當地民族與文化融合創新的最佳模式，同時更是中華文化與西方文化在中國土地之外的融合與創新的模範。過去我們只注意到19世紀大量中國移民以後，馬來亞（馬來西亞）所形成的華僑，或海外華人的文化模式[6]，而另一種更深層的結合本土文化與種族的峇峇華人及其文化模式，嚴重地被忽略，甚至被忘記。20世紀以後，具有強烈的中國意識的華人社會，壓倒了峇峇華人次族群。

王賡武教授指出，世界各地的華人及其文化具有極複雜的多樣性。我們再也找不到一個適當的名詞來稱呼世界各地的海外華人，因為今天已沒有單一的海外華僑或中國人。這些中國境外的華人，由於所在的國家不同、身分認同不同，用英文或中文稱呼，常用的有Chinese overseas，Overseas Chinese，ethnic Chinese（華族），huaqiao（華僑），huayi（華裔），huaren（華人），haiwai huaren（海外華人），Chinese Diaspora[7]。其實自鄭和在1405年在麻六甲登陸以後，馬來西亞

---

5 吳國雄：《馬禮遜（1782-1834）的傳教和文化事業》，新加坡：新加坡國立大學中文系，1998年。

6 關於華人文化政治認同的多樣性，參考Wang Gungwu, "A Single Chinese Diaspora?" In *Joining the Modern World: Inside and Outside China* (Singapore: Singapore University Press and World Scientific, 2000), pp.37-70；中文版見王賡武：〈單一的華人散居者〉，收入劉宏、黃堅立：《海外華人研究的大視野與新方向》（新加坡：八方文化，2002年），頁5-31；Wang Gungwu, *China and the Chinese Overseas* (Singapore: Times Academic Press, 1992)；中文版見王賡武：《中國與海外華人》（台北：臺灣商務，1994年）。

7 見Wang Gungwu, "A Single Chinese Diaspora?" , pp.37-70；中文版見王賡武：〈單一的華人

的華人及其文化，便不是單一的了，麻六甲的峇峇華人及其文化便是許多華人文化最早出現的新的文化模式（mode of culture），其結果是原本純正的中國人及其文化，本土適應化、落地生根（acculturation）以後所產生的新的華人與文化現象。

鄭和登陸麻六甲，象徵性意義大於實質的文化、移民、貿易之旅。根據歷史的記載，在他到來之前的14世紀，陸續有華人生活在東南亞的記載[8]。但是峇峇華人文化最早在麻六甲出現，形成一個次族群，他的登陸，在歷史上自然成為中國人登陸南洋，甚至中國以外的異域世界的象徵。

從17世紀到19世紀，華人人口逐漸增加，但多是男人，婦女很少，華人多與本土的馬來婦女結婚。這種自由自在的、沒有任何社會壓力或政治勢力的影響下形成的落地生根、本土適應化、種群結合，形成了兩種不同的華人文化模式。峇峇不只是次族群的名稱，也是指峇峇男性華人，女性稱為娘惹（Nyonya）。峇峇華人次族群的文化特點是互相之間說馬來話，而這種峇峇馬來話，音韻、詞彙、句法與原來的馬來方言或標準馬來話又有所不同，大量摻雜了閩南方言。在飲食方面，綜合創新了馬來族與華族烹飪的特點，發明了娘惹菜肴與糕點。在穿著方面，由於當時主要是男性華人與當地女性即馬來女人結婚，一直到今天，峇峇華人女性（娘惹）都喜愛穿馬來婦女的衣服。峇峇華人主要信仰華族拜祭祖宗拜神的佛道摻雜的宗教文化，嚴格遵守華人的風俗習慣。雖然政治上認同當時的殖民者英國人，但還是喜

散居者〉，頁5-31；另參考Tu Wei-ming, ed. *The Living Tree: The Changing Meaning of Being Chinese Today* (Stanford: Stanford University Press, 1994).

8 中外學者都注意到史料，如汪大淵《島夷志略》（十四世紀）、費信《星槎勝覽》（1436）、馬歡《瀛涯勝覽》（1451）、張燮《東西洋考》（1618）、黃衷《海語》（1536）。

歡中華文化[9]。峇峇華人先是與馬來人及其他種族通婚[10]，與當地文化結合。峇峇華人的代表人物如林文慶、宋旺相等在東西文化的撞擊下，仍沒有放棄學習中華文化[11]。

由於峇峇華人最早接受英文教育，早就與當地人經商，在英國殖民統治下，成了歐洲商人與土人的貿易中間人。他們不但會講馬來話，而且由於通婚，變成了半個土族，熟悉馬來半島的文化與社會情況，峇峇商人會講英文，又參與歐洲人的社區活動。這種合作，不但取得了經濟利益，還成為了華人最富有的資本家。1826年，麻六甲成為英國殖民地後，峇峇華人政治認同英國，成為英國籍公民，由於獲得英國人的信任，也成為殖民政府機構的官員，因此擁有政治權力。馬來亞獨立初期，華人政治人物多是峇峇華人，而且很多來自麻六甲，陳禎祿便是代表性的典型人物。他們家族19世紀以來就是財雄勢大的峇峇，現在麻六甲市中心還有一條街道以他名字命名（Jalan Tun Tan Cheng Lock），他的政治哲學是先與本地馬來人搞好關係，支持英國統治者，獨立時主張與馬來人合作，然後才爭取華人的權利與利益[12]。

二次世界大戰以前，峇峇華人也在文化事業上做出了一番努力，特別是創辦學校及資助出版事業，通過羅馬化拼音文字的峇峇馬來文字，出版峇峇馬來文報、雜誌和書籍。這些報紙多數在新加坡出版，如《伯拉奈干報》（Surat Khabar Peranakan，或Straits Chinese

---

9 關於峇峇的文化參考Tan Gek Suan, *Gateway to Peranakan Food Culture* (Kuala Lumpur: Asia Pacific Library, 2003); Catherine Lim, *Gateway to Peranakan Culture* (Kuala Lumpur: Asia Pacific Library, 2003)；張目欽：《荷蘭藉口夕陽斜——峇峇文化：一次文化統合的奇異經驗》（吉隆坡：大將，2000年）。

10 早期華人移民也和其他民族通婚，包括峇裡人（Balinese）、暹羅人（Siamese）、峇達人（Batak）。

11 李元瑾：《東西文化的撞擊與新華知識分子的三種回應：邱菽園、林文慶、宋旺相的比較研究》（吉隆坡：國立大學中文系八方文化企業公司，2001年）。

12 Alice Scott-Ross, *Tun Dato Sir Cheng Lock Tan, S.M.N., D.P.M.J., K.B.E., J.P.: a personal profile*, 1st ed. (Singapore: A. Scott-Ross, 1990).

Herald，1894年）、《東方之星》（Bintang Timor，1894年）、《時常日報》（Khabar Selalu，1924年），還有定期刊物如《海峽華人雜誌》（Straits Chinese Magazine，1897-1907年）、《伯拉奈干之星》（Bintang Peranakan，1930-1931年）。峇峇作家除了文學創作以峇峇馬來文寫小說、故事、詩歌，還以峇峇馬來文翻譯中國古典文學作品集通俗小說，幾乎包括所有在中國社會家喻戶曉的作品。峇峇文學的另一特色是擅長編寫「班頓」（馬來民謠），許多年紀較長的峇峇知識分子至今還會在他們的歡慶會上朗誦幾句，猶如漢語的押韻詩歌，極富節奏感。檳城峇峇曾錦文在19世紀末至20世紀初把許多中國作品翻譯成峇峇文，譯作18部，包括中國古典小說《三國演義》和《水滸傳》（譯作分別稱為《三國》「Sam Kok」和《宋江》「Song Kang」）[13]。

三、英華書院：中西文化交流的電力站

香港英華書院創辦於1818年，創立人是倫敦傳道會（London Missionary Society）的馬禮遜（Robert Morrison，1782-1834年）。1814年東印度公司的勢力已遍及馬來半島的麻六甲、爪哇和檳城等華僑聚居地，由於麻六甲是當時來往東西方的必經國際港口，又較靠近清朝的領土，而清國政府又嚴厲管制傳教活動，所以他和米憐（William

[13] 關於峇峇的語言文學，參考陳志明與廖建裕的著述：Tan Chee-Beng, *Chinese Peranakan Heritage in Malaysia and Singapore,* (Kuala Lumpur: Fajar Bakti, 1993); Tan Chee-Beng, ed. "The Preservation and Adaptation of Tradition: Studies of Chinese Religious Expression in Southeast Asia," *Issue of Contributions to Southeast Asian Ethnography,* No.9 (1990): 5-27; Tan Chee-Beng, *The Baba of Melaka: Culture and Identity of a Chinese Peranakan Community in Malaysia* (Petaling Jaya: Pelanduk Publications, 1988); Leo Suryadinata, "Chinese literature in Indonesian and Malay Translations: A Preliminary Study," in *Chinese Literature in Southeast Asia*, eds. Wong Yoon Wah and Horst Pastoors (Singapore: Goethe Institute Singapore, 1989), pp.263-276.

Milne，1785-1822年）最後決定以麻六甲作為傳教基地，等待清政府打開大門。在等待的時候，他就計畫做好中西文化交流的準備。1818年馬禮遜在麻六甲創建了相當有規模的英華書院。修讀項目有：宗教教育、英語課程科學、人文知識。為了與傳統士子紳接觸，學生須學習中國儒家經書，以不被傳統士子歧視[14]。

這是基督教傳教士開辦的第一所中文學校，在中文教育史上有重要意義。英華書院在中國近代教育史上的意義在於它不是一所純粹的神學院，而是一所同時面向一般青年的教育機構，開創了在中文地區近代教會開辦中小學與大學之先河，為以後教會中小學校及大學的發展提供了寶貴的經驗與模式。它是西方人學習漢語的第一所學校，不僅培養出了第一個華人傳教士梁發，同時也培養出了像摩爾（John Henry Moor）、亨德（Willian Hunter）這樣的西方近代漢學家。除了英華書院以外，傳教士還在南洋地區為一般老百姓開設了許多英文學校，為亞洲教育提供了典範性的模式[15]。

1843年英華書院搬到香港，造就了很多中西文化人才。英華書院的規模雖不大，但理想崇高，以溝通東西文化及實現全人教育為目標。馬禮遜、米憐都是對中國文化有相當了解與尊重的傳教士，所以這所學校收中國學生也收外國學生，學習的課程有漢學也有西學。麻六甲英華書院從1818年創立，到1843年遷往香港，根植麻六甲的時期為25年。前後八任院長皆為倫敦教會傳教士，依序為馬禮遜、米憐、宏富禮、高大衛、修德、湯雅各、伊雲士及理雅各。其中多半也具有漢學家的資格，例如高大衛（David Collie）翻譯四書；修德（Samuel Kidd）回英國後出任倫敦大學首位漢學教授；理雅各翻譯四書五經、

[14] 吳國雄：《馬禮遜（1782-1834）的傳教和文化事業》（新加坡：新加坡國立大學中文系，1998年），頁12。

[15] 同前註。

出任牛津大學漢學教授，更是一位被西方公認的漢學大師[16]。

四、建立印刷出版文化：西學東傳／現代文化有力的引擎

1815年，馬禮遜帶領助手傳教士米憐（William Milne，1785-1822年）、刻字工人梁發等從中國來到華人聚居的英屬殖民地麻六甲。米憐牧師被任命為英華書院的首任校長。梁發主持印刷出版，後來成立了英華出版社（Anglo-Chinese Press）。它由中、英、馬來文印刷所組成，分別印刷中文、英文和馬來文書刊。據米憐記載，1815-1819年間該所共出版了62種中文書刊，共計117,299本，1819年就印了43,000本中文書、12,000份《察世俗每月統記傳》、20,000張馬來文單張和3,000本英文書及單張。他們出版的中文書刊包括新知識、天文、地理、歷史科學。馬禮遜當年創辦英華書院的辦學宗旨、出發點在於促進中西文化的交融，所以英華書院除教學設備外，最重要的就是印刷部門。

中國與世界華文新聞刊物最早出現在麻六甲，馬禮遜便是先驅人物，他到麻六甲不久，就創刊了全球首份中文近代刊物。來華不久，馬禮遜感到工作難以開展，於是將傳教基地轉到麻六甲。1815年，梁發在廣州十三洋行學印刷期間，結識英國傳教士馬禮遜和米憐，隨米憐到麻六甲，幫助他們印刷出版中文刊物《察世俗每月統記傳》，由米憐主編，於1815年8月5日創刊。《察世俗每月統記傳》大概是英文The Chinese Monthly Magazine的音與意的變通合併而成。主要編輯者為米憐（主筆）、馬禮遜與麥都思（Walter Henry Medhurst，1796-1857年），印刷工梁發也曾為刊物最後數期撰稿。它的特色是圖文並茂，

[16] 同前註。

除了聖經漢譯及介紹基督教教義的文章外，《察世俗每月統記傳》以淺顯文字系統性介紹世界歷史、民俗風情、天文等方面的知識，從此掀開西學東漸的中國近代報業發展史帷幕。1821年，米憐病重，《察世俗每月統記傳》停刊，歷時7年，共出7卷。《察世俗每月統記傳》是世界上第一個以華人為對象的中文期刊，也是馬來西亞第一個中文期刊[17]。

五、從麻六甲出發的中國革命典範

布萊恩・哈里森（Brian Harrison）著的《等著中國開門：麻六甲的英華書院》（Waiting For China: The Anglo-Chinese College at Malacca）書名實在起得很好。這說明西方人善於利用中國境外安全的、交通便利的麻六甲作為潛伏地帶。後來中國革命分子如孫中山也利用新馬作為根據地，推翻清朝政府。「太平天國」的革命思想與歷史，也是麻六甲對中國歷史進程的貢獻。梁發最重要的著作就是1832年所寫的《勸世良言》。

梁發用淺顯易懂的話把基督教的教義和一部分的聖經內容精選出來成為《勸世良言》。這本書後來對洪秀全領導的太平天國運動有很大的影響，洪秀全初期對基督教的接觸來自《勸世良言》，引發了後來的太平天國革命。《勸世良言》共有九卷，內容包括信仰教理、《聖經》注釋、護教文章等。中英《南京條約》簽訂後，梁發回到香港、廣州等地宣教。1843年，因清政府追捕，梁發逃到新加坡、麻六甲，5年後又潛回廣州[18]。

---

17 王慷鼎：〈從《察世俗》到《東西洋考》：馬、印、新華文雜誌發源研究〉，《新加坡華文報刊史論集》（新加坡：新加坡新社，1987年），頁9-20。

18 魯白野：《馬來散記》，頁15-21。

六、中西文化交流的火車頭：翻譯

麻六甲英華書院創立的另一個典範是翻譯。他們認識到中西文化的交流，必須通過翻譯、翻譯人才的培養與書籍的出版，而且是雙向的。馬禮遜自己在中國就開始翻譯，1819年完成《舊約》中文翻譯，在麻六甲出版。到1823年，新舊約聖經合併在麻六甲出版，名為《神天聖經》，成為中譯史上重要的里程碑。馬禮遜所翻譯的中文聖經是第一本中文聖經，在他之後還有麥都思翻譯的中文聖經（1843年），但馬禮遜的翻譯本因為時間最早和翻譯嚴謹，所以被大部分人使用。1823年，馬禮遜出版了一部重要的漢英對照字典《華英字典》，這是他在麻六甲完成的，印刷出版在澳門。當時大部分的歐洲人都懂英文，因此懂英文的宣教士就可以根據這部字典來學習中文，或從事翻譯工作。《華英字典》和傳教的小冊子，是馬禮遜的重要貢獻。

理雅各（James Legge，1815-1897年）在1839年底到達麻六甲，出任英華書院院長。後來英華書院遷往香港，理雅各隨著遷居香港。理雅各從1841年開始著手翻譯《中國經典》。在《中國經典》的序言中寫道，1840年初到麻六甲開始閱讀《論語》，不但學漢語，也開始翻譯。他一到英華書院的圖書館，即發現它是東西方的知識寶庫[19]。據說該館有英國方面捐贈的大量西方書籍，有2,850卷中文手稿，還有馬來文、泰文的手稿以及許多文物。他認為要引起中國的注意不做深入的了解是不行的，於是開始研究中國文學與文化。結果理雅各超越教會與殖民主義的限制，成為了國際一流的學者。後來還與馬克斯・穆勒（Max Muller）完成翻譯與出版共50冊《東方聖書》（Sacred Books of

---

[19] James Legge, *Confucian Analects, Vol.1, The Chinese Classics* (New York: Dover Publiations, 1971), p.3.

the East，1879-1891年）。1876-1897年理雅各擔任牛津大學第一任漢學教授，同年在牛津逝世[20]。

七、新馬現代漢學的起點與傳播：跨國界的中國文化視野

早在15世紀，鄭和的艦隊已在麻六甲登陸，所以麻六甲成為中國傳統文化向西前進的重要基地，而麻六甲在16世紀成為葡萄牙的殖民地，更是西方霸權文化向東挺進的重要堡壘。因此，麻六甲成為世界上最早出現全球性大量移民與多元文化匯聚的地方。馬禮遜與理雅各在這交通要道上的中西文化交流，使他們成為詮釋中國文化的漢學家。理雅各跨國界的文化視野，給中國的經典作品帶來了全新的詮釋與世界性的意義。所以麻六甲應該被肯定為英國漢學研究的一個極重要的起點。這種突破傳統思考方式去思考中國文化現象的多元性的漢學研究，是世界性學者探討研究中國文化的重要傳統。

結論：建立華人在地化與文化創新的新典範

過去我們看鄭和下西洋、華人移民、英華書院、馬禮遜、中西文化交流、《察世俗每月統記傳》、《勸世良言》，都是以中國為中心論述出發。換一個角度，從本土的文化論述來看，麻六甲是華人最早的移民點，是中西文化交流的一個縮影，成為以後中華文化在地化、華人政治認同、中西文化的交流與創新的典範。中國21世紀和平崛起與發展的三大趨勢被界定為物質文明、政治文明、精神文明的發展，即謀求中國自己的發展，繼續積極參與經濟全球化以及實現中華文明

[20] David Hawkes, “Classical，Modern and Humane.” in *Essays in Chinese Literature*, eds, John Minford and Siu-kit Wong (Hong Kong: Chinese University Press, 1989), pp.4-6.

在全球的復興[21]。中國和平發展的第三大趨勢將是中華文明同世界文明的相互交匯，麻六甲中華文化初遇世界文化的經驗，更值得我們參考。

[21] 鄭必堅：〈中共奉行內外「三和」政策〉，《聯合早報》（版面不詳），2005年11月4日。

軟實力和硬實力：鄭和下西洋與滿剌加

安煥然

馬來西亞新紀元大學學院中國語言文學系教授，

原南方大學學院華人族群與文化研究所所長

欲窺古代「馬中關係」的歷史淵源，滿剌加（亦即麻六甲王朝）[1] 與明朝中國的關係不可忽略。而當今的「一帶一路」、新絲路，中國的姿態，與其打交道的諸多國家究竟心態為何？或許從歷史之中亦可以探出一些很基本的模式淵源和歷史傳統。

一、滿剌加與明朝之建交

大概在5世紀，東西海上交通的樞紐已漸由馬來半島北端的克拉地峽南移到麻六甲海峽，促使直接性的東西海上通航漸趨形成。麻六甲海峽通航地位的躍升，使麻六甲海峽兩岸及爪哇沿海一帶出現了許多的港市國家，爭相奪取麻六甲海峽的制控權。首先是室裡佛逝（Srivijaya，即中國文獻上的佛逝國或三佛齊）。這個強大的國家於7世紀至12世紀控制麻六甲海峽和巽他海峽。惟在14世紀左右，室裡佛逝勢衰，馬來半島和東南亞各地的新興港市國家紛求自立，麻六甲

1 麻六甲王朝建國於1400年前後。而其與中國王朝的建交，是在明成祖即位之時。《明實錄》和《明史》等中國官方史書把這個曾經納入明代朝貢體制的藩屬國寫作「滿剌加」。見〔明〕張廷玉等撰：《明史・外國六・滿剌加》（北京：中華書局，1997年，如下皆為此版本），卷325，頁8419。為避免指涉相混，以及便於區別今之州屬地名「麻六甲」（Melaka）和中國古文獻記載葡萄牙人佔領後的「麻六甲」，本文乃以「滿剌加」來指稱麻六甲王朝時代。但在談及地名時，就用「麻六甲」稱之。

海峽的壟斷權利也出現真空局面，出現了多個分散的港市小據點，例如吉打、單馬錫等。至14世紀中葉，爪哇滿者伯夷和暹羅阿喻陀耶日強，各從南北兩個不同的方向，展開了對麻六甲海峽控制權的爭奪，而滿剌加卻是在這種幾乎無從發展空間的情勢下，在此時建國的。其建國時間大概是在1400年。

中國文獻並沒有明太祖洪武朝時期滿剌加與中國朝貢建交的記錄。或許那時滿剌加還沒有建國；又或即使建國，當時明太祖緊縮的海洋政策，拜里米蘇剌也沒有那個機遇和能耐逕自到中國朝貢。但就在滿剌加建國不久，朱棣發動政變篡奪了帝位，是為史上之明成祖。他即位之後，一改他父親明太祖洪武中晚期對外的鎖國政策，轉而採取積極主動的海外政略，極力擴大中華朝貢體制，是為明代朝貢體制的「高峰期」。明朝憑藉其強盛的經濟和國力，大遣使節團出巡海外，詔諭四方，宣揚國威。其中，鄭和七下西洋就是規模最大、影響力和威懾力最強的引擎。這個千載難逢的「中國因素」之介入，遂為滿剌加帶來了突破格局的機遇。

但在明成祖的大遣使節海外詔諭史錄中，最早與滿剌加「搭上關係」的，並不是鄭和，而是中官尹慶。永樂元年（1403）10月，明成祖派遣中官尹慶賚詔南海諸國。《明史・外國六・滿剌加》條記說，尹慶使團到滿剌加「宣示威德及招徠之意」時，其酋拜里米蘇剌「大喜」[2]。《明史》用了這「大喜」一詞，或是在凸顯刻畫拜里米蘇剌的心理反應。因對拜里米蘇剌來說，這會是一個讓滿剌加突破現有格局和困局的機會。因而就在尹慶往赴印度柯枝諸國詔諭後的返航途中，拜里米蘇剌目光敏銳地抓住這個難得的機遇，趕緊派出使者附搭在尹慶船隊，隨尹慶入朝貢方物，以向明朝示好。永樂三年（1405）9月，

[2] 〔明〕張廷玉等撰：《明史・外國六・滿剌加》，卷325，頁8416。

明成祖冊封拜里米蘇剌為滿剌加國王，並賜「給與印誥，並賜彩幣、襲衣」[3]。

然而，滿剌加這個快速而主動向明朝示好的舉措，卻挑戰到了暹羅在東南亞區域國家裡的權威。因為滿剌加原本是暹羅的藩屬，其在建國之初每年還得向暹羅進貢「金花」（Bunga Emas）（黃金製作之花樹）貢品，以換取和平。而自明代洪武朝以來，暹羅又一直都是明朝在東南亞國家中關係最親近的朝貢國[4]。明朝與暹羅是宗藩關係，原是作為暹羅的藩屬的滿剌加卻在這個時候向明朝朝貢，就意味著在明朝朝貢體制裡，滿剌加也取得了與暹羅同等藩屬國的地位，這種舉動顯然是暹羅所不樂見的。因而毫不客氣地「教訓」了這個初建卻不遵守區域宗藩規矩的滿剌加，即發兵奪取明成祖授予滿剌加國王的印誥[5]。但滿剌加很快就借由鄭和第一次下西洋的回朝之時派員赴京提出申訴。永樂五年（1407），鄭和下西洋返航，滿剌加拜里米蘇剌遣使隨鄭和返航船隊來朝入貢，並向明朝控訴兩年前明成祖賜給滿剌加國王的印誥竟被暹羅發兵奪去，造成滿剌加「國人驚駭，不能安生」[6]，請求大明天朝主持公道。明成祖聞悉此事，顯然非常不悅。因為暹羅完全忽視明朝朝貢體制之「德」與「威」，完全不顧忌明成祖的顏面，還一連對付了占城、蘇門答剌和滿剌加等明朝朝貢體制內的三個藩屬國。永樂五年（1407）10月，暹羅遣使奉表朝貢中國，明成祖以其威懾力，「一次性」介入處理其明朝朝貢體制內的國際爭端，隨即態度明確地敕諭並質問暹羅，你暹羅與滿剌加等國「均受朝命」，在

3 〔明〕楊士奇等修：《明太宗實錄》（台北：中央研究院歷史語言研究所校勘影印，1962年，如下皆為此版本），卷四六，頁712，永樂三年九月癸卯條。

4 《明史》記載洪武二十八年，明太祖遣使中官趙達往赴暹羅，諭曰海外諸國之中「較之於今，暹羅最近」。見〔明〕張廷玉等撰：《明史・外國六・暹羅》（北京：中華書局，1997年），卷324，頁8398。

5 同前註。

6 〔明〕楊士奇等修：《明太宗實錄》，卷七二，頁1009。

我大明朝貢體制裡你們的地位是「比肩而立」，你暹羅怎麼可以獨恃勢大而「拘其朝使，奪其誥印？」所謂「天有顯道，福善禍淫，安南黎賊父子覆轍在前，可以鑑矣」。請你即刻歸還滿剌加等所受印誥，今後「安分守禮，睦鄰境」才能「永享太平」[7]。明成祖這封敕文，以「安南事件」來警誡暹羅，實際上是一種「外交威嚇」。當時明成祖剛介入安南（今越南）陳、湖（黎）兩氏的內部紛爭，以「平亂」為藉口而出兵安南，並在平服內亂後把安南劃入大明版圖，設置交趾布政司管轄。因而明成祖是借「安南黎賊父子覆轍在前，可以鑑矣」來「提醒」暹羅，今後應當遵守中華朝貢體制內的睦鄰之道，諭示暹羅應當「安分守己」，不得侵擾已是大明天朝藩屬的滿剌加。永樂五年（1407）底，鄭和第二次下西洋，到訪暹羅[8]。次年（1408），明成祖又派遣中官張原出使暹羅[9]。相信這兩次出使暹羅，皆有調停滿剌加在中國與暹羅之間的宗藩歸屬權衝突問題的任務。永樂六年（1408）底，暹羅遣使來朝「謝敕切責之罪」[10]。由此可窺見滿剌加通過明朝朝貢體制的管道申訴，取得正面效應。

這段期間，《明實錄》有記明成祖「賜滿剌加鎮國山碑銘」一事。奇怪的是，這事例是在《明太宗實錄》卷四七永樂三年冬十月壬午條「賜滿剌國鎮國山碑銘」[11]提及的。《明太宗實錄》就收載了明成祖「親制碑文」的全文。但在這則文獻之中，其「賜滿剌加鎮國山碑銘」內文寫記是「乃永樂五年九月」滿剌加「遣使來朝，具陳王意」。何以《太宗實錄》永樂三年的條目，其內文是記說「永樂五

---

7 同前註。

8 〔明〕鞏珍著，向達校注：〈婁東劉家港天妃宮石刻通番事蹟記〉，《西洋番國志》（北京：中華書局，1982年），頁52。

9 〔明〕楊士奇等修：《明太宗實錄》，卷八二，頁1104。

10 〔明〕楊士奇等修：《明太宗實錄》，卷八六，頁1138，永樂六年十二月庚辰條。

11 〔明〕楊士奇等修：《明太宗實錄》，卷四七，頁723，永樂三年冬十月壬午條。

年」之事呢？查《明太宗實錄》永樂三年前後的記錄，其實並沒有說有賜「鎮國山碑銘」事。明成祖親擬碑文應是在「永樂五年」的九月，亦即鄭和第一次下西洋回航，拜里米蘇剌遣使附搭鄭和船隻來朝抵京（永樂五年九月）奏陳後，明成祖有意識的外交舉措[12]。畢竟，滿剌加之所以向明朝要求「請封其國之西山，定疆域界」，是想獲得明朝的保護，「俾暹羅不得侵擾」[13]，以圖紓緩暹羅的威脅。

而明成祖隨即爽快地親制碑文，實乃要突顯其「王化天下」（即其軟實力「德」）的優越性神話，以強化明朝朝貢體制在南海的威信[14]。這不會只是務虛誇飾的外交辭令，而是明成祖想以明朝朝貢體制彰顯其「德」與「威」，展示其「軟實力」（德）和「硬實力」（威）、「中國介入」海外國際關係事務的雄心。這在過去的中國王朝歷代帝王之中，是前所未有的。明成祖封海外鎮國之山和親擬碑文給滿剌加，實是明朝朝貢體制的一項「新創」，以展大明天朝在海外德威的實際影響力。

為了強化與明朝的親善關係，借大明天威以自重，往後的朝貢來往中，滿剌加的前三任國君都親自率團前來中國朝貢，這是滿剌加積極回應明朝朝貢體制外交策略上的一大特色。其中，就有鄭和第三次下西洋之返航，拜里米蘇剌親率妻子和陪臣等組成五百四十餘人的龐大朝貢團隊，附搭鄭和船隻，於永樂九年（1411）七月來到中國朝

[12] 鄭永常：《海禁的轉折：明初東亞沿海國際形勢與鄭和下西洋》（台北：稻鄉出版社，2011年），頁160。

[13] 〔明〕嚴從簡著，余思黎點校：〈滿剌加〉，《殊域周諮錄》（北京：中華書局，1993年），卷8，頁287。

[14] 至於這塊碑文是怎樣運送到滿剌加，鄭永常推斷是永樂五年（1407）底鄭和第二次下西洋的重要任務。見鄭永常：《海禁的轉折：明初東亞沿海國際形勢與鄭和下西洋》（台北：稻鄉出版社，2011年），頁161。但目前還沒有其他更有力的史料可以佐證這項推斷。倒是馬歡《瀛涯勝覽》有記，永樂七年（1409），鄭和第三次下西洋，駐節滿剌加。鄭和以明朝皇帝特使的身分，正式為拜里米蘇剌舉行封王儀式，並賜其「雙台銀印，冠帶袍服，建碑封城，遂名滿剌加，是後暹羅莫敢侵擾」。〔明〕馬歡：〈滿剌加條〉，《瀛涯勝覽》（北京：中華書局，1955年），頁22。

貢。明成祖龍心大悅，以隆重的禮儀和豐賜款待拜里米蘇剌一行。拜里米蘇剌第一次到訪中國，住了兩個月才辭歸。禮遇重重，真可謂「滿載而歸」[15]。永樂十年（1412）九月，明成祖派遣中官甘泉出使滿剌加。同年十一月，鄭和第四次下西洋，再次奉命賚敕滿剌加。滿剌加遣使入貢次數也隨之激增，幾乎年年入貢。

永樂十二年（1414），《明太宗實錄》記述滿剌加繼任國君母斡（亦作「幹」）撒于的兒沙（即Megat Iskandar Shah的譯音）親自來朝，以其父拜里米蘇剌過世，要求中國皇帝詔其「襲父職爵為王」。明成祖遂賜母斡撒于的兒沙冠帶襲衣，承認他為滿剌加繼任國君的身分地位[16]。永樂十四年（1416）十二月，鄭和第五次下西洋，他再次到訪滿剌加。此時的滿剌加商貿發展日益興隆。惟自永樂元年（1403）納入明朝朝貢體制之後，滿剌加並沒有立即割斷與暹羅的從屬關係。強敵窺視下的滿剌加仍然是小心翼翼地處理其區域的外交關係，即使是到母斡撒于的兒沙即位之時，滿剌加仍然是遣使暹羅，並請求暹羅運送大米糧食支援。而出使暹羅的任務一直是由滿剌加國王的妹夫家族成員來擔任[17]。所以滿剌加在建國之初，是「兩方朝貢」，有兩個宗主國。既貢「金花」給暹羅，也積極「事大」明王朝，兩方討好，並借由明朝朝貢體制，讓「更大」的宗主國去牽制「原來」的宗主國。

滿剌加和暹羅關係的正式惡化，應是在永樂十七年（1419）前後。是年九月，滿剌加國君再次親自率團覲見明朝皇帝，並再次申斥

---

15 張禮千：《麻六甲史》（新加坡：鄭成快先生紀念委員會，1941年），頁27。

16 〔明〕楊士奇等修：《明太宗實錄》，卷一五五，永樂十二年九月壬辰條。滿剌加史上首兩王Iskandar Shah（依斯干達沙，依據《馬來紀年》）與Parameswara（拜里米蘇剌，依據《明實錄》等中國文獻及葡萄牙文獻多默・皮列士《東方志》），是同一人或是不同的兩人，是一學術爭論課題。過去有西方學者如Winstedt，Hall等以為是同一人。

17 多默・皮列士著，何高濟譯：《東方志》（北京：中國人民大學出版社，2012年），頁226。

暹羅欲發兵侵擾其地[18]。明成祖知悉後也立即給予回應。是年十月，明成祖遣使傳敕文，措辭強烈地警告暹羅國王。敕曰：「比者，滿剌加國王亦思罕答兒沙（按：應是母幹撒于的兒沙的另一音譯）嗣立，能繼父之志，躬率妻子詣闕朝貢，其事大之誠與王無異。然聞王無故欲加之兵。夫兵者兇器，兩兵相鬥勢必俱傷，故好兵非仁之心。況滿剌加國王已內屬，則為朝廷之臣。彼如有過，當申理於朝廷，不務出此而輒加兵，是不有朝廷矣……王宜深思……輯睦鄰國，無侵越。」[19]

一句「是不有朝廷矣」，這是大明「天朝的外交」擺高姿態的嚴厲訓斥辭令。暹羅或許是畏懾於明朝之德威，又或許是為了維持其在明朝朝貢體制內的朝貢貿易的既得利益。永樂十九年（1421），暹羅遣使60人來朝貢方物，並奉表「謝侵滿剌加之罪」，以致方能「貢如常儀」[20]。滿剌加通過明朝朝貢體制的第二次申訴，以及明成祖「天朝外交」的二度嚴辭敕諭暹羅，再一次發揮了其外交效應。

永樂二十二年（1424），滿剌加第三任國君西里麻哈剌者（Sri Maharaja），親率使團到中國朝貢，並「以父歿新嗣故也」[21]。滿剌加大概也是歷來海外藩屬國國王來明王朝朝貢次數最多的一國。從1405年至1424年，將近20年的時間，是600年前「馬中關係」非常親密的一段時期。鄭和下西洋幾乎每次皆駐節滿剌加，更是為滿剌加與明朝之朝貢關係，構築了親善友好的橋樑。這在中國與東南亞，乃至海外藩

---

[18] 〔明〕楊士奇等修：《明太宗實錄》，卷二一六，頁2155，永樂十七年九月丙午條。此處《明實錄》記滿剌加國王是亦思罕答兒沙。就其對音譯來說，誠乃Iskandar Shah，和先前的母幹撒于的兒沙（Megat Iskandar Shah）應是同一人。Megat原出自印度梵文，後亦被馬來文所用，是古代貴族的稱號，而不是王名。意即「著名的」某某。見楊貴誼、陳妙華和嚴文燦編：《新編馬華大詞典》（吉隆坡：AMIUX (M) SDN.BHD，2015年），頁953。

[19] 〔明〕楊士奇等修：《明太宗實錄》，卷二一七，頁2162，永樂十七年十月癸未條。

[20] 張燮：〈暹羅〉，《東西洋考》（台北：臺灣商務印書館，1961年），卷二，頁20。

[21] 〔明〕楊士奇等修：《明太宗實錄》，卷二六九，頁2440，永樂二十二年三月丁酉條。

屬關係史上，極其罕見，甚至是絕無僅有之事。

二、滿剌加是明朝的誠信藩屬國

滿剌加是第一個向明朝請求保護就立即獲得明成祖親擬碑銘的海外藩屬，也是首次遣使至中國朝貢就獲得特別厚待的南海國家，這對明朝來說是少有的特例。欲擴展明朝朝貢體制達至高峰，維持南海的勢均，獨尊大明天朝的宗主國地位，以及確保東西海上貢道的暢通與安全，是明成祖大遣使團及其海洋經略所極為關注的事情。而派遣尹慶和鄭和之下西洋，其實就是要把明朝朝貢圈的影響力擴展至印度洋，因而對麻六甲海峽這條國際航道的梗塞問題，不得不重視。尹、鄭二人必然會發現，麻六甲海峽兩岸的可靠合作據點的重要性，尤其是貢舶使船欲航渡印度洋所處在的中繼位置。

鄭和第一次下西洋，欲順利航渡麻六甲海峽，其一大顧慮就是舊港的華人集團是否阻礙其通航。陳祖義之「來犯」鄭和舟師，也是歷史背景下的必然結果。一些文獻把陳祖義視為罪大惡極之海賊，而「殺賊黨五千餘人」，這是一場何其慘烈的戰爭，也可以說是「血洗舊港」了[22]。伏誅陳祖義後，明朝任命施進卿為舊港宣慰使。但誠如《明史》所記，「進卿雖受朝命，猶服屬爪哇」，說明施進卿具有雙重身分，不一定完全聽命於大明天朝。而且血戰後的舊港，「其地狹小，非故時三佛齊比」[23]。至於爪哇滿者伯夷，當時其地已分裂成東、西二王的爭戰局面。鄭和第一次下西洋的時候，正值爪哇西王攻滅東王治所。文獻記載當時有朝使官員欲登岸做貿易，反被爪哇西王兵殺

---

22 鄭永常：〈論鄭和血戰陳祖義〉，《鄭和研究與活動簡訊》2004年第20期，頁面不詳。

23 〔明〕張廷玉等撰：《明史・外國五・三佛齊》（北京：中華書局，1997年），卷三二四，頁8408。

害了170人。兩年後（1407），爪哇西王遣使來朝「詣闕請罪」。明成祖怒斥西王「違天逆命」，並告諭爪哇，明朝「方將興師致討」，本想派兵討伐，適其使臣來請罪，看在爪哇西王「能悔過，姑止兵不進」。但爪哇必須貢輸黃金六萬兩，作為殺害170名明朝官軍的賠償。「不然，問罪之師終不可已，安南之事可鑑矣」[24]。明成祖訓斥爪哇，亦是以「出兵安南」一事來警告。一年後（1408），爪哇西王遣使僅帶了黃金一萬兩，前來「謝罪」。明朝禮部官員以賠償數額不足，「請下其使於獄」，要求懲治。明成祖卻寬宏大量地以「朕於遠人，欲其畏罪而已，甯利其金耶？」而免除了爪哇西王之罪責[25]。然而，用常理設想，明朝對爪哇這種不守信諾的朝貢藩屬國，仍存有戒心。

此外，洪武朝明太祖雖曾贊說南海諸國以「暹羅為最近」[26]，但暹羅之來朝入貢，其主要目的是覬覦貢舶貿易的經濟利益。而且對於暹羅在南海勢力的日愈強大，又在明成祖永樂初期屢次阻撓滿剌加等國向明朝朝貢和受封，暹羅無視大明天朝在明朝朝貢體制圈裡的宗藩地位，發兵侵擾其他大明藩屬國，這些行為都是與明朝朝貢體制的理想和行為相衝突的。因此，明成祖對暹羅也有訓斥和不滿。

舊港、爪哇、暹羅，雖然都具有作為東西航道中途站的條件，但對明朝來說，心存芥蒂。鄭和下西洋要選擇最值得信任的候風中繼地，唯有另外從麻六甲海峽的新興國家中去尋找。而積極主動表示誠信事大，又想借助明朝朝貢體制之德威以自重的滿剌加，會是最為理想的合作夥伴。滿剌加對明朝中國的尊奉和朝貢，表現出罕見的誠敬，足以贏得明朝的信任。在對舊港、爪哇和暹羅都多少存有顧忌的

24 〔明〕楊士奇等修：《明太宗實錄》，卷七一，頁998。

25 〔明〕張廷玉等撰：《明史・外國五・爪哇》（北京：中華書局，1997年），卷三二四，頁8403。

26 〔明〕姚廣孝等修：《明太祖實錄》（廣州：中央研究院歷史語言研究所校勘影印，1931年，如下皆為此版本），卷二四三，第3535頁，洪武二十八年十二月戊午條。

情勢下，鄭和下西洋要選擇一個值得信賴、可靠而便利的港市國家作為親善同盟，以確保通往印度洋航道的安全與暢通之必要需求，就正好與滿剌加希望借助大明天威以自重的急迫需求一拍即合，彼此正可相輔相成。

鄭和船隊通往印度洋，需要建立中途候風轉航基地。這候風基地就是「官廠」。從《鄭和航海圖》看，鄭和下西洋的「官廠」有兩處。一是在蘇門答剌，一是在滿剌加[27]。二者的共同點都是伊斯蘭國家，風俗語言和文字都相同。但兩國的重要區別在於明朝似乎更看重滿剌加。再加上蘇門答剌國內有內亂[28]，其雖仍事大中國，但政權不穩，不會是最「保險」的合作同盟和候風基地。因而，在滿剌加和蘇門答剌這兩國之間做比較，就「國內情勢」而言，滿剌加還是比較穩定的。最終鄭和選擇了滿剌加作為其精誠合作的夥伴，在滿剌加設置「官廠」，並「以此為外府」[29]。鄭和部隊在滿剌加建築自己的城柵和貨倉，並派軍隊駐節把守。「乃為城柵鼓角，立府藏倉稟，停貯百物」，「一應錢糧頓在其內，去各國船隻回到此處取齊，裝載船內」，「停候五月中風信已順，結隊回還」[30]。滿剌加無疑為鄭和下西洋提供了一個優良、安全的中途候風基地。

明朝對滿剌加的信任和保護，並非是無條件的扶持。根據《明太宗實錄》所記，滿剌加在國基漸穩後，曾以自居為室利佛逝王族的後裔關係，企圖仗著有明朝為靠山，向爪哇索舊港之地。但經爪哇遣使向明朝投訴此事，明成祖以「既無朝廷敕書，王何疑焉？下人浮言，

[27] 向達：《鄭和航海圖》（北京：中華書局，1983年），頁50-53。

[28] 〔明〕馬歡著，馮承鈞校註：〈蘇門答剌條〉，《瀛涯勝覽校註》（北京：中華書局重印，1955年），頁27-30。

[29] 鞏珍著，向達校注：〈滿剌加國〉，《西洋番國志》，頁16。

[30] 馬歡：〈滿剌加〉，《瀛涯勝覽》，頁16。

慎勿聽之」[31]，給予嚴詞駁斥。由此可見，明朝的「中國介入」南海事務，其目的很顯然是在制衡明朝朝貢體制圈內的各藩屬國勢力「勿相侵奪」，以達明朝「老大」至高宗主權的獨尊地位，這才是明成祖主持和干預海外事務的理想原則。即使是與明朝關係密切的滿剌加，也不得違背這種藩屬國間所謂的「睦鄰之道」。

三、鄭和下西洋的多元跨文化管理

鄭和下西洋選擇在滿剌加建造「官廠」，並視之為「外府」，除了是因為滿剌加的誠信和可靠，還有宗教文化上的因素考量。崇佛通道的明成祖特遣鄭和為正使下西洋，理由可以有很多，但鄭和本人以及其網羅的穆斯林專才參與大航海事業，鄭和船隊中的「伊斯蘭色彩」也是我們要去正視的問題。雖有文獻述及鄭和曾施財印造佛經贈送給各大禪寺，甚至還說鄭和有佛教法名。在下西洋時，他也曾祝禱天妃（即媽祖，東南沿海的海神信仰）。所以學界多有認為鄭和既崇佛又信道教[32]。但是，鄭和出自「哈只」穆斯林世家，也曾在泉州伊斯蘭教先賢墓行香，在清真寺祈禱，並曾奏請朝廷重建南京清真禮拜寺。鄭和下西洋的隨從要員之中，例如副使太監洪保，通事馬歡、郭崇禮，西安清真寺教長哈三，副千戶沙班等，也都是信奉伊斯蘭教的穆斯林[33]。事實證明，鄭和是充分利用了中國和伊斯蘭的長期經濟文化交通的基礎而決定下西洋的。

---

[31] 〔明〕姚廣孝等修：《明太祖實錄》，卷一四三，第1704頁，永樂十一年九月癸未條。

[32] 陳玉女：〈鄭和刊刻《佛說摩利支天菩薩經》之意義淺探〉，《鄭和研究與活動簡訊》2001年第2期，頁5-7。

[33] 葉哈雅・林松：《回回歷史與伊斯蘭文化》（北京：今日中國出版社，1992年），頁111-140；楊兆鈞：〈鄭和與穆斯林〉，《雲南民族學院學報》1993年第4期，頁面不詳；孔遠志：〈鄭和與印尼的伊斯蘭教〉，《東南亞研究》1990年第1期，頁面不詳。

鄭和遠航船隊是一支結合各方精英，具有跨文化元素懂得跨文化溝通管理的團隊。鄭和船隊裡有崇奉天妃媽祖、信仰佛教的航海精英，亦有熟悉伊斯蘭世界的通事（翻譯）人才。誠如增田由利亞所指出的，鄭和是一位思想走在時代尖端、思想寬宏的使者。明成祖任命鄭和為南海大遠征的司令，理由可能在於他的出身淵源來自中亞移民和伊斯蘭教徒。他的出身讓他擁有包容異己的度量[34]。而錫蘭國之鄭和「三語文碑」就體現了鄭和團隊這種跨文化精神。永樂七年（1409）二月，鄭和以明朝特使身分，贈送錫蘭（即今斯里蘭卡）一面鐫刻著佈施恭謁三大宗教的「三語文碑」。這塊碑文的正面刻有漢文、泰米爾文和波斯文。該碑的另一組文字波斯文已殘缺不全，但其大意卻是向伊斯蘭教的真主替鄭和使團求福，寫著對伊斯蘭真主和伊斯蘭教聖人的頌揚[35]。此「三語文碑」體現了鄭和包容的胸襟及其跨文化的領導風範。這一碑文上使用了三種語文，內容有別地頌揚了三大宗教，突顯的是鄭和使團尊重不同宗教的氣度。這種做法，也反映了中華傳統文化「和而不同」思想[36]。鄭和遠航之所以能成功地完成任務，其中一項重要的文化元素，就是它延續了「和而不同」地經營海上絲路，尊重多元、包容異質的跨文化傳統[37]。

明成祖任命鄭和七下西洋，其所經過到訪的44個國家與地區中，崇奉伊斯蘭教的就達23個。鄭和及其使團中的穆斯林隨員既熱心伊斯蘭教，又懂得伊斯蘭世界的語言，對當地的文化亦多有紀實，相當了

---

34 增田由利亞：〈中國比哥倫布早一百年航向世界〉，收入池上彰、增田由利亞著，葉廷昭譯：《用世界史解讀四大國際議題》（新北市：本馬文化事業，2016年），頁52-53。

35 鄭鶴聲、鄭一鈞：《鄭和下西洋資料彙編（下冊）》（濟南：齊魯書社，1989年），頁89。

36 陳尚勝：〈中國傳統文化與鄭和下西洋〉，收入王天有、徐凱、萬明編：《鄭和遠航與世界文明——紀念鄭和下西洋600周年論文集》（北京：北京大學出版社，2005年），頁168-180。

37 安煥然：〈跨文化的海上絲路與鄭和下西洋〉，《古代馬中文化交流史論集》（柔佛巴魯：南方學院出版社，2010年），頁219-243。

解。憑藉宗教方面的共同信仰，聯絡感情、加強交流、減少隔閡。鄭和使船到訪之地，與伊斯蘭國家的政府和人民建立了友好的合作關係[38]。誠如寺田隆信在《中國的大航海家鄭和》所說，鄭和下西洋即是以中國的伊斯蘭教徒為主角，以東南亞、印度、西亞各國的伊斯蘭教徒為配角而展開的不平凡的伊斯蘭教的事業[39]。即使是在東南亞地區，伊斯蘭教勢力的發展亦曾強有力地支持了鄭和的活動，建立了良好的互惠關係。

應當留意的是，自元朝以來至明初，華裔穆斯林商人已流寓此間[40]。他們在爪哇和舊港一帶聚集，有的充任「港主」，共同經營穆斯林商人的海貿事業。馬歡《瀛涯勝覽・爪哇》條中也有記云，當時當地之「唐人」雖「皆是廣、漳、泉等處人竄居此地」，惟「食用亦美潔，多有從伊斯蘭教門受戒持齋者」[41]。其實早在鄭和下西洋或之前，華裔穆斯林已在東南亞海洋貿易上扮演著重要角色。在東南亞馬來人尚未全面改宗信奉伊斯蘭教以前，華裔穆斯林就已落居於此。當舊港頭目陳祖義勢力被鄭和擊潰後，獲鄭和扶持，與明朝關係較好的施進卿被委任為舊港宣慰司。據考施氏及其後裔，很可能是華裔穆斯林商人集團[42]。鄭和出使西洋的過程中，似乎也催生了一個有利於東南亞伊斯蘭化的大環境，加速了阿拉伯、印度、中國與馬來穆斯林商人及阿拉伯傳教士在馬來群島傳播伊斯蘭教的活動，促進了伊斯蘭教在東南亞的傳播[43]。

---

[38] 閆明恕：〈鄭和下西洋與鄭和的宗教觀〉，《銅陵學院學報》2007年第6期，頁85-87。

[39] 寺田隆信：《中国の大航海者——鄭和》（東京：清水書院，1984年），頁200。

[40] 鄭永常：〈從蕃客到唐人：中國遠洋外商（618-1433）身分之轉化〉，收入湯熙勇編：《中國海洋發展史論文集・第十輯》（南港：中央研究院人文社會科學研究中心專書（55），2008年），頁143-204。

[41] 馬歡：〈爪哇〉，收入馮承鈞校注：《瀛涯勝覽》（台北：臺灣商務印書館，1962年），頁11。

[42] 李炯才：《印尼——神話與現實》（台北：遠景，1983年），頁127-142。

[43] 廖大珂：〈鄭和與東南亞華人穆斯林〉，《暨南學報》2005年第6期，頁123-127、141；

14世紀末至15世紀，東南亞伊斯蘭勢力是一股不容小覷的新興商貿勢力。印度穆斯林商人經蘇門答臘島北部傳到滿剌加，再以滿剌加為中心，促成東南亞群島的伊斯蘭化。由於14世紀印度德里蘇丹王國屢遭來自北部戰禍掠奪（帖木兒入侵，1413年其領土幾乎喪失殆盡），但多個獨立國家穆斯林王朝隨之崛起，城市和商品經濟發展很快，促使印度再次被捲入歐亞貿易網路中[44]。尤其是印度西北胡茶辣（Gujarat）、南部泰米爾吉寧（Tamil-Geling），以及馬拉巴海岸的印度穆斯林商人，他們開始大批湧向東南亞來進行貿易事業。誠如永積昭《東南亞的歷史》所指出的，印度穆斯林商人至東南亞，其所帶來經濟的利益，與東南亞港市國家的伊斯蘭教的改宗是相並立的[45]。伊斯蘭教勢力之東來，帶有相當的經濟性。它意味著當時區域經濟商業聯盟的擴大，可以吸引更多的印度和阿拉伯穆斯林商船到來，並藉以與已日漸勢衰的印度教帝國爪哇滿者伯夷爭奪商貿利權。而滿剌加國君的改宗，皈依伊斯蘭教，也是在這個時期。由於穆斯林商人的到來，滿剌加的貿易大增[46]。此外，滿剌加曾要求巴塞（應即是《明史》所記之蘇門答剌）的蘇丹承認滿剌加的港市地位，這一請求直到滿剌加國王應允迎娶巴塞公主為妃而皈依伊斯蘭教後才正式被承認。其間還經印度穆斯林商人的斡旋[47]。

15世紀初，伊斯蘭教的傳入以及滿剌加國王皈依伊斯蘭，除了其宗教性，也意味著經濟上商業聯盟的擴大，可以吸引更多的印度和阿拉伯穆斯林商船來到滿剌加。由於印度洋上的穆斯林商船的航渡，麻

陳達生：《鄭和與伊斯蘭》（北京：海洋出版社，2008年），頁99、114；《鄭和與東南亞》（新加坡：新加坡國際鄭和學會，2005年），頁109。

44 劉欣如：《印度古代社會史》（北京：中國社會科學出版社，1990年），頁246-265。

45 永積昭：《東南アジアの歷史》（東京：講談社，1993年），頁88。

46 多默・皮列士著，何高濟譯：《東方志・從紅海到中國》（南京：江蘇教育出版社，2005年），頁228。

47 哈里森・布萊恩：《東南亞簡史》（新加坡：聯營出版有限公司，1959年），頁59。

六甲海峽地位再次回升，並藉以與日漸衰弱的爪哇最後一個印度教帝國滿者伯夷的商業地位相抗衡和競爭[48]。滿剌加國王適時把握機會皈依伊斯蘭教，這種宗教改宗和借助伊斯蘭教力量來強化其本身的政商地位的行為，不但與明朝朝貢體制毫無抵觸，因鄭和船隊所帶有的濃厚伊斯蘭色彩，更加深了鄭和與滿剌加的合作關係。鄭和選擇滿剌加作為其下西洋的中繼「外府」和「官廠」，多少也帶有雙方所具有的「跨文化」的誠信合作元素。

四、鄭和下西洋的績效與格局

明太祖身為開國之君，對國內政治經濟給予細心的關注，而對外政策卻是消極。其國策，基本上是在國內實行中央集權，經濟上重農抑商，使民勤於農桑，洪武中晚期他選擇閉關自守，嚴密統轄其臣民。與明太祖不同的是，明成祖在對外政策方面卻比內政更發揮了積極性。除了他本身的個性以及當時積累的國勢基礎之外，不難推測這是明成祖為了洗刷其「簒奪」壞名聲的意圖[49]。

明成祖大遣使團出國，詔諭各地，陸、海同行。在西方陸路上，永樂二年（1404）帖木兒於東征中國的途中病死，避免了一場東西兩大強國的激烈衝突，此乃「天助」了明成祖。隨後，明成祖頻頻遣使往赴西域，其中的吏部員外郎陳誠就曾三次（1413年、1416年、1420年）出使西域撒馬爾罕等地，促使西域17國遣使來朝入貢[50]。海外之遣使詔諭，其最著名者就非鄭和下西洋莫屬了。不僅於此，明成祖亦

[48] Milton W. Meyer, *Southeast Asia: A Brief History* (New Jersey: Littlefield Adams & Co, 1971), pp.37-38; D.R.SarDesai, *Southeast Asia: Past and Present* (Colorado: Westview Press, 1989), p.55; Lea. K. Williams, *Southeast Asia: A History* (New York: Oxford Press, 1976), p.48.

[49] 寺田隆信：《中国の大航海者》（東京：清水書院，1984年），頁48-50。

[50] 沈福偉：《中西文化交流史》（台北：臺灣東華書局，1989年），頁299-300。

同時多次遣使琉球，及派遣張謙等出使「東洋」的蘇祿、渤泥等國，強化與該區域的友好關係。總而言之，欲探鄭和下西洋的本質，必須回探明成祖以及明成祖所推行的一系列積極的對外政策。鄭和絕不是孤立的神奇壯舉。事實上，鄭和只是貫徹明成祖對外政策中頗有績效的奉行者。

就歷史大背景來說，鄭和出航也有其厚實的基礎。明朝建國之初，明太祖積極地採取了諸如重本抑末、勸農桑、減傜役、計民授田、獎勵墾荒、大興屯田、寓兵於農及興修水利等一系列恢復中國國內經濟生產的措施和建設。這些措施的有效推行，到了永樂和宣德年間（亦即鄭和下西洋時期），已是「上下交足，軍民胥裕」「百姓充實，府藏衍溢」的富庶盛況[51]。而明初官的官窯和織染局特別興盛。其產品量多質高，是提供給鄭和下西洋帶去進行賚賜貿易的極佳貨源[52]。洪武和永樂年間也是明朝官營造船業的黃金時期。當時的龍江造船廠（原址在南京市下關三叉河）以及福建沿海一帶的造船廠皆頗具規模，人員眾多，匠籍分工明確，實力雄厚。因而，鄭和下西洋縱橫於南中國海和印度洋，對不服者「以武懾之」[53]，儼然就是一支龐大的武裝艦隊。鄭和艦隊之所以能夠如此大有作為，實是以強盛、發達的官營造船業作為後盾[54]。這些都是鄭和下西洋的「硬實力」。如果當時的中國不強大，沒有富足的物力和財力基礎，鄭和下西洋不可能如此威風出航。

明朝後來停廢大規模的航海活動，是當時「官方」海洋事業的

---

51 〔清〕張廷玉：〈食貨志一〉，《明史》（北京：中華書局，1974年），卷七七，頁1877。

52 韓振華：〈論鄭和下西洋的性質〉，《中國與東南亞關係史研究》（南寧：廣西人民出版社，1992年），頁129。

53 〔清〕張廷玉：〈宦官・鄭和〉，《明史》（北京：中華書局，1974年），卷三〇四，頁7767。

54 陳希育：《中國帆船與海外貿易》（廈門：廈門大學出版社，1991年），頁73。

大撤退。取而代之的是民間私商新勢力的崛起。此時，官方的海禁政策擋不住民間私商的冒險出海，亦商亦盜。同樣都是出海，後者已不是鄭和下西洋時的那種形態和性質。明季之「真倭」「假倭」，諸如曾一本、林道乾、林鳳，乃至鄭芝龍等，這些海商兼海盜集團，雖然展現他們在海上的旺盛活力，卻已不是宋元時期官民結合機制下的商販活動。船隻方面，在缺乏正常化的海外貿易環境下，海上私商不再像當年鄭和船隊那般造建碩大的寶船，反而改為向中小型帆船發展，以便能更為快捷、靈活地逃避明朝官兵的追擊[55]。明朝政府何以罷廢大規模的下西洋活動？明中葉以後，不論明朝皇帝主觀意願上是「想要」，還是「不要」，國力已不能再承擔。明中葉以後，明朝之海外政策已緊縮。

自從明成祖第五次親征漠北，死於軍中，此後，國勢日顯困窘。明宣宗兵撤安南，是必然的結果。北方外患加劇，正統十四年（1449）明英宗親征，在土木堡之役被敵人俘虜，成了階下囚，國體喪盡。這時的明朝已無暇再編織綺麗浪漫的出海詔諭的大夢了。明成祖死後，明朝官方的動員能力也大為減弱。即使是宣德年間，明宣宗為了派遣鄭和進行第七次（也是最後一次）的下西洋，曾做了最後的努力，下令徵召湖廣、江西二都司及直隸鎮江諸衛的兩萬四千名兵員，充當鄭和下西洋的海軍人員，把當時的運糧軍官調去做下西洋的準備工作。鄭和第七次下西洋，雖完成使命，但在這期間，也引發了為參加下西洋做準備工作的官軍們紛紛畏難逃跑的事件[56]。明中葉以後，明朝官營手工業日趨衰敗，匠戶逃亡者眾。就算明朝政府如何諭令挽救，也徒勞無用。當年建造下西洋寶船的官營造船廠日漸蕭條。建造鄭和寶船的龍江造船廠在明初有四百多戶的造船匠，他們最初的

[55] 同前註。

[56] 韓振華：〈論鄭和下西洋的性質〉，《中國與東南亞關係史研究》，頁129。

待遇還算不錯，後來卻江河日下，常有賠補之累，許多造船匠生計陷入困境，紛紛另謀生路。到嘉靖九年（1530），只剩下一百多戶船匠，匠戶減少了四分之三。此外，官營造船的品質下降，船廠腐敗經營，欺隱侵匿，貪污成風，偷工減料也普遍存在[57]。作為下西洋主要物資基礎的官營基盤已動搖，縱有「再世鄭和」，又豈能再掀壯舉。有學者統計出，明代因出使西洋，單在艦隊的造價上已超過127萬兩銀，占國家糧稅收入的10.19%[58]。大規模下西洋所需的費用，其實對明朝是一個沉重的負擔。早在永樂末年，對鄭和下西洋之壯舉，朝野上下已有反對聲浪。明成祖死後，仁宗即位，聽從戶部尚書夏原吉之請，下詔停止寶船下西洋的活動。宣宗時雖複行下西洋之舉，卻也是最後的一次鄭和下西洋。正統年間又複禁。成化之時，宦官為了討好迎合皇帝，向明朝國家檔案部門索取「鄭和出使水程」的資料。當時的車駕郎中（後升任兵部尚書）劉大夏以當年鄭和「三保下西洋費錢糧數十萬，軍民死且萬計，縱得奇寶而回，於國家何益？此特一時弊政」為由，把「鄭和出使水程」等珍貴航海檔案資料藏匿，甚或銷毀，「以拔其根」[59]。

結語

鄭和下西洋時期，正好是滿剌加初建時期。不論明成祖的主觀動機為何，其積極的態度是使明王朝之經略海洋，聲威遠播亞非，造就了有利於明朝安全的國際環境。與此同時，鄭和下西洋也標誌著明代

[57] 同前註。

[58] 鄭永常：《海禁的轉折：明初東亞沿海國際形勢與鄭和下西洋》（台北：稻鄉出版社，2011年），頁188-189。

[59] 〔明〕楊士奇等修：《明太宗實錄》，卷二一七，頁2162，永樂十七年十月癸未條。

中國積極插手干預南海事務，重新建構亞洲區域國際新秩序的企圖[60]。這對當時初建之滿剌加而言是一個千載難逢的機遇。在這個互動過程當中，它成就了滿剌加的崛起。但也誠如王賡武所指出的，明成祖是中國第一位對海外地區付出極大關注和爭取主動的皇帝，同時他也是最後一位這樣的皇帝，是「空前」也是「絕後」的[61]。從滿剌加與明代中國朝貢體制的參與及建交，亦探析「德」與「威」的相得益彰，是中華朝貢體制的優越性得以張揚的關鍵。「軟實力」（德）需要有「硬實力」（威）的支持，才能發揮實質效應。當然，鄭和下西洋需要有跨文化的管理人才和認知，鄭和本身及其團隊的跨文化管理也是讓明成祖的海外經略取得顯著績效的重要因素。

[60] 〔清〕張廷玉：〈食貨志一〉，《明史》，卷七七，頁1877。

[61] 王賡武著，姚楠譯：〈中國與東南亞1402-1424〉，《東南亞與華人——王賡武教授論文選集》（北京：中國友誼出版公司，1987年），頁71。

第三輯

馬華文化歷史資源的現代化轉化

從民俗文化角度探討馬來西亞華語特有詞彙——以節日習俗和信仰風俗為例

袁敏棻

復旦大學中國語言文學系博士研究生

引言

羅常培先生在《語言與文化》裡提到：「語言是社會組織的產物，是跟著社會發展的進程而演變的，所以應該看做社會意識形態的一種。」[1]語言隨著社會的產生而存在，也會隨著社會的發展而有所改變，一門語言的變化最先體現在其詞彙的變化上。在新加坡、馬來西亞一帶稱的華語是從中國普通話中脫離出來的分體，在海外為求適應當地的種種人事物而借助閩南話、粵語等詞彙來替代，或英語和馬來語的音譯和意譯詞彙來對應，亦或創造出新詞彙來表達的一種海外華語產物。馬來西亞是個多元國家，漢語與當地語言文化的結合造成了馬來西亞華語在發展過程中產生了大量具有本土特色的詞彙，這些詞彙除了出現在民間的日常溝通上，也出現在平面媒體裡。它們產自和用於馬來西亞的華人社會，同時也反映出了馬來西亞的華人民俗文化現象。

現代漢語中不可或缺的部分之一是海外華語。在與各族之間的長期交流和調整適應不同的國情之下，馬來西亞華語漸漸與中國普通

1 羅常培：《語言與文化》（北京：北京出版社，2003年），頁108。

話有著相當大程度上的區別。這些富有當地色彩的特有詞彙的產生有其原因，有的是母語與方言、馬來語、英語、泰語等的一種「囉惹」（馬來語Rojak的音譯，指混雜）產物，有的則是反映馬來西亞華人社會的文化，這種「囉惹」式華語正為馬來西亞華人廣泛使用[2]。

學者田小琳[3]、汪惠迪[4]、湯志祥[5]對特有詞的定義做過解釋，大致說法是：特有詞是為了適應異地所特有的人事物和文化而產生的新概念。故，我們可以理解成，馬來西亞華語特有詞彙指的就是在馬來西亞國土範圍內才有的華語詞彙，由馬來西亞華人所創造並廣泛使用於華人社會中，反映該地區特有的種種人事物，其含義也只有馬來西亞華人所理解，境外漢語使用者卻一知半解甚至不解。舉例如下：廠巴（工廠巴士）、師類（帶有「師」字的職業）、衣務（指衣服、褲子、襪子等）。

在華人地區裡所使用的華語特有詞彙會因地域性問題而有所不同，它們有著豐富多樣的面貌，且反映的都是該地區的一切事物。文化現象是一個大概念，並非三言兩語就能完整的解釋。文化語言學是研究語言與文化之間的關係，語言作為文化的表現形式，因此，社會的變化會帶動著語言的變化。我們採用戴昭銘先生在其著作《文化語言學導論》中所提出的文化背景考察法為研究方法基礎，說語言是根植於文化之中。他認為，無論是研究語言的歷史還是理解語言的現

---

2 在馬來西亞，各民族之間的溝通語言多為馬來語或英語，而華族（指華人族群）除了前二語及華語，家裡的溝通語言還包括了中國南方各省的漢語方言如粵語（廣東話）、閩南語（福建話）、海南話、潮州話、客家話和福州話等。

3 請參閱田小琳：《現代漢語詞彙的特點》，香港：香港國際語文教育研討會，1993年，http://wenku.baidu.com/view/5a12a57202768e9951e73824.html.

4 請參閱汪惠迪：〈華語特有詞語：新加坡社會寫真〉，《揚州大學學報》1999年第4期，頁44-47、51；汪惠迪：〈華文詞彙教學須關注地區詞〉，《華文教學與研究》2010年第1期，頁2。

5 請參閱湯志祥：〈論華語區域特有詞語〉，《語言文字應用》2005年第2期，頁40-48。

狀，都必須結合運用這種語言的人民的文化歷史背景並加以論析之[6]。本文將從馬來西亞華文報紙上所收集到的馬來西亞華語特有詞彙梳理分成節日習俗和信仰風俗兩個方面，嘗試通過馬來西亞華人史實和生活觀察來探討馬來西亞華人的民俗文化現象。

一、節日習俗方面

馬來西亞是一個由三十二個民族組合而成的多元種族、多元文化的國家[7]，共同生活在這片土地上的其他民族也有著自己的信仰和習俗。在一個馬來西亞的國度裡，大家都會歡慶彼此的節日，促進文化的交流。一個國家的節日習俗能反映出不同的文化，而這些文化是以語言為代碼，特有詞彙因此而產生。由於馬來西亞豐富多彩的國情，各族的節日都能參與其盛，各族的文化也在潛移默化中相匯交融。馬來西亞的華人源於中國，他們的文化自然也源自於中國文化。華族的節日基本上與中國的無異，但會因地理環境、社會、氣候等而同中有異，在習俗方面會更偏向於中國南方各省的祖籍，同時還帶有馬來西亞的文化元素，是在中國境內無法看到的講究和現象[8]。

（一）農曆新年[9]

在馬來西亞，華族的農曆新年是國家法定節日，越臨近春節，街上的氣氛就越濃厚。臨近新春佳節時，年景佈置是重頭戲，常見於校

---

6 戴昭銘：《文化語言學導論》（北京：語文出版社，1996年），頁56-57。

7 康海玲：《馬來西亞華語戲曲研究》（廈門：廈門大學中國語言文學研究所博士論文，2007年），頁85。

8 本論文重在闡述馬來西亞華人的民俗文化現象，至於節日的來源及詳情，恕不贅述。

9 關於馬來西亞華人新年的習俗，請參見莫光木：《馬來西亞華人新年習俗研究》（暨南大學華僑華人研究院碩士論文，2010年）。

園、唐人街、歷史老街或華人新村等。在一些大城市如首都吉隆坡、古城麻六甲、怡保等地的唐人街都會佈置街道，以大紅燈籠和年畫等年飾品來裝飾，除了烘托氣氛還能吸引外國遊客，帶動旅遊氣氛。在大馬華人[10]圈裡，凡是與農曆新年有關的一切事物，都會加上「年」字，顯得吉祥喜慶。比如，售賣各種年飾品、年畫、年花、年餅、年貨的年檔隨處可見，尤其是老一輩的爺爺奶奶很是樂於到坡底[11]辦年貨。能在新年期間看到的柑橘類水果，不論是廣東汕頭的蕉柑，還是福建泉州永春的蘆柑，亦或是臺灣的椪柑，在馬來西亞統稱為「年柑」。

年夜飯是一家族的團圓飯（也叫團年飯），遊子們都會回鄉吃上一口家鄉菜。華人對於年夜飯很是看重，尤其是在老一輩尚健在的家族或家庭裡，必須等到所有人都在場了才能動筷，以示團圓。有些華人家庭會在除夕（有些在初一）按照傳統習俗來祭祖，同時會按各自籍貫來烹調年菜，如海南人[12]的白斬雞、福建人的焢肉、廣東人的臘味、客家人的釀豆腐、潮州人的滷味等，祭祖後的食物將作為午餐或晚餐的一部分。由於大馬華人大多數都是道教徒和佛教徒，所以會在大年初一這天吃半天素或全天素，同時會到寺廟或佛堂參拜以祈求一年安康。

馬來西亞華人對於「討吉利」的做法之一是邀請舞獅團前來采青助興，如在過年期間、開張之日以及賀歲誕辰等。有些廟宇、購物中心、公司和華人住宅區會在過年期間請舞獅團來采青助興，除了討個

---

10 馬來西亞華人的簡稱，為方便撰寫而使用，下同。

11 杜忠全：《山水檳城》（吉隆坡：大將出版社，2014年），頁160。可另見杜忠全：〈坡底、下坡、出坡與外坡：馬來西亞華語的特有語詞？〉，《星洲日報——中文大觀園》（版面不詳），2013年10月15日。

12 馬來西亞的華人方言群體會因祖籍的不同而自稱「海南人」、「廣東人」、「福建人」、「福州人」等。

好兆頭之外，還能把舊一年的黴氣給「舞」走。在華人住宅區裡上門舞獅的時候有一定的儀式要遵守，舞獅團在正式采青前必須進行一些儀式，男主人（爺爺或是父親）先上香拜一拜家神和祖先，目的是讓祂們有個「準備」，不要被突如其來的熱鬧給嚇到以導致沖煞。舞獅團代表者後上香，目的是尊敬主人公的家神和祖先，否則會因此給煞到（沖煞的表現基本上是舞獅團在表演回去後會生病，需找專人來解煞）。許多購物中心也會邀請舞獅團來表演，除了能帶動購物中心的新年氣氛，同時也能引來人潮。財神爺和大頭佛也會隨著舞獅團一起來表演，環節包括派發紅包、年柑和吉祥禮品等[13]。過年期間的文化活動較多，尤其是在大城市如吉隆坡的茨廠街會舉辦一項派發福蛋（紅雞蛋）、年柑、春聯和發糕給路人及遊客們的活動，同時還會有舞獅團和舞龍團等隊伍浩浩蕩蕩的遊街，敲鑼又打鼓，熱鬧非凡，象徵新一年的開始。沿途的路人及遊客們不僅能接獲代表福氣的福蛋，象徵發大財的發糕等，還能摸摸舞獅頭，祈望新的一年事事順利[14]。文化傳承、文化交流、文化互動在馬來西亞這片土地上生根發芽。

「撈生」是將放在盤子裡的魚生和其他配料用筷子一遍遍的撈起，同時喊：「撈啊，發啊，發大財」之類的吉祥話。「撈」表示「賺錢」，把利潤賺回來的意思。這原本是從農曆正月初七開始的習俗，後發展成從年除夕開始直到元宵節結束，有時候也用在慶祝某些事情的順利圓滿結束。大馬華人在十五元宵節這天沒有吃餃子和元宵的（中國北方）習慣，反而有項「拋柑」「撈柑」（「拋柑接蕉」）的聯誼活動可參與。「拋柑接蕉」習俗有幾種說法，一是源自一段閩

[13] 張再成：《一天趕5場送祝福，財神爺春節好忙》，星州網，https://www.sinchew.com.my/content/content_2206913.html，2020年1月27日。

[14] LIMLC：《「愛過年・慶團圓」嘉年華，踩春送福蛋春到茨廠街》，星州網，https://www.sinchew.com.my/content/content_1606222.html，2017年1月16日。

南歌謠：「拋好柑嫁好尪，拋好鼓娶好某」[15]，另一說法是：「拋蘋果，娶好某」；「拋柑，嫁好丈」和「拋石頭起紅毛樓」[16]。還有一說是，馬來西亞在元宵節拋柑的習俗可能源自福建歌謠的「拋好柑，嫁好尪（音肮，意丈夫），拋好蕉，中馬票，娶老婆」[17]。凡是單身的男女都會聚集在海邊、河邊、湖泊或池塘邊，把自己的個人資料和聯繫方式寫在水果上，為了方便區別性別，男的拋香蕉而女的拋柑橘，任何人撈起後都可以聯繫拋出者，借機會認識。如今在馬來西亞的吉隆坡、雪蘭莪州、檳城、霹靂和麻六甲等地仍有這樣的聯誼活動，元宵節這一夜就成了華裔單身男女「出籠」的日子。

華文學校都會舉辦一些應節的節間活動，氣氛很是熱鬧。多數的華文小學會有年景佈置比賽、紅包封製作及年飾品製作等。小學生在上美術課時會動手以紅包封為材料來製作裝飾如魚、燈籠、炮竹等帶有華人新年色彩的年飾品，全體師生一起參與課室年景佈置，感受「年」味。給相應的年份生肖上色也是小學美術課裡應節的活動之一，老師會將生肖列印在圖畫紙上讓學生用顏色筆上色，好作品會貼在課室裡的佈景板上，作為年景的佈置品之一。而多數的華文中學則會有揮春比賽和吹梅製作，寫得好的揮春不僅有獎還會貼在課室裡的佈景板上供欣賞。吹梅製作是在畫紙上滴下紅色或粉色的水彩顏料，用吸管在畫紙上吹出梅樹枝幹，然後發揮個人創意及藝術天分，在枝幹上點上梅花，後寫上吉祥語，好作品也是會貼在佈景板上供欣賞。小學生的應節活動多偏向於手工製作類，把中華文化傳統教授給小學生，讓他們感受過年的氣氛。中學生的則是多偏向於體驗文化，從揮

15 蘇慶華：〈正月十五元宵節〉，《文道》1982年第14期，頁面不詳。

16 李靈窗：《馬來西亞華人延伸、獨有及融合的中華文化》（福建：海峽文藝出版社，2004年），頁120。

17 葉芯鍮：〈元宵節「拋柑接蕉」〉，東方網，https://www.orientaldaily.com.my/news/diantai/2017/02/10/184115，2017年2月10日。

春和吹梅中體驗中華文化。

在馬來西亞的華人圈子裡還保存著「未婚者皆可得紅包」的文化，在過農曆新年期間，大多數的未婚男女（不論年齡）都可以領到長者派發的紅紙（紅包）。華人新年派紅包的習俗在近十幾年裡給了馬來民族和印度民族一個借鑑。在馬來傳統文化裡是沒有派發青包的習俗，過去只是會在開齋節（Hari Raya Aidilfitri）當日給小孩子硬幣（Duit Raya：節日錢），開齋節派發青包是向華人學習的，是近十幾年來才蔚為風尚。在開齋節期間，馬來民族的長輩會給晚輩派發青包（綠色是馬來民族鍾情的顏色之一），一些政府機構也會給弱勢群體派發青包以當扶助金。另外，雇用馬來民族的華人公司或華人老闆也會給他們派發青包以作獎勵。再者，華人到馬來民族家拜年時也會收到青包，意義和華人過春節的無異。在印度傳統文化裡也沒有派發紫包或黃包或紅包的習俗，近幾年來在屠妖節（Deepavali）當日也開始派發紫包或黃包（紫色和黃色是印度民族鍾情的顏色），近年來更是直接派發紅包給晚輩，在形式和意義上和華人過春節無異。這就是各族文化互相影響的結果，而這種現象只能在馬來西亞看得到。

（二）清明節

儒家「孝」的思想體現在大馬華人孝順、供養父母、戴孝和祭拜祖先的行為上。對於老一輩的人來說，清明節是最大的日子，是往生者的新年。有些華人家庭會選擇自己親手折金銀紙以示孝敬（必須注意的是：在折金銀紙時不可以抱著開玩笑的態度或是嘴貧，這是對祖先的一大不敬），有些忙碌的家庭則會到紙紮店裡購買神料及金銀紙。為了避開正日的道路擁堵和人潮擁擠，一部分華人會選擇在清明節前後的一兩個星期的週末去掃墓。清明節掃墓也是一家大小能聚在一起的一天，通常華人家庭也是會煮一些籍貫菜和先人生前愛吃的食物到山頭[18]祭拜他們，也有些選擇火葬的往生者被供奉在寺廟、骨灰閣或稱骨灰塔。

大馬華人的墓地大致上可分成三種：傳統華人義山、現代化墓園、靈骨塔[19]。東南亞華人的墓葬文化特徵之一是義山，早期的義山是以方言群體（籍貫）來劃分的公墓，有廣東義山、廣西義山、福建義山等[20]。清明節掃墓有一些講究和禁忌，如：

（1）必須按照輩分和長幼順序給祖先上香，香支數量則各家的講究不一。

（2）在拔除墳上的野草時，男孫可以跨到墳上去而女孫則只能在邊上幫忙，否則將對往生者不尊敬。

（3）有些家庭在上山掃墓時會事先在家裡讓參與掃墓者都將臭草[21]（為芸香科多年生草本植物芸香的全草）放在口袋裡，用以辟邪，在掃完墓回來的路上把臭草扔掉，以示把不好的都扔在外頭，不帶回家裡。

（4）有些墳墓已年久失修或無人拜祭而呈平地狀，有些甚至連墓碑也東歪西倒的，一不小心就會「踩」到不知名的往生者，所以在義山裡走路時得時時刻刻說「不好意思，對不起，借過路」等之類的話，以示尊重或是對自己的不小心「踩過、跨過」等行為賠罪。

時代的變遷，由於南遷的一、二代的逝世，沒能把傳統完整的

18 周長楫：《閩南方言大詞典》（福州：福建人民出版社，2006年），頁534。

19 請參閱姚慧弈：〈馬來西亞華人清明祭祖習俗略論〉，收入馮驥才主編：《清明（寒食）文化的多樣與保護——中國傳統節日（清明・寒食）論壇文集續編》（北京：中華書局，2011年），頁205-211。

20 更多有關馬來西亞華人文化的研究，請參閱孝恩文化基金會網站，http://xiao-en.org/.

21 據老一輩說，臭草可以用來辟邪。種植臭草也需要看福氣，若福氣到了臭草就自然能生長，若無，怎麼種都長不了。筆者小時候在奶奶家裡有見過臭草，也曾帶過到山上去掃墓。近幾年才發現奶奶的那盆臭草已經枯萎，奶奶說是福氣過了，怎麼種也種不起來了。

保留下來，加上新一代的生活在宗教自由的社會，他們有自由選擇自己信仰的權力。其中，少數的後代因宗教而改變了思想。在清明節這天，他們還會到墳前掃墓、獻花，但就是少了神料和食物，有的則因宗教信仰的不同而不再去給先人拜祭。

（三）冬至

馬來西亞是個熱帶雨林國家，全年如夏，然而大馬華人卻依然注重中國的節日慶典儀式、傳承傳統的風俗習慣。尤其是二十四節氣中的冬至，大馬華人依然隆重的慶祝這一節日，甚至有「冬至比年大」的說法[22]。為此，在冬至這天，華人家庭都會進行大型的祭拜祖先儀式，菜式的多樣堪比團年飯。

由於南遷的華人都是來自中國的南部，因此大馬華人在冬至時並不是吃餃子，而是吃湯圓，喝薑湯。在冬至這天，家裡都會準備不同顏色的糯米粉，大家就會聚在一起搓湯圓，說一些吉利的話語，有些湯圓裡還會包不同的餡，如花生糖、紅豆、黑芝麻等。此外，還有一個不成文的習俗，吃湯圓就代表著過年，一個人幾歲就得吃多少個湯圓。考慮到消化問題，所以家中的長者可以吃三到五個大顆湯圓做個意思，而其他的晚輩則自由選擇。

傳統上，家中若有長輩逝世，晚輩應該要守孝。那麼，在守孝期間是不可以慶祝任何的節日。據馬來西亞文化民俗歷史田野工作者李永球先生的田調，民間傳說在過年蒸年糕的話，年糕的汁會燙傷祖先；在端午節裹粽子的話，粽子繩就會綁到祖先的心臟；在冬至搓湯圓的話，就是在搓祖先的眼球[23]。在民智未開時期，條例不及迷信好用，實際上是借助了迷信的說法來達到說教的目的。

---

[22] 駱莉：〈馬來西亞多元文化社會中的華人文化〉，《世界民族》2002年第4期，頁40-45。

[23] 李永球：《魂氣歸天：馬來西亞華人喪禮考論》（金寶：蔓延書房，2012年），頁204。

二、信仰風俗方面

宗教是文化的一部分，大馬華人的民間信仰可說是多元性的，除了正統的宗教以外，民間也存在著不少的信仰，其神祇眾多，不同的籍貫有不同的民間信仰和祭拜習俗。移民又移神是先輩們下南洋的特色，早期的先輩們初到人生地不熟的馬來西亞，面對的不只是生理上的痛苦，心理上還是需要一些精神寄託。他們最先想到的是祈求神明的保佑和庇護，所以先輩們把自己籍貫所在地的神明都帶過來了，民間信仰也因此保留至今。

（一）求神問事

在馬來西亞這個多元宗教的國家裡，除了不少的廟宇以外，有些住家也會設立神壇[24]，稱為住家神壇，是供附近的居民前來祭拜或是問神、算卜和辦事。當人們在生活上遇到一些不如意或是某些願望不能實現時，會想到向神明祈求保佑。問神可以是求神明指點迷津，也可以是求籤後自己解答或請廟祝幫忙解簽。大馬華人還是有迷信的一面，他們秉著「寧可信其有，不可信其無」的信念，有困難時會求神拜佛指點迷津，沒困難時也會求神拜佛來保平安。乩童（或稱乩身、跳童、童身等）是靈媒的一種，當地華人會透過他們來接觸神明，借助扶乩的形式來解惑。在馬來西亞，不少寺廟裡帶有替人算命的攤位。雖說命運是掌握在自己手裡，但是大部分的大馬華人相信每個一段時間的算命會給自己的未來有點預測，能及時未雨綢繆或提早消災解難。

[24] 此為特殊現象，通常是因為家裡的某個成員有靈媒體質，他／她充當神明在人間的辦事者，為人們求神辦事的提供便捷。

文化現象是一個大概念，約定俗成的文化現象並非三言兩語就能解釋清楚，並不是每一種文化現象都有文字的記錄。我們略舉收集到的幾點民間迷信的說法：

（1）小朋友鑽寺廟裡供佛的神桌桌腳，一到三圈不等。人們相信這種做法能讓久病不愈的孩子康復以外，也能讓孩子乖乖聽話。因此，有些寺廟在每逢初一或十五時，亦或是有乩童在起乩的時候（有些人覺得這樣更靈驗），就會有不少的小朋友排隊鑽神桌底下，除了保安康還能乖乖聽話。

（2）打耳洞的好時間除了是在每個月的初一或十五之日以外，觀音誕（農曆二月十九、農曆六月十九和農曆九月十九）之日更佳。有些觀音亭外附有穿打耳洞的服務，據說這樣不僅有菩薩的保佑，還能減低痛楚，甚至不痛。另有一說是祈求孩子聽話以及保平安[25]。

（3）帶四五歲以下的小孩兒到別人家作客時，若主人家有供奉祖先，得讓小孩兒作揖拜拜，以免冒犯到主人家的祖先（冒犯後的表現也通常是生病，或是哭鬧）。

（4）將家裡供神佛的水拿到屋外向外灑，能有一定的驅邪作用。但是供祖先的水就不行，據說因為祖先不是神佛，而是有主的魂，供祖先的水不具有驅邪的作用。

（5）除了需要特別擇日才能辦的大事以外，民間相信選擇在初一或十五之日辦事的成功率會比較高。

（二）中元節

每年的農曆七月十五日為中元節，或稱盂蘭勝會、盂蘭節、七月

---

[25] 〈觀音誕「打耳洞」一點都不痛！〉，《中國報—北馬人》，https://penang.chinapress.com.my/tag/%E6%89%93%E8%80%B3%E6%B4%9E/，2019年10月17日。

半、鬼節，屬民間傳統節日，是拜祭祖先和普渡亡靈的日子。在馬來西亞，大多數人在農曆七月十五這一天的上午會到寺廟裡拜拜或是在家裡祭祖，傍晚時分會在路口、街口或屋外的空地以水果、飯食類、金銀紙等來普渡「好兄弟」或「冤親債主」。民間在中元普渡也有禁忌：（1）在普渡時忌諱口出惡言或說一些對神鬼不敬的話，否則會冒犯到祂們（表現與前兩者無異，通常是生病發燒）；（2）遇到生理期的女生也可以參加普渡，但僅可以用雙手拜拜，不可拿香；（3）不強迫無意願者參與普渡祭拜，這得看當事人的造化和緣分。有一些廟宇或盂蘭勝會會附設為期幾天至一個月不等的七月歌台表演活動來娛樂鬼魂，通常會在空地上搭建臨時舞台，有音響設備和燈光裝飾，並在台下擺放一排排的塑膠椅子當觀眾席。第一排的椅子是不允許坐人的，而是空置預留給「好兄弟」坐的，有時候還會在椅子上放一些香煙、花生、瓜子、啤酒等供祂們邊看歌台邊享用。七月歌台表演活動通常是安排於晚間八點至凌晨十二點，正好是祂們出來活動的時間，這一年一度的盂蘭勝會就成了陰間朋友們的嘉年華會。

「好兄弟」除了是指感情要好的親兄弟或好朋友之外，還指孤魂野鬼，特別是在七月半的時候。民間老一輩的長者因為害怕和避諱，把孤魂野鬼稱為「好兄弟」，意思是把它們化成好朋友，互不相冒犯，一年一次用好食物來普渡它們，讓它們不來騷擾家中的人們，「好兄弟」一詞也沿用至今。「冤親債主」一詞與佛教有關，出自於《大般涅槃經》（卷五），「冤親（怨親）」曰：「又解脫者名無動法猶如怨親真解脫中無如是事。」[26]指怨家和親友兩種方面。「債主」曰：「譬如貧人多負人財怖畏債主隱不欲現故名為藏。」[27]指討債和還

[26] 中華大藏經編輯局：《中華大藏經（漢文部分）・第14冊》（北京：中華書局，1985年），頁1449。

[27] 同前註，頁1445。

債的關係。「冤親債主」說的是由因果關係造成了宿世以來與眾生結下的恩怨情仇等姻緣，前世造就的因，換來今世的果。人們能在中元節時普渡這些孤魂野鬼也算是姻緣的一種，故「冤親債主」一詞也與「好兄弟」一詞有著相同的意思。七月歌台的禁忌有不少，中元普渡也一樣，民間相信只要抱持著「敬鬼神」的信念就好。

結語

多元文化的國情造就了馬來西亞華語特有詞彙的產生並廣泛地使用於馬來西亞華人社會中，同時也反映出了馬來西亞的華人民俗文化現象。馬來西亞華語特有詞彙的出現並非偶然，它是一種多元文化互相交流、融合以及為了適應當地的生活文化而創造出新詞彙的結果，形成了一種「你中有我，我中有你」的文化現象。

本文以文化背景考察法為研究方法基礎，輔以馬來西亞華人史實和生活觀察，探討了馬來西亞華語特有詞彙所反映的馬來西亞華人的民俗文化現象，涉及有節日習俗和信仰風俗兩個方面。在節日習俗方面闡述了大馬華人在過農曆新年期間的活動與習俗，包括馬來民族與印度民族在派紅包這一習俗上的文化借鑑，清明節掃墓時的講究和禁忌，以及冬至的習俗。在信仰風俗方面則闡述了大馬華人對於求神問事上的重視和民間的迷信說法，以及中元節的七月歌台表演和普渡。筆者個人對於民間迷信和講究這一看法是抱著「寧可信其有，不可信其無」的態度，這或許是心理作用的一種，但起碼在完成或遵從以後會讓心裡舒坦，不會感覺有掛礙。

附錄：馬來西亞華語特有詞彙表

馬來西亞華語	詞性	意義
廠巴	名	工廠巴士，巴士一律上藍色油漆並寫上Bas kilang（馬來語，工廠巴士）的字眼。
臭草	名	為芸香科多年生草本植物芸香的全草。據老一輩的說，它有辟邪的作用。
吹梅	動	在畫紙上滴下紅色或粉色的水彩顏料，用吸管在畫紙上吹出梅樹枝幹，然後發揮個人創意及藝術天分，在枝幹上點上梅花，後寫上吉祥語。
福蛋	名	吉祥物品，有紅雞蛋、發糕、糖果、年柑等象徵吉祥好意頭的物品。
好兄弟	名	指孤魂野鬼。
紅紙	名	馬來西亞早期沒有紅包封，將紅色顏色紙剪出來，用膠水粘起來充當紅包。
黃包	名	黃色的利是封，印度民族借鑑華族過新年的派紅包習俗，黃色是印度民族鍾情的顏色之一。
乩童	名	或稱乩身、跳童、童身等。一種職業，是天神與人或鬼魂與人之間通靈的媒介。在中國的廣東、福建、臺灣和東南亞國家如馬來西亞和泰國較為盛行。
撈柑	動	義同「拋柑」。「拋柑」是以「拋」的方式把柑給拋出去，「撈柑」則是以「撈」的方式把柑撈過來。
撈生	動	「撈」源自粵方言，指「拌」。「生」是指生魚片，也指七彩繽紛的食材。馬來西亞華人新年期間的習俗之一。將放在盤子裡的魚生和其他配料用筷子一遍遍的撈起，同時喊「撈啊，發啊，發大財」之類的吉祥話。「撈」表示「賺錢」，把利潤賺回來的意思。原本是從農曆正月初七開始的習俗，後發展成從年除夕開始直到元宵節結束。有時候也用在慶祝某些事情的順利圓滿結束。或稱「撈魚生」、「魚生」。
囉惹	名	馬來語Rojak的音譯，指混雜。
年餅	名	過春節時用來招待客人的點心，種類繁多，統稱年餅。
年檔	名	過春節時販賣年貨、衣服、食品等的攤子。
年柑	名	在新年期間看到的柑橘類水果，不論是中國廣東汕頭的蕉柑，還是福建泉州永春的蘆柑，亦或是臺灣的椪柑，在馬來西亞統稱為「年柑」。
年花	名	在新年期間用來作裝飾的應節植物，統稱年花。
年景	名	新年景象佈置。每到春節前有些華文小學會舉辦一些課室佈置比賽，可以貼上春聯、紅包袋、梅花等與春節有關的物品。

馬來西亞華語	詞性	意義
拋柑	動	馬來西亞華人在元宵節時的聯誼活動。未婚男女聚集在河邊，在柑上寫下各自的姓名和聯繫方式，然後拋入河中讓其他人撈上來，借此希望能找到好對象。
坡底	名	閩南方言和華語兼有此詞彙。指市區，市中心。
青包	名	綠色的利是封，馬來民族借鑑華族過新年的派紅包習俗，綠色是馬來民族鍾情的顏色之一。
山頭	名	源自閩方言。比喻深山處。馬來西亞早期的墓園都是建在無人的深山處，因此用「山頭」來指墓園。
神料	名	泛指祭祀品，如元寶蠟燭、金銀紙、香等。
師類	名	帶有「師」字的職業。
小販中心	名	一個供小販營業的飲食集中地，裡頭設有不同的小檔口售賣不同的美食，大多數建在交通方便和住宅區附近。或稱「熟食中心」、「美食中心」、「飲食中心」、「飲食站」等。
義山	名	以方言群體（籍貫）來劃分的公墓，有廣東義山、廣西義山、福建義山等。
衣務	名	指衣服、褲子、襪子等。
冤親債主	名	指孤魂野鬼。
住家神壇	名	指在住宅區裡住家設立的神壇。
紫包	名	紫色的利是封，印度民族借鑑華族過新年的派紅包習俗，紫色是印度民族鍾情的顏色之一。

基於冰山理論的21世紀海上絲綢之路媽祖文化產業品牌發展模式*

謝雅卉

廣東技術師範大學美術學院副教授

一、引言

（一）21世紀海上絲綢之路媽祖文化產業發展背景

綜觀21世紀海上絲綢之路媽祖信仰的傳播蹤跡，主要覆蓋於「一帶一路」沿線國家，諸如日本、南北朝鮮、新加坡、馬來西亞、泰國、印尼等地。其他，諸如澳大利亞、歐美地區的華人聚集處亦可見媽祖信仰的活動軌跡。海事貿易的發展，推動了中國與海外諸國的文化交流現象，媽祖信仰作為海洋文明重要組成部分，2017年湄洲祖廟率先發起回應國家政策推動「媽祖下南洋・重走海絲路」活動，並陸續與東南亞諸國媽祖廟展開民間交流，多次的活動合作，略顯成效，除了開拓中國對海外諸國華人移民的友好情誼外，更通過這條海上絲路，擴大影響「一帶一路」沿線國家文化交流的積極作用，媽祖文化的海外發展，也在華人向東南亞移民過程中，大大提升其對中華文化復興的認同作用。

媽祖信仰是中華優秀傳統文化，更是海洋文化的組成部分。自

* 本文係國家社科基金青年專案「21世紀海上絲綢之路媽祖信仰的傳播路徑與理論構建研究」（18CXW018）階段性成果。

2009年被聯合國教科文組織列入人類非物質文化遺產代表作名錄以後，媽祖信仰遂顯現出「非遺」和「海洋」文化精神的雙重特點，因此，媽祖信仰應積極跟隨《指導意見》工作重點，以媽祖文化產業發展趨勢，來實現特色鮮明、重點突出、佈局合理、鏈條完整的文化產業發展要求。

（二）文獻綜述

在21世紀海上絲綢之路戰略背景下，中國與海外諸國在海洋文化的交流合作，日漸升溫。然而，在學術界方面，兩岸對「一帶一路」沿線國家媽祖文化研究，尚未形成一套完整體系。在過去，媽祖文化研究主要多傾向於兩岸交流的發展問題，對於東南亞媽祖文化研究議題較少。目前關於21世紀海上絲綢之路媽祖文化相關研究積累，仍以國內研究為主，並且大致分為以下兩類：

1.「海絲」與媽祖文化認同相關研究

聚焦於國家或區域媽祖文化資源議題，諸如付振中、陳小力[1]；蘇文菁[2]；范正義[3]等的研究，皆探討了媽祖文化在海上絲綢之路建設的助力作用，對於海外華人移民推進媽祖文化的區域傳播問題，關注在宮廟權力地位的建構，以及海外華人移民對於文化認同的觀感探究，有了較多的研究貢獻。

[1] 付振中、陳小力：〈從本土到異域：文化認同視野下的東南亞媽祖信仰〉，《黑龍江史志》2014年第16期，頁50-52。

[2] 蘇文菁：〈中國海洋文明的核心價值觀：以海神媽祖在東南亞的傳播為例〉，《福建廣播電視大學學報》2015年第4期，頁8-13。

[3] 范正義：〈當前海外華人民間信仰跨地區交往和結盟現象研究〉，《世界宗教文化》2014年第1期，頁62-65。

誠如黃婕[4]；林國平[5]；夏立平[6]的研究中，皆認為媽祖信仰可推進21世紀海上絲綢之路的建設與融合，不僅是連接「海絲」沿線國家和當地人民的情感紐帶，更能通過媽祖信仰的強大影響力，達到民心相通、文化相融，促進國家和地區政治的功能作用。

林德順、潘碧華[7]同樣探討了媽祖文化是推進「海絲」發展的重要橋樑，是中馬經貿關係中的重要媒介，其扮演了馬來西亞本土化精神價值的對話角色。馬來亞大學高級講師林德順指出媽祖應作為中華文化的精神仲介，並以慈悲為懷的大愛精神，在「一帶一路」的戰略背景下，將民生所需融入「海絲」來發展傳播。

2.「海絲」與媽祖文化產業品牌建設研究

連鐵杞[8]和帥志強、曾偉[9]的研究中皆提出應挖掘媽祖文化資源的重要概念，當前需要打造媽祖文化品牌的願景目標，這對亞太地區經貿合作交流的發展有至關重要的作用，同時更提出了媽祖文化作為海洋文化產業的重要組成部分，在21世紀海上絲綢之路的戰略背景下，應積極推動媽祖文化產業的發展，深化「海絲」沿線國家的文化交流與合作，是促進海洋文化產業的現實意義。

---

4 黃婕：〈媽祖文化與海上絲綢之路的民間交流及其途徑研究〉，《閩台文化研究》2017年第4期，頁67-71。

5 林國平：〈海神信仰與海上絲綢之路：以媽祖信仰為中心〉，《福州大學學報》（哲學社會科學版）2017年第2期，頁5-9、15。

6 夏立平：〈發揮媽祖文化在建設21世紀海上絲綢之路中的作用〉，《媽祖文化研究》2018年第1期，頁1-8。

7 林德順、潘碧華：〈媽祖信仰在一帶一路中扮演的文化溝通角色探析〉，《媽祖文化研究》2017年第4期，頁36-42。

8 連鐵杞：〈推動媽祖文化交流與傳播：進一步提升媽祖文化品牌在21世紀海上絲綢之路建設中的影響力〉，《中國旅遊研究院會議論文集》（內部出版，2017年），頁69-73。

9 帥志強、曾偉：〈媽祖文化產業發展的意義、機遇及策略：以21世紀海上絲綢之路為背景〉，《徐州工程學院學報》（社會科學版）2017年第4期，頁6-11。

王琛發[10]；林明太、連晨曦、趙相相[11]的研究，皆認為古代海上絲綢之路的經貿發展，是促進媽祖信仰流傳海外重要因素，媽祖信仰也推進了海上絲綢之路的建設作用，其連結了「海絲」沿線國家的情感聯繫，也成為海外華社重要的精神樞紐，通過對「海絲」沿線國家媽祖文化旅遊整合開發，可起到大力弘揚媽祖文化的效果。

誠如上述所言，本研究總結對21世紀海上絲綢之路媽祖文化研究成果，發現目前學界對中國與東南亞媽祖文化傳播發展理論方面，尚未建立完善交流機制；實踐方面，也無未提供良好借鑑模式，現階段研究成果有諸多不足之處，媽祖信仰已被列入世界人類非物質文化遺產代表作名錄，基於世界「非遺」傳承重點，對於媽祖信仰的文化推廣，應如何推進媽祖信仰的活態傳承問題，同時促進東南亞媽祖廟之間的交流合作，加速東南亞媽祖信仰圈形成的整合傳播，增強21世紀海上絲綢之路沿線國家或地區的文化凝聚力，並基於「一帶一路」倡議中的五通原則重點，民心相通的部分，展現更成熟的民間交流模式，促進21世紀海上絲綢之路經濟帶的產業全面提升，皆是今天媽祖文化產業品牌發展的現實問題，故成為本研究的研究動機。

基於上述研究背景與動機，本研究提出研究問題：第一，21世紀海上絲綢之路媽祖文化產業發展的品牌化實踐模式為何？第二，21世紀海上絲綢之路媽祖文化產業發展進程中，如何有效建構其品牌化的戰略方針？對此，本研究將實際走訪東南亞諸國多間媽祖廟進行田野調查和深度訪談工作，意在進一步分析21世紀海上絲綢之路媽祖文化產業發展戰略，並對其思考研究，以利提供後續東南亞媽祖廟推動文化產業品牌發展模式，具有理論意義和現實意義。

---

[10] 王琛發：元代以來媽祖信仰在東南亞的形成與演變：從歷史的絲路香火到多元的本土祭祀〉，《媽祖文化研究》2017年第1期，頁43-55。

[11] 林明太、連晨曦、趙相相：〈試析海上絲綢之路沿線主要國家的媽祖文化旅遊聯合開發〉，《武夷學院學報》2018年第5期，頁63-68。

二、21世紀海上絲綢之路媽祖文化產業品牌發展冰山理論

（一）冰山理論基礎

冰山理論最初產生於心理學，奧地利精神分析學家佛洛德（Sigmund Freud，1856-1939）在《自我與本我》一書中，將人格作為冰山的定義，並將自我意識層面和無意識層面劃分為冰山的水上部分和水下部分[12]。而後，據美國心理學家維吉尼亞・薩提亞（Virginia Satir，1916-1988）延續應用佛洛德的冰山理論（Iceberg Theory），將該模式的隱喻來討論人類行為的內在經驗或外在歷程的一連串特殊反應。薩提亞的隱喻包含了整個冰山，一共有7個層面，人類的「自我」就好比漂浮於水面之上的冰山，作為冰山的一小部分，是人類的外在歷程，包括事件和行為；在水平面之下更大的冰山，作為人的內在世界，是真正的「本我」，包括對應方式、感受、觀點、期待、渴望、自我的部分。企業的品牌建設與其類似，同樣地，誠如品牌的冰山理論，品牌作為一整個冰山，而漂浮於水面之上的冰山，正是消費者能接觸感受到品牌的形象和氛圍，是品牌形象的整體象徵；在水平面之下的冰山，是企業品牌的核心價值所在，也是企業品牌最重要的內涵所在。

（二）媽祖文化產業品牌發展冰山理論

品牌文化是一種由企業的符號、名稱、標記等組成的無形資產，是企業發展的軟實力，建立品牌的目的在於容易讓消費者進行辨別，特別是該企業的獨特商品或服務，因此，企業若能建立品牌，則能成

[12] 西格蒙德・佛洛德著，林塵、張喚民、陳偉奇譯：《自我與本我》（上海：上海譯文出版社，2011年）。

功建立起品牌的獨特性。

本研究認為媽祖文化產業的品牌發展，好比東南亞諸國媽祖廟在推廣媽祖信仰工作所呈現的複雜體系，宮廟推廣的模式展現，契合了薩提亞對冰山的整體論述，包括冰山水下的隱性部分，以及冰山水上的顯性部分。對宮廟推進品牌特色的發展模式中，其行為表現和發展模式，皆能運用冰山理論來進行論述與分析。

故我們若將東南亞諸國媽祖廟比喻為一個企業品牌文化，那麼按照薩提亞的冰山理論進行探究，則可依據該理論擬出媽祖文化產業品牌發展的冰山理論。水面上的冰山部分，作為媽祖文化品牌形象建構部分，主要包含各宮廟推廣文化產業的理念和主張，各宮廟所建立的形象外化表現，各宮廟具體展現的所屬名稱，各宮廟的廣告創意傳播模式，各宮廟具體操作化的推廣策略；水面下的冰山部分，則作為媽祖文化品牌的核心內涵，包含媽祖大愛精神、媽祖慈悲為懷的普世價值，皆為信眾認可的品牌知名度；媽祖的靈驗事蹟廣泛流傳，提升中華民族傳統文化等儒家倫理道德觀，則可作為媽祖品牌的傳播效果，見圖1。

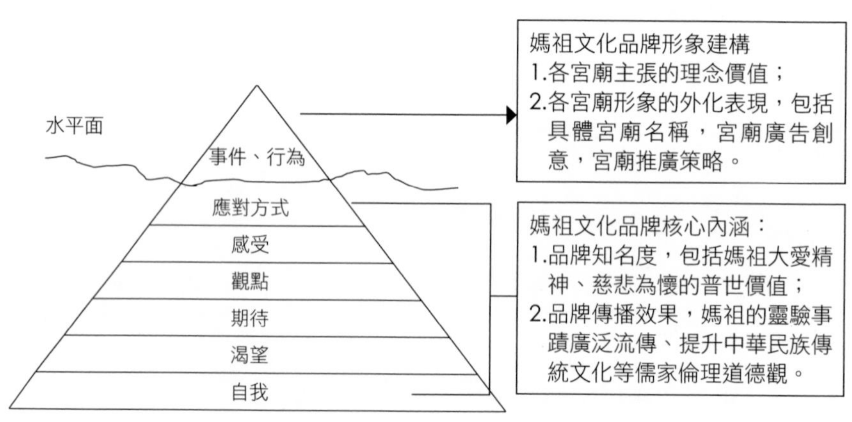

圖1　媽祖文化產業品牌發展冰山理論

資料來源：本研究整理繪製

媽祖信仰的傳承與發展，借由媽祖文化產品的實踐，在建構文化品牌的過程，不僅保留了傳統，同時也賦予傳統信仰新的表現形態，不斷與時俱進，也突顯其中的價值所在。媽祖信仰作為一種文化品牌，在品牌傳播的過程中，信眾不斷體會其真善美的精神所在，包括媽祖扶危濟困、見義勇為、捨身助人、無私奉獻等高尚的品德形象。媽祖的文化品牌構成，主要在其開放包容的信仰內涵，在媽祖神格晉升進程中，其信仰更融合儒、釋、道三教的文化滋養，作為海外華人的精神紐帶，媽祖反映了海洋文明中的和平氛圍，擁有中華優秀傳統文化的美德特質，也加強其傳播千年的歷史韻味和繼承傳統。

因此，本研究認為東南亞的媽祖信仰應依循其文化內涵，逐漸形成媽祖文化品牌的有效傳播，並通過整合傳播形態，將目前東南亞媽祖廟依據幫群「各自為政」的現象，分別進行各宮廟品牌獨特性推廣，有助於東南亞媽祖文化品牌的傳播發展。

（三）21世紀海上絲綢之路媽祖文化產業品牌發展模式建構

英國學者賈斯汀‧奧康諾（Justin O'Connor）認為文化產業作為一種文化產品的生產機制，是在一系列的「藝術世界」中展現，也是基於複雜的藝術、商業、技術實踐的混合物[13]。文化產業作為一種精神產品的生產，是意義、象徵及價值等文化符號的物化過程，創意是整體的核心關鍵，在創意生產過程中，通過故事驅動力量，將觀念想像具體化，並以故事創作為核心，依據一定文化資源，來構建出獨特新穎的創意形態類型。故事驅動推進了文化符號產生裂變現象，也實現所

[13] 賈斯汀‧奧康諾著，王斌、張良叢譯：《藝術與創意產業》（北京：中央編譯出版社，2013年），頁106。

謂「文化的產業化」和「產業的文化化」融合創新[14]。

在文化產業發展過程中，媽祖信仰作為東南亞華社的民間信仰，其信仰文化資源具備獨特性，若將其信仰文化通過產品形式轉化，以一系列的藝術形態呈現，將信眾信仰的內心精神世界，成為另一種信仰世俗化的消費與生產，並基於符號化的傳播模式，融合藝術、商業、技術實踐方法，應是21世紀海上絲綢之路媽祖信仰文化產業品牌發展的可行性方向。

1.21世紀海上絲綢之路媽祖文化產業品牌發展路徑

據中國國家統計局《文化及相關產業分類2018》[15]劃分標準，對有關文化及相關產業的定義，是指為社會公眾提供的文化產品和文化相關產品生產活動的集合，其生產活動範圍包括兩大類：第一，以文化為核心內容的文化產品，為直接滿足人們精神所需而進行的創作、製造、傳播、展示的文化產品，包括新聞生產、內容生產、創意設計服務、文化傳播管道、文化投資運營、文化休閒娛樂服務等活動；第二，為實現文化產品的生產活動所需的文化服務、文化生產等活動。

按照上述官方分類標準，我們可進一步將東南亞各宮廟推動媽祖文化產業品牌發展大致劃分為兩個方向來建設，包括媽祖文化產品和媽祖文化相關產品的生產活動集合。在媽祖文化產品方面，又稱為媽祖核心產品，借由媽祖符號化的內容生產，推廣以媽祖作為新聞生產、內容生產、創意設計等產品或服務的內容等；在媽祖文化相關產品方面，又稱媽祖周邊經濟產品，以信仰為核心，開發媽祖廟周邊的

[14] 吳廷玉：《文化創意策劃學》（大連：大連理工大學出版社，2010年），頁57-59。

[15] 國家統計局：《關於印發〈文化及相關產業分類（2018）〉的通知》，2018年4月23日，http://www.stats.gov.cn/tjgz/tzgb/201804/t20180423_1595390.html.

地方商品或產業鏈，例如信仰祭祀的香品、祭品、供品等等[16]。

另一方面，在提升東南亞媽祖文化產業品牌發展戰略方針上，各宮廟應推進媽祖作為文化符號，以創意為手段的發展模式，開發媽祖文創IP[17]，並由中國方面發起，以湄洲祖廟作為領頭羊，共建屬於21世紀海上絲綢之路媽祖文化產業發展模式。因此，凡是以媽祖作為核心的文化產業生產活動，都能依據媽祖作為文化符號，使媽祖文創IP成為生產活動的核心，諸如媽祖新聞出版行業、媽祖文化藝術產業、媽祖舞蹈戲劇表演產業、媽祖動漫遊戲產業、媽祖影視產業、媽祖文化旅遊產業、媽祖民俗體育文化產業等相關產業，皆能構成東南亞媽祖廟品牌發展的可行性路徑，見圖2。

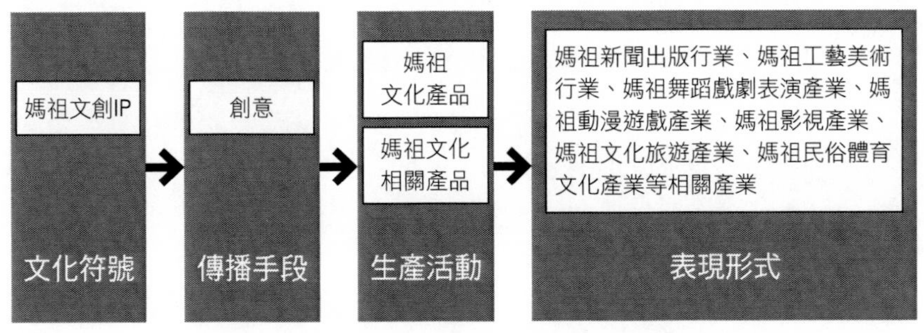

圖2　東南亞媽祖廟品牌發展可行性路徑

資料來源：本研究整理

---

[16] 帥志強、蔡尚偉：〈「一帶一路」倡議下媽祖文化產業合作發展芻議〉，《中華文化與傳播研究》2019年第2期，頁212-224。

[17] IP：Intellectual Property，即智慧財產權的縮寫，基於借由智慧與腦力所創造的內容生產，是具有法律保障的文化資產或智慧財產，在今天已逐漸發展為自成體系的文化符號與商業模式，包括遊戲、影視、動漫、主題樂園、旅遊景區等等的核心品牌，作為文化產業發展的現象級熱詞。

研究顯示，目前推進東南亞媽祖廟品牌發展可行性路徑，顯現較多發展空間，若能將媽祖作為開發文化產業的核心價值，通過媽祖文創IP為基礎的文化符號，並以「創意」為傳播手段，來進行多元化的媽祖文化產品或媽祖文化相關產品的生產活動，更能加速提升21世紀海上絲綢之路媽祖文化產業整體發展推廣成效。

2.21世紀海上絲綢之路媽祖廟品牌發展調查分析

據湄洲祖廟陸續發起「媽祖下南洋・重走海絲路」活動，本研究走訪新加坡、馬來西亞、泰國作為東南亞區域案例調研，其中，選取以下響應活動之宮廟作為研究對象，包括新加坡的天福宮、瓊州天后宮、萬天府；馬來西亞的雪隆海南會館（天后宮）、麻六甲興安會館暨興安天后宮；泰國的泰國南瑤媽祖宮。

研究顯示，東南亞諸國媽祖廟管理者對媽祖文化產業品牌發展趨勢有其看法，紛紛提出不同見解，如下所述。

天福宮陳奕福主席指出：

> 品牌系指對媽祖的敬仰，對於品牌發展趨勢，我認為是非必要性的，因為天福宮這個招牌已近180年歷史，知名度很廣泛，這裡的一景一物，承載了華人先輩回饋與貢獻社會的縮影。天福宮的周邊環境，更可見清真寺、教堂，以及歐洲其他不同信仰文化的融合現象，其勾勒出所謂的新加坡文化，這些在其他地方是很難看到的。[18]

新加坡瓊州天后宮林志偉主席特助認為：

[18] 根據新加坡天福宮陳奕福主席深度訪談，2018年11月4日。

我認為媽祖建立品牌是很重要的，因為祂體現大愛，也能帶領我們學習大愛，所以如何推廣這個格局，或聯繫組織，或團結組織，才是重要的。畢竟各地方資源有限，對於文化傳承力量較弱，我們可以互相幫助彼此。[19]

新加坡萬天府蔡亞樺宮主表示：

關於品牌的建立，我認為應選擇不傳統的方式操作，這樣年輕人會比較喜歡，但對媽祖文化品牌建立卻有難度，畢竟新加坡政府對信仰文化是嚴格的，也持保留態度，尤其講究宗教和諧的基礎下，信仰活動並不是太支援，很多活動都需要先申請，但這些申請不一定能通過。[20]

麻六甲興安會館吳添福會長指出：

我們興安天后宮是全麻六甲規模第一的媽祖廟。此外，由於媽祖是莆田人，也是我們家鄉的神靈，所以我們在推動媽祖文化（的同時），還會融入莆田元素，作為家鄉情感體現，例如念咒時，是講莆田話；請神時，也是講莆田話。[21]

雪隆海南會館黃良友秘書長認為：

天后宮建立品牌就會有更多人認同，這是一種對文化的堅持，

[19] 根據新加坡瓊州天后宮林志偉主席特助深度訪談，2018年11月2日。

[20] 根據新加坡萬天府蔡亞樺宮主深度訪談，2019年4月23日。

[21] 根據麻六甲興安會館吳添福會長深度訪談，2019年4月25日。

為了要鞏固傳統資訊，鞏固中華文化。品牌的權力是一個很長遠的文化建設，任何一個民族不能沒有自己的文化，沒有文化的民族是不能了解自己的地位或權力，所以文化是每一個民族必須保持的基本生存條件。[22]

雪隆海南會館丁才榮會長指出：

天后宮建立品牌非常重要，尤其在馬來西亞有三大種族社會背景下，品牌建立能起到吸引年輕華人前來天后宮的作用，假如雪隆海南會館沒有建立品牌，年輕人就不存在了。目前為止，天后宮已是品牌了，更是當地知名的旅遊景點。[23]

泰國南瑤媽祖宮周勝雄主委、劉堂貴、陳聰吉等人指出：

我們媽祖宮有三尊泰國本地的媽祖，以及三尊由臺灣請來的媽祖，我們皆以「泰國媽」來尊稱。媽祖宮順應時代潮流建立品牌是很重要的，因為各地方可以用各地方的名稱來主打知名度，就像我們不稱媽祖，就稱「泰國媽」。[24]

據上述林林總總訪談，本研究將各宮廟管理者對媽祖文化產業品牌發展問題，進行以下調查分析，見表1。

---

[22] 根據雪隆海南會館黃良友秘書長深度訪談，2019年4月29日。

[23] 根據雪隆海南會館丁才榮會長深度訪談，2019年4月29日。

[24] 根據泰國南瑤媽祖宮周勝雄主委、劉堂貴、陳聰吉等人深度訪談，2019年1月30日。

表1　東南亞諸國媽祖廟品牌發展調查分析

國家	媽祖廟	管理者	品牌發展意見調查	認同觀感
新加坡	天福宮	陳奕福主席	建立國家級名勝古跡地位、打造知名旅遊景點；品牌建設拓展知名度	認同
新加坡	瓊州天后宮	林志偉主席特助	品牌建設推進媽祖文化資源整合戰略聯盟	認同
新加坡	萬天府	蔡亞樺宮主	品牌建設吸引年輕人關注	認同
馬來西亞	雪隆海南會館（天后宮）	黃良友秘書長	品牌建設強化文化認同、凝聚民族意識	認同
馬來西亞	雪隆海南會館（天后宮）	丁才榮會長	建立國家級名勝古跡地位、打造知名旅遊景點；品牌建設吸引年輕人關注	認同
馬來西亞	麻六甲興安會館暨興安天后宮	吳添福會長	品牌建設體現文化獨特性	認同
泰國	泰國南瑤媽祖宮	周勝雄主委、劉堂貴、陳聰吉等人	品牌建設拓展知名度	認同

資料來源：本研究整理

訪談顯示，諸位管理者對宮廟品牌發展問題，皆發表了不同觀點，並顯現認同感，對於21世紀海上絲綢之路媽祖文化產業品牌發展的意見調查，本研究將進一步針對以下重點來做分析。

（1）建立國家級名勝古跡地位、打造知名旅遊景點

目前東南亞媽祖文化產業品牌發展仍屬啟蒙期，由於當地政經制度與政權的複雜關係影響，導致媽祖信仰在華社發展現象遲緩，東南亞諸國政府對其信仰態度，皆顯現支持輔導角色，大多在當地實行不禁止、不排斥的保留態勢。然而，為解決多元族群的治理平衡，以及維持「宗教和諧」的問題，華人移民對於東南亞當地媽祖廟的傳播，應採取另一種策略推廣為宜，諸如推進媽祖廟成為國家級名勝古跡，一方面可起到對於中華優秀傳統文化海外傳播的繼承作用；另一方面

也可避免觸碰政治問題，延續華人移民在海外推廣民間信仰的發展空間。與此同時，借由打造媽祖廟成為當地知名旅遊景點，不僅可獲得當地政府機構的認可，也能保障媽祖廟在當地開發文旅資源的永續繁榮。

（2）品牌建設拓展知名度

有關東南亞媽祖文化產業品牌發展問題，應加速提升當地媽祖廟知名度。目前為止，東南亞當地媽祖廟在品牌建設拓展知名度方面，仍呈現緩慢發展態勢，畢竟東南亞媽祖信仰屬於小眾，並非當地大眾普遍認可的信仰文化。此外，對於現階段東南亞媽祖信仰推廣評估，目前有其限制性，信仰活動大多活躍於華人圈，因此，對於東南亞媽祖廟品牌建設拓展知名度進程，仍面臨較嚴峻考驗。誠如泰國南瑤媽祖宮，其作為2006年由臺灣地區彰化南瑤宮分靈的媽祖廟，迄今，在泰國當地發展尚未建立較高知名度，原因在於泰國是以佛教信奉為主的國家，將近95%的泰國人皆信奉佛教，因此，媽祖雖為泰國當地華人崇祀的信仰神靈，但在當地傳播推廣多有受限，且不具備較高影響力。

（3）品牌建設推進媽祖文化資源整合戰略聯盟

調查顯示，東南亞依據華人幫群所建媽祖廟，顯現出當地宮廟「各自為政」的運營特點，平時更有互不來往的疏離現象。另一方面，面對各宮廟財力不均的問題，導致各宮廟發展有不均現象，突顯了東南亞媽祖廟缺乏資源整合的問題，是現階段各宮廟發展不均的主因，導致其因素包括：媽祖廟財力短缺者，出現人力不足、經營不善等停滯危機；媽祖廟財力雄厚者，則具備經營規模化，管理人才充足優勢，並顯現良好知名度。因此，若能加速推進媽祖文化資源整合戰略聯盟，是為東南亞媽祖文化產業品牌發展的可行性方向。

（4）品牌建設吸引年輕人關注

目前東南亞媽祖廟的推廣成效，呈現與兩岸發展不同形態，原因在於其複雜的族群政治與多元信仰，導致媽祖信仰在當地華社的發展遲緩問題；西方殖民主義經驗根深蒂固，即使今天東南亞國家已陸續脫離西方殖民統治，取得民族獨立，但西方文化仍不斷衝擊華社，甚至在接觸信仰與教育方面顯現較大問題。諸如旅居東南亞的華人移民，常有身分認同的問題，多數東南亞華人移民入籍當地者，一般會將英語作為本土日常用語，間接造成了華文教育推廣的問題。此外，多數華人對媽祖信仰有傳統守舊和迷信陋習的誤解，年輕人普遍不關注傳統文化，亦是今天東南亞媽祖廟推廣品牌建設的較大問題，應加速媽祖廟現代化轉型，吸引更多年輕人關注媽祖信仰這類傳統文化的發展。

（5）品牌建設體現文化獨特性

目前東南亞各媽祖廟的品牌發展呈現遲緩態勢，原因在於幫群組織對宮廟的經營模式模糊不清，即使是同籍貫幫群建立的不同媽祖廟，在品牌發展的文化定位也無突顯差異化特點，各宮廟平時彼此交流甚少，加深了幫群組織的離散性現象，也加重了各宮廟建設發展的遲緩問題。在整體宮廟發展中，各幫群組織對所屬媽祖廟品牌發展，尚未獲得較完善且有效的整體規劃，尤其在宮廟品牌價值的塑造方面，也未突顯較多獨特性，是現階段東南亞各媽祖廟的發展困境。

三、結論與建議

隨著歷史發展與時代變遷，今天21世紀海上絲綢之路媽祖信仰的傳播，應基於新時代的變化和需求進行調整，媽祖文化應以新形態重現世界，並應賦予現代性的傳播特點來進行弘揚與傳承工作。研究顯示，東南亞諸國媽祖廟顯現出多元化與差異化的特色，需要借由新時代各宮廟文化產業品牌發展模式來推進，強化各地媽祖廟的品牌建設，將各宮廟打造成獨具特色的文化品牌，將媽祖信仰由單一膜拜價值，推向展示價值，再到體驗價值的轉型境界。

21世紀海上絲綢之路媽祖信仰在東南亞的傳播初探，媽祖作為中華文化對外傳播重要媒介，對共建21世紀海上絲綢之路沿線國家共屬的精神財富起到了一定的作用。總體而言，基於21世紀海上絲綢之路的戰略背景下，發展媽祖信仰海外文化產業，意義非凡，不僅有利於促進「一帶一路」沿線國家的文化交流，更能加強媽祖信仰海外傳播的影響作用。

如今，媽祖信仰已被列入世界人類非物質文化遺產代表作名錄，因而對媽祖信仰的文化推廣，已成為世界「非遺」傳承重點，如何推進媽祖信仰的活態傳承問題，同時促進東南亞諸國媽祖廟的合作交流，加速形成東南亞媽祖信仰圈的整合傳播，增強21世紀海上絲綢之路沿線國家或地區的文化凝聚力，基於「一帶一路」倡議的五通原則，即民心相通的部分，展現更為成熟的民間交流模式，促進21世紀海上絲綢之路經濟帶的產業全面提升，皆是今天媽祖文化產業發展戰略研究重要指標。

本研究提出媽祖文化產業品牌發展冰山理論，目的在於建立21世紀海上絲綢之路媽祖文化產業品牌發展模式研究框架，並指出其品牌發展是具有顯性和隱性的部分，進而運用其理論概念，試圖建立21世紀海上絲綢之路媽祖文化產業品牌發展模式，見圖3。

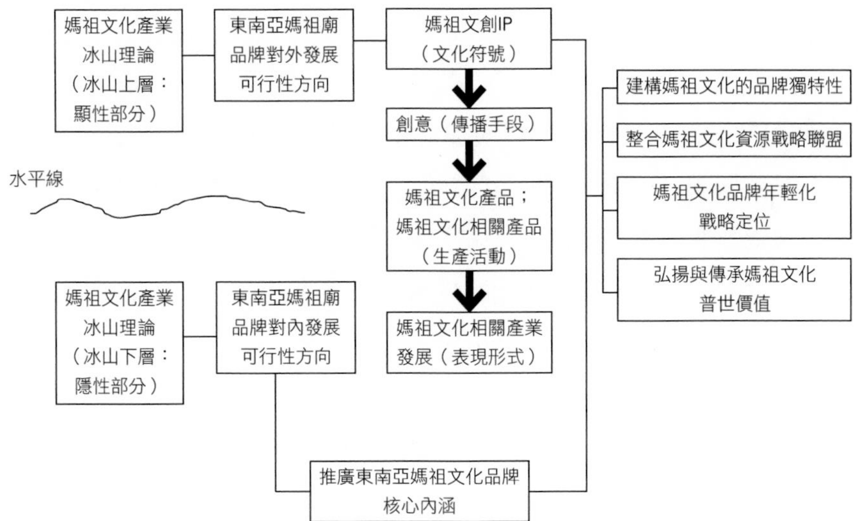

圖3　21世紀海上絲綢之路媽祖文化產業品牌發展模式

資料來源：本研究整理

此外，我們將依據研究結果，提出21世紀海上絲綢之路媽祖文化產業品牌發展可行性建議，以下將深入探討：

（一）建構媽祖文化的品牌獨特性

黨的十八大以來，習近平主席高度重視國家外交問題，提出許多思想指引，包括講好中國故事，傳播好中國聲音，通過主動發聲讓海外更加容易了解中國等等，這皆是塑造中國正面積極的國家形象重點戰略。媽祖文化作為中國與海外民間交往重要媒介，是海外華社民間信仰的重要神靈，尤其是面對今天21世紀海上絲綢之路沿線國家媽祖信仰傳播問題，建構東南亞媽祖文化品牌符號是當前主要拓展重點。

據東南亞各媽祖廟管理者深度訪談了解，今天東南亞媽祖廟建立文化品牌是發展趨勢，也是順應時代潮流的轉型。尤其是將宮廟視為企業單位來進行管理，不僅能擴大傳統宮廟在傳播推廣的有效性，更能升級為更加完善的宮廟管理體系。因此，我們若將宮廟視為一個企業單位來探討，那麼媽祖文化品牌的完善，則應包括媽祖的品牌形象、品牌服務、品牌體驗等價值建構。此外，在進行宮廟傳播的同時，應突顯推廣策略，包括建立宮廟品牌的認知和差異化特點。目前為止，東南亞當地對媽祖文化的品牌建設發展，獲得本地大眾較好迴響，誠如馬來西亞雪隆海南會館（天后宮），已具備規模化經營，成功將媽祖文化作為中華優秀傳統文化進行民俗推廣，廣受吉隆坡本地大眾歡迎，不僅建立了屬於海南幫群的宮廟品牌文化特性，更成功建立吉隆坡當地知名旅遊景點。

（二）整合媽祖文化資源戰略聯盟

東南亞媽祖廟特色各有千秋，但存在發展不均問題，以及各宮廟推動文化資源有斷層情況。目前新加坡瓊州天后宮率先成立「世界媽祖交流協會」平台，望通過該平台建立，來與世界媽祖廟做資源整合戰略聯盟，秉持著資源分享、互利互惠、合作共贏、長遠發展的原則，拋棄自私、自立、獨霸、壟斷的這種各自為政、事不關己、漠不關心的宮廟生態。

瓊州天后宮率先於2018年11月興辦「世界宗教和諧暨首屆媽祖文化節」，該次盛會也是新加坡本地宮廟首次舉辦規模最大國際性活動。研究顯示，該次活動邀請海內外90間宮廟及文化機構代表，約有來自世界各地3000位嘉賓共同參與這次盛會，包括中國、菲律賓、馬來西亞、泰國、美國、越南、印尼、澳洲等國家及地區，該次活動促使瓊州天后宮成為新加坡各幫群中首個嘗試大規模活動推廣的代表性宮廟，活動總金額花費高達180多萬新幣，與會期間，同時成立「世界媽祖交流協會」，作為瓊州天后宮推進文化品牌知名度、邁向國際舞台的第一步。

尤其，適逢紀念瓊州天后宮建廟165周年，以及樂善居116年慶典，在2018年首次舉辦具備國際規模的媽祖交流會上，不僅大力推廣媽祖信仰文化活動，弘揚媽祖精神的美德，更重要的是積極促進各界共同建構不分族群，不分信仰，不分膚色的和諧社會，活動期間安排學術講座，除了分享宮廟經營經驗以外，更邀請學界人士前來演講，探討議題不限於媽祖文化，完全體現新加坡宗教和諧的宗旨，更成功帶動新加坡旅遊產業。由此可見，若能借由該方式來拓展宮廟交流生態格局，通過整合東南亞媽祖文化資源戰略聯盟，來進行聯繫組織、團結組織，便有利於平衡現階段東南亞宮廟資源不均現象，同時，體現媽祖大愛精神，提升對媽祖文化品牌的弘揚與傳承力量。

（三）媽祖文化品牌年輕化戰略定位

綜觀東南亞媽祖信仰傳播問題，由於受限多元族群發展問題，導致華社發展華文教育多有阻礙。迄今，對於華文教育工作的推進，仍有擴大推廣的積極現象。研究顯示，海外華人移民在信仰選擇方面，多有老一輩傾向傳統信仰，而年輕一輩則熱衷西方基督教的信仰現象。年輕人對於傳統信仰的熱衷程度，有較低迷的現象。

目前為止，對於品牌年輕化建設問題，已有某些媽祖廟開始努力推進。新加坡方面，天福宮與瓊州天后宮已組織相關民俗活動，交由專業民俗老師引領學生進行實地宮廟導覽解說事宜，成立青年學子宮廟體驗營；馬來西亞方面，雪隆海南會館（天后宮）理事會成立青年團，吸引華社青年學子關注媽祖文化，提升對中華優秀傳統文化的認同感，以利東南亞媽祖文化品牌年輕化戰略目標。目前青年團已有較多年輕成員加入，會員人數超過3000人，主要負責決策領導的團委共14位。

因此，若能擴大招募青年學子加入宮廟參與服務工作，加強青年學子對其的信仰意識，促進青年學子成為媽祖廟重要生力軍，更能加速推進媽祖文化品牌年輕化的戰略定位。

（四）弘揚與傳承媽祖文化普世價值

媽祖文化作為海外華人凝聚中華優秀傳統文化重要軟實力，也代表了中華民族的海洋文化，作為首個申遺成功的信俗類世界遺產，如今也成為21世紀海上絲綢之路的精神紐帶。隨著21世紀海上絲綢之路的不斷延伸，媽祖的「悲天憫人、濟世救人、護國佑民」的精神，也不斷流傳、向外拓展著，媽祖文化推進了海洋生態文明建設的良性發展，世界各地逐步形成媽祖信仰圈，以宮廟作為華社的節點，信眾通過不斷弘揚媽祖精神、傳承媽祖故事，訴說其靈驗事蹟，都真實確切的展現媽祖的真、善、美普世價值，媽祖的靈驗事蹟構成東南亞華社民間信仰的重要根本，是今天海內外華人對其信仰傳承所遺留的時代印記。

故按照東南亞各媽祖廟管理人深度訪談理解，如今建立媽祖信仰品牌化轉型戰略，關鍵在於加速信眾對媽祖廟的認同感，作為一種對文化的堅持，鞏固中華文化的基礎狀態，通過建立媽祖廟品牌定位，更能起到促進其弘揚與傳承的作用。

獲取「符號資本」的歷史重構：馬來文學、馬英文學與馬華文學的族群敘事及其馬共歷史的建構

莊薏潔

鹽城師範學院文學院副教授

導言

族群關係敘事是馬來西亞文學歷史發展的其中一項重要成果。它一開始的書寫意向就注入了「歷史反思」的底蘊，並且在自覺與不自覺之中帶著「歷史化」的傾向。1940年由馬來亞共產主義事件引起的「緊急狀態」[1]，還有1969年族群暴動事件之後，無論是馬來作者、馬英作者或者馬華的作者，他們的書寫形式實驗皆有所進化。原本作為

[1] 1945年9月日本投降以後和英國恢復統治的過渡期，馬來亞共產黨領導人意識到那是一次奪取政權的真正機會，但是他們決定放棄這樣的機會因為軍隊和裝備條件不理想，對英軍的到來並沒有很好的準備。他們在戰略上也存在更大的問題，因為英國共產黨和中國共產黨以及馬來亞共產黨總書記萊特（Lai Tek）敦促該黨「公開與合法」的鬥爭政策。英國人承諾允許馬來亞共產黨參與馬來亞的政治規劃，因此，馬來亞共產黨推遲暴力行動，支持「和平演變」。後來共產黨合法地進入總督的「諮議委員會」，建立了「勞工總聯盟」（General Labour Union，簡稱GLU），廣招各族加入反殖民反剝削的雇主行列，發動了罷工和反殖民活動。隨著政府鎮壓工會的罷工的反殖民活動，馬共總書記萊特失蹤，新總書記陳平決定通過武裝來奪取政權，還有引導工會進行「暴力活動」，馬來亞共產黨被宣佈為非法組織，政府正式宣佈進入「緊急狀態」，在法案授權下可以不加審判而逮捕和拘留馬來亞共產黨員。此段敘述詳見芭芭拉・沃森・安達婭、倫納德・安達婭著，黃秋迪譯：《馬來西亞史》（北京：中國大百科全書出版社，2014年），頁322。馬來亞在「緊急狀態」中採取了一系列緊急措施，包括：對非法擁有槍支者處以死刑、有權拘禁任何人、當局無須事前告知即可搜查任何人身和房屋、當局有權佔有房產等。其他規定如宵禁、封鎖道路等可視情況需要在某些地方實施。此段詳見張祖興：〈英國取締馬共的決策過程〉，《東南亞研究》2008年第5期，頁85-89。

本土敘事的「族群關係」內容卻以另一種「歷史故事」出場。

馬來文學、馬英文學與馬華文學皆在馬共題材找到了表達族群故事的豐富資源，並且各自以可觀的數量，建立起敘事的「鬥爭法則」。作者們不再像現實主義時代那樣肩負著提高歷史的永久意義，而是在貼近生活和現實經驗的形態中，將歷史呈現引入疑惑重重或者似是而非的處境。

以馬共敘事作為抗敵題材，是馬來文學建構抗敵歷史的重要起點，作者們曾經以宏大敘事的民族寓言為表現形式，繼而與族群關係敘事牽連，演化為另一種國家的歷史建構。馬來作者群在歷史給定的條件之下去創建言說抗敵革命歷史的方式，已經形成自己的一套話語體系，並且有效地在歷史中表述了族群的定位。馬英的馬共題材與抗英帝國殖民主義的關係，表現得尤為「曖昧」，其中可以是對不同時期殖民政權書寫的劃分。以寓言形式角度重審馬華的馬共小說時候，至少黃錦樹、張貴興等人的作品，符合相關要求。他們將馬共歷史置放在類似中國當代「傷痕文學」的語境下，演述正邪，批判忠奸，敘述劫難，開展有別於紀實文學訴求動機的書寫，早已成就了另一番可供描述的馬共文學風景。

三種語文的作者群似乎在族群關係的敘事中領略到對歷史修補或「閹割」的暢快感，並且傾向於建構一種如華特・班雅明所言的「不可抗拒的歷史的衰落形式」，「讓它成為一則美學性的寓言」[2]。作者們對後現代文學表現手法的挪用與仿效，一定程度上復活了一則則頹敗的國家歷史，並且很大程度上體現了寓言「救贖」的終歸意旨。斯蒂芬・格林布萊特（Stephen Greenblatt）提出的新歷史主義是「涉及

[2] Walter Benjamin, *The Origin of German Tragic Drama*, trans. John Osborne (London & New York: Verso, 1998), pp.177-178.

權力的諸形式」[3]，並且打破「官方歷史陳述」的內涵，對馬來西亞族群書寫的歷史建構研究，提供了一個很好的參照角度。

布迪厄在《實踐理論大綱》（Outline of a Theory of Practice）裡，談及「符號與社會場域辯證關係」的基本觀點時候指出：「符號資本是有型的『經濟資本』的被轉換和被偽裝的形式，符號資本產生適當效應的原因正是，也僅僅是因為他掩蓋了它源自物質性資本形式這一事實，就這一分析顯示，物質性資本同時也是符號資本的各種效應的根本來源。」[4]從另一個角度而言，馬共事件的歷史化在馬來文學、馬英文學與馬華文學當中成為一種「符號資本」，自然而然地在族群關係敘事中產生特定的意識形態效果。

馬來、馬英與馬華作者的族群敘事從純粹的寓言形式向歷史的轉化，可以視為是一種「獲取符號資本」的「自我救贖」實驗。三種語文透過族群敘事的歷史建構法則，其差別又在何處？而有關馬共歷史的建構又反映了什麼樣的族群磨合實況？如果有關研究結果是書寫群體的心理症候，至少有助於理解這些書寫話語隱藏的歷史意義。

一、「緊急狀態」後的抗敵敘事：馬來文學的族群關係敘事及其馬共歷史的建構

第二世界大戰之後的馬來亞是一個民族主義剛剛興起的社會，它需要一種英雄主義與樂觀主義作為鼓舞民心的力量。馬來作家如克里斯・馬斯（Keris Mas）、韓薩（Hamzah）、國花（Bunga Raya）和東革華蘭（Tongkat Warrant）[5]等人的小說便是當時被列為馬來文學中最

---

3 Stephen Greenblatt, *Learning to Curse* (New York: Routledge, 1990), p.164.

4 Pierre Bourdieu, *Outline of a Theory of Practice*, trans. Richard Nice (London: Cambridge University Press, 1984), p.183.

5 東革華蘭（Tongkat Warrant）原名烏斯曼阿旺（Usman Awang）。

有國族精神與國民意識的作品。然而馬來文學界評論者奧斯曼・布爹（Othman Puteh）指出，1946年馬來聯邦抗英殖民起始，一直持續到文學團體「五十世代（Asas 50）」的出現，雖然馬來民族的政治覺醒與國民意識在風起雲湧的政治氛圍下已經醞釀，但是當時文壇卻缺乏真正能夠反映社會現實的作品。這進一步揭露了作者群根本沒有把眼光投向抗英的歷史，所以也就沒有具有分量且影響深遠的抗英殖民小說。當時一般馬來小說的主題，總括來說無外乎是社會現象、政治情況與「緊急狀態」事件三大方面的取材[6]。

隨著具有左翼思想的「新青年醒覺隊伍」（Angkatan Pemuda Insaf）被英殖民政府瓦解，激進的政治危機意識才在知識分子思維中逐漸升溫；強烈的國民理念才在文學創作中不斷被強化。金劍的《血與淚》（Darah dan Air mata）、阿斯尼阿薩敏的《瓜拉沙曼丹的河岸》（Di Tebing Sungai Kuala Semantan）等小說，便是幾部乏善可陳的抗英紀實呈現[7]。

為何在富有重大意義的革命性歷史階段，馬來作者群並沒有以激進的姿態來完成文學的使命？針對此點，奧斯曼・布爹在其論著《一個思想和結構的考察：第二次世界大戰後的馬來小說》中指出，那是由於許多馬來作家在抗殖民的政治運動中的缺席。除此之外，「緊急狀態」事件引發的條規，開始了人身思想自由的禁錮。再者，無法否認當中有作者採取消極的態度面對帝國主義的侵略[8]。我們可以由此

[6] Othman Puteh, *Cerpen Melayu Selepas Perang Dunia Kedua: Satu Analisa Tentang Pemikiran dan Struktur* (Kuala Lumpur: Dewan Bahasa dan Pustaka dan Kementerian Pendidikan Malaysia), 1994, p.5.按：作者為奧斯曼・布爹，書籍可譯名為：《一個思想和結構的考察：第二次世界大戰後的馬來小說》，1994年由國家語文出版局出版。書中第5頁舉出當時馬來文壇出現了那幾位有潛力的作家，只是當時刊登在報章上的小說，並未和眼前的政治情況同構發展，反而顯示不甚對稱的情況。

[7] Puteh, p.13. 按：書中第13頁例舉了1946年到50年代幾位代表作家與其具有國民意識的代表作品。

[8] Puteh, p.14.

推測到了1948年，政府因馬共而宣佈的「緊急狀態」事件後，才給當時處於「現實主義」困境的馬來文學提供了抗敵主題的「開拓」和出口，並給予馬來文學可以進行宏大敘事的轉型方案，文學在「自我開創」中可以依賴某件標誌性事件進行歷史化的建構。

馬來民族主義的濫觴受到中東伊斯蘭教復興運動的影響，這始於伊斯蘭改革分子學成歸國後鼓吹的宗教改革之風。因此提及馬來民族主義就無法不提馬來左翼運動。1937年成立的馬來青年會（Kesatuan Melayu Muda），有關組織以反殖民、反華族以及反封建貴族階層為鵠，長遠議程則為團結全體馬來族裔在一個統一政權之下，以此建立馬來國版圖。由此可見馬來左翼運動一開始即以民族主義鬥爭形式出現[9]。馬共事件的爆發，恰好提供了馬來文學因「政治上的正確」的立場，故能以抗敵題材置身主流書寫。

在抗敵敘事方面，「五十世代」（Asas 50）作家具有現實主義的愛國書寫，構成了國家走向獨立以來最壯觀的佈景。當中的題材包括英殖民政府的壓迫、馬來民族的貧窮問題、馬來語文與文化特性的喪失等[10]。這種將殖民經歷作為創作指南，或者作為經驗主義注腳的表達態度，對以抗敵書寫為歷史建構起了很大的影響。當中涉及的族群關係的描述也是多面向的，只是焦點多放在軍民抗擊馬共的敘事上。馬來文學的抗敵小說，一方面可視其為國家歷史記錄，也可以說是作者將政治鬥爭的事件置放在走向國家獨立自由、走向民族主義文學事業的框架來建構。

9 莊華興：〈從民族主義到階級鬥爭——馬來左翼文學概述〉，《伊人的故事：馬來新文學研究》（吉隆坡：有人出版社，2005年），頁11。

10 Othman Puteh, *Cerpen Melayu Selepas Perang Dunia Kedua: Satu Analisa Tentang Pemikiran dan Struktur*, pp.19-34.

（一）馬共年代的體驗：《我們村子的一排店屋》裡不安年代的和睦共處

原為馬來左翼作家的金劍（Keris Mas），他成稿於1965年的《我們村子的一排店屋》（Kedai Sederet di Kampung Kami）[11]，雖然只是短篇，卻在兩千多字中反映了多元族群睦鄰關係在動盪年代裡的衝擊與變故。小說本質上是抗敵的歷史記載：從對抗日本到對抗英殖民，隱然透露馬共游擊部隊由共同聯手抗日到後來淪為當權者敵人的無奈過程。這部短篇無論置放在族群關係書寫或者抗敵小說類別來看，至今仍然有其不可略過的討論價值。小說當中濃郁的鄉土氣息具有一定的感染力，沒有任何對白的人物和種族形象的塑造，卻意外地再現了那個歷史性緊急狀態的情境，從細節到場景上一切歷歷在目，具有強烈的時代印記。

《我們村子的一排店屋》描寫了一個有八間店鋪成排的村子，住著幾戶馬來族人家和三戶華族人家，華族人家從祖輩開始，就一起跟馬來族打造和樂的鄉村生活。這村子幾戶人家生活艱苦清貧，但是鄰里關係和睦融洽。作者在小說中特別強調「在日據時期，我們更加團結。不只是貧窮的我們，那些老闆和官員們，也跟我們一樣過活，都是受苦的」[12]。故事從抗敵的鬥爭史回到了抗敵的史前事，不同族群的睦鄰關係，最初並沒有因為社會階級的改變而帶來矛盾，這透示出緊急狀態爆發前存在的馬來西亞族群的人倫關係。

小說在當時的意義在於它通過一個小村子來反映抗敵時代的歷史圖景，當中敘述了平民成為抗戰隊員的必然歷史過程。日軍對於人民

---

[11] A. Rahim Abdullah, *Koleksi Terpilih Sasterawan Negara: Keris Mas* (Kuala Lumpur: Dewan Bahasa dan Pustaka, 2000), pp.89-95.按：有關書籍可譯為《國家文學的精選文集：金劍》，2000年由吉隆坡國家語文局出版。

[12] Abdullah, p.90.

的壓迫是生活與生存的主要問題，年輕的村民認識到要以拯救民族為己任，於是不得不走上抗戰的道路——進入森林參加抗日武裝部隊。這裡暗示著馬來族與華族曾是馬共武裝部隊的參加者，同時隱然肯定了馬來亞共產部隊當初抗敵的貢獻。這種書寫立場，其實跟一般馬來作家以馬來族和華族敵我劃分的馬共歷史敘述有著根本上的區別。當中去除了以政治意識形態、以階級觀點來強行界定族群地位與族群關係的問題，並且按照自己的生活經驗構建了真實的歷史。

故事敘述隨著日軍投降後英軍歸來，村民們手上帶著槍械回來，但是在馬來族與華族課題紛擾的時代，村子卻意外的和平，因為「沒有製造混亂的華族，也沒有磨刀的馬來族」[13]。在金劍淺顯直白的敘事中，陸續出現鄉土片段的往事，那些有著真摯個人情感的記憶。其中一些被稱之為「生活」的情節，與抗敵、革命或鬥爭本身或者沒有本質的聯繫，例如描寫睦鄰交往細節、各個族群謀生方式、官員對平民的欺壓、財主對租戶的剝削等等，它們作為走向國家獨立的歷史敘事的補充和佐料，其實正是抗敵鬥爭的血肉，支持馬共或抗敵故事得以存在和展開。抗敵歷史的建構，更多時候是要避開真實的個人情感、記憶、生活與體驗，然而金劍這部小說的表現技巧正是給抗敵歷史以一種可感知可體驗的存在方式。作者的抗敵歷史寫實表現並沒有真正改寫歷史，只是後來政治意識形態的命名令抗敵歷史建構了自己所要的想像性與設定性結果。

《我們村子的一排店屋》寥寥數筆描繪了多元族群早期患難與共，在國家爭取脫離殖民過程中兩代人的不同情境：

Kemudian tibalah zaman kebangunan. Kami-orang-orang

[13] Abdullah, p.91.

Melayu–memasuki partai politik. Orang-orang muda belajar berbaris, menyanyi dan berpidato. Kadang-kadang orang-orang muda Cina juga menyanyikan lagu-lagu anak muda kami, menghadiri perjumpaan-perjumpaan orang muda kami.

Kami dan orang-orang muda kami mempunyai semboyan baru–MERDEKA–dan pemuda-pemuda Cina itu pun belajar mengucapkan『merdeka』 walaupun orang-orang dewasa tidak.[14]〔馬來語原文〕

後來發展的時代來臨了。我們馬來人參加政黨。我們的年輕人學習列隊，唱歌和演講。有時候年輕的華族也唱著我們年輕人的歌曲，出席我們年輕人的會議。

我們和我們的年輕人有了新的口號——「默迪卡」（Merdeka）[15]，那些年輕華族也學習高喊「默迪卡」，雖然年長的華族不這麼做。〔中文翻譯〕

我們可以從作者不慍不火的描述中，感知到多元族群合作化道路的必然性，還有殖民政府對各階層族群影響與改造的必然性。作品可貴之處，在於揭露了當時盛行而人們不敢言說的白人官僚作風，並且寫出新興國家到來之際，原來作為統治民眾勢力的英殖民，如何以破壞性的力量出現在多元族群的生活中，促使各族群走上反抗的道路——加入馬共武裝部隊。

有關書寫在表露痛失家園的無奈中具有深刻的政治隱喻與影射，然而在緊張的描寫推進中始終洋溢著和緩的氛圍，這種奇妙的悲劇意

---

[14] Abdullah, p.91.

[15] 按：「默迪卡」是馬來語「Merdeka」的譯音，是「獨立」的意思，這裡作為「國家獨立」的口號。

味，帶著感傷的浪漫氣息，在一般抗敵歷史書寫中卓爾不群，是屬於毫不張狂的自在美學。當中對於族群共同抗敵的描述，非但沒有種族偏見的痕跡，反而揭示了全民不分你我，互相聯手對付殘暴殖民宗主的真實往事。因此金劍的抗敵歷史，也是重拾多元族群原初關係的記憶。

（二）族群的革命傳奇：《馬來亞的森林英雄》裡馬共英雄的跨族戀情

金劍（Keris Mas）在四〇年代發表了一系列抗日的小說，其中一篇深入書寫多元族群關係的中篇小說──《馬來亞的森林英雄》（Pahlawan Rimba Malaya）[16]，成稿於1945年，時值馬來亞日軍投降撤退三個月後的時期。小說原本屬於國家獨立前的作品，但是在九〇年代才重新出版，而且小說在抗日革命與馬共政治行動的敘事中，表現了對於多元族群關係的莫大關注，成為作者往後抗戰歷史事件中族群敘事延續的標杆，所以本研究不應就此略過。

故事講述日治時期，許多馬來族和華族加入抗日隊伍，藏匿於膠林或森林，對日軍殘暴的行為進行策略性的反擊，最後卻敵不過強權而壯烈地犧牲。吊詭的是，這一本原稿250頁的小說，在出版時候只剩下單薄的59頁。據作者在回憶錄裡表示，那是經過好朋友規勸下，忍痛刪除了有關鼓吹反殖民政府思想的部分，以明哲保身避免了可能的政治糾紛。其二是順應出版社紙張短缺的問題[17]。對此，馬來評論

[16] A. Karim Abdullah（Peny.）, *Dua Novel Keris Mas: Pahlawan Rimba Malaya dan Korban Kesuciannya* (Kuala Lumpur: Dewan Bahasa dan Pustaka, 1993).按：由相關編者編撰的小說集書名可譯為：《金劍的兩部小說：馬來亞森林裡的英雄和聖潔的犧牲》，1993年由吉隆坡國家語文出版局出版。

[17] Keris Mas, *Memoir Keris Mas: 30 Tahun Sekitar Sastera* (Kuala Lumpur: Dewan Bahasa dan Pustaka, 1979), p.26. 按：書籍帶有金劍的自傳書寫，書名是《金劍的記憶：30年文學的周邊》，1979年由吉隆坡國家語文出版局出版。

者阿旺阿斯曼（Awang Azman Awang Pawi）曾經在論文〈馬來亞的森林英雄：左翼與矛盾的社會主義者？〉（Pahlawan Rimba Malaya: Nasionalis Kiri Dan Ambivalen?）反問：「小說兩百多頁原稿，部分的『不翼而飛』合理化了未能全書出版的原因，那是有意為之的結果嗎？是否單薄的小說看來已經如此充滿左傾的激進主義。試想想，一本完整的原稿小說肯定會有多麼強烈的激進主義！」[18]從這一事實來看，在歷史政治化與主觀化的過程中，作者的立場、觀點、內容和表現手法都受制於政治化，然而文學作品總有內在的特質應是無法完全被政治化的。

《馬來亞的森林英雄》以七個章節組成，講述的故事據稱有史實依據，來源於作者本身政治經歷的歷史回憶錄，故事的人物有其現實象徵性的背景，然而小說的顯著特徵與價值，對一些論者而言，不在於以回憶錄形式或以真實的經歷記錄了抗戰與革命的歷史，而是塑造了大智大勇、寧死不屈和忠貞不渝的革命英雄與英雌角色，而且是由多元種族組成的各個抗敵角色。研究者周方萍（Chew Fong Peng）以在各大中學收集各個年級學生讀者問卷的資料為考究，然後以一篇論文──〈金劍在小說《馬來亞的森林英雄》的族群交融思考〉（Pemikiran Keris Mas Tentang Integrasi Kaum dalam Novel Pahlawan Rimba Malaya），細緻地分析了小說兩個主人公角色對於擔當團結全民的功用[19]。

---

18 Awang Azman Awang Pawi, “Pahlawan Rimba Malaya: Nasionalis Kiri Dan Ambivalen?” in *dalam Pemkiran Sasterawan Negara: Keris Mas* (Kuala Lumpur: Dewan Bahasa dan Pustaka, 1979), p.55.

19 Chew Fong Peng, “Pemikiran Keris Mas Tentang Integrasi Kaum dalam Novel Pahlawan Rimba Malaya,” in *dalam Pemkiran Sasterawan Negara: Keris Mas*(Kuala Lumpur: Dewan Bahasa dan Pustaka, 1979), pp.68-96.按：馬來文學研究者周方萍（人名譯音）一篇題為〈金劍在小說「馬來亞的森林英雄」的族群交融思考〉的論文，收錄在由眾多作者執筆的馬來文學論文集：《國家文學家的思想：金劍》，2012年由國家語文出版局出版，頁68-96。

周方萍指出金劍秉承著「五十世代」以文學為團結全民工具的精神，在創作上對於族群交融問題給予莫大的關注。當然，這是作者後來加入有關團體後不斷發揮的創作理念，《馬來亞的森林英雄》完稿於作者加入五十世代之前。金劍寫這一部小說時候只有24歲，他曾在受訪中坦言：那是他自己沒有任何謀生出路的時刻，也是在國家走向獨立過程中，自己沒有明確鬥爭方向的時刻[20]。由此可見，這部小說反映的也是各族抗戰的知識分子，在革命年代裡的茫然失措。

《馬來亞的森林英雄》在思想內容上反映了多元族群的特點可以概括如下：

其一，多元族群英雄形象的展現。作者筆下的英雄人物不再只是限於單一種族，而是在共同抗敵的思考上突出了各個族群的特徵和優點。克里馬斯清醒地認識到每個種族在抗日過程中有各自的困境與不可取代的優勢：馬來族在政治醒覺上的遲緩，華族長期成為日軍的仇視對象；馬來族與日軍尚有可協商的共處模式，華族在抗敵上有更靈敏的思維與行動。這些族群在革命歷史發展中無法抹去的痕跡，皆和作者的歷史建構緊密聯繫起來，成為作者重構族群歷史的表現。因此無論是勇於改變民族命運的主人公馬來青年傑菲禮（Jefri），還是受盡苦難的華族英雌阿蘭（Ah Lan），都在作者理想化的族群形象中成功地留下了國民楷模的力量。

英雄人物具有崇高的戰鬥信仰與卓越的人格，在於擁抱了民族主義的信念。Diane K. Mauzy在有關後殖民的研究中談論「馬來民族主義和馬來西亞民族主義」之區別時候，指出：就如其他「封建制度」國家在受殖民過程中所經歷的情況，馬來西亞的民族主義形成於對英殖民統治的反抗和對原有馬來傳統的忠誠。早期中東國家在半島傳播的

[20] Keris Mas, *Memoir Keris Mas, 30 Tahun Sekitar Sastera*, p.28.

伊斯蘭教文學和宗教學校的崛起，對於馬來亞的民族主義有一定的影響；再者，早期印尼成立的激進派左翼政黨也對馬來亞留下邊緣性的影響，只是未匯成起義式的支持力量[21]。因此，處在國難當頭的崩潰邊緣，文學不但需要英雄人物來鼓動人民的意志，還要以人物大義凜然的形象和氣節，來使一段血淋淋的受迫害歷史，成為光彩非凡的戰鬥經歷。

其二，多元族群共同的抗敵信仰。作者秉承著全民團結建國的原則，努力將族群交融的局面嵌入抗敵的歷史洪流裡，也嵌入風起雲湧的時代，闡明了全民共赴抗敵之路這一偉大歷史的真理。小說主角在領導部隊時候慷慨激昂的陳詞，顯示知識分子內心對新興國家——多元種族的馬來西亞充滿熱情和希望：

> "Meski maut akan datang juga menjemput kita satu persatu, namun cita-cita ini janganlah patah di tengah, janganlah puas dengan satu kemenangan dan janganlah berputus asa dengan satu kematian, sampai cita-cita mendirikan sendiri kemuliaan bangsa dan tanah air kita dapat didirikan," kata Jefri.[22]〔馬來語原文〕

> 「即使死亡將要來臨，我們（各族）仍然受邀團結一致。這樣的志願請別半途而廢。請別為了一次勝利就滿足，也請別為了一次死亡就絕望，一直要堅持到志願豎立起民族的崇高品格和我們的國土建立為止。」傑菲禮說道。〔中文翻譯〕

---

[21] Diane K. Mauzy, "From Malay Nationalism to Malaysian Nation?" in *After Independence Making and Protecting the Nation in Postcolonial and Post-communist States*, ed. Lowell W. Barringtonin (Ann Arbor: University of Michigan Press, 2006), p.47.

[22] Chew Fong Peng, "Pemikiran Keris Mas Tentang Integrasi Kaum dalam Novel Pahlawan Rimba Malaya," p.77.

對於一個民族文學家而言，一個值得傾心鼓舞的時代正在持續。作者秉持著抗敵革命的傳統，把自己的情感融入革命的洪流，融入一個風起雲湧的時代，一切小我的族群情感都被擱置在多元融合信仰的空間以外。

其三，多元族群在戰爭中的跨族戀情。革命戰爭文學可以說從《馬來亞的森林英雄》開始透示出少有的跨族愛情描寫，使得文學作品中的軍人形象顯示更豐富的人格內涵。傑菲禮與女革命者阿蘭間的情感顯得委婉、朦朧與無奈。他們單純的互相欣賞與愛慕卻承受著歷史給予的困境。跨族互相傾慕的書寫，提示了救國抗敵中產生的美好愛情是人性化的追求，而且是一種超越種族文化的人性化情感。

在那個年代的歷史建構上，如何超越政治話語的困厄，在概念化的歷史與自我的想像，或者自我真實的體驗之間，找到一種跨族的表意策略，是那個時期文學家面臨的重要嘗試。

兩個男女主人公既曖昧又矛盾的熱烈情感，似乎是作者試圖揭示的政治壓抑、文化壓抑與生理壓抑的同構現象，也是馬來西亞族群的愛情經驗史。只是作者接著對於這一段跨族戀的發展描寫，不免讓期待族群融合的讀者大失所望，讀者一般會渴望那具有劃時代的跨族戀情開花結果，然而作者卻讓這段愛情經受不起局勢與民族情感的考驗。

跨族愛情與民族興亡的責任交織而衍生矛盾，與其說這樣的描寫是出自於對官方權威意識形態的認同，不如說是作者對於本身族群深刻的寄託。論者周方萍在論文〈金劍在小說《馬來亞的森林英雄》的族群交融思考〉中，指出這樣的敘事是金劍對馬來民族自從四〇年代以來最根本性的思考：馬來民族不斷呼籲在新世紀激起民族精神與民族覺醒。這個問題也顯示金劍寄託了馬來民族文化在脫離殖民統治後的振興希望[23]。

國家在走向脫離殖民的道路上，族群關係不斷面臨變動的政治局面與社會秩序的嚴峻挑戰，這使得原有的願景與美好的價值觀陷入危機。在歷史的建構上，宗教、文化、民族權益與國民理念一直都在影響、設計甚至打擊族群關係的自由和自然發展。跨族結合的努力，往往在具有偏執一方的思索中成為新生政治時代的犧牲品，它從國族歷史建構那一刻開始，就註定了荊棘滿布。

（三）標杆化的歷史：《甲洞山》（Bukit Kepong）的官方馬共言說及其族群標籤

馬來文學在建構馬共敘事上有意識地展開了其歷史化的主導任務，那就是建構一個以馬來政權為主的抗敵史實機制，否定一切與馬來政權相左的政治意識形態敘事。從小說《甲洞山》開始，馬來文學的抗敵歷史書寫，顯然地把具有族群分化因素的政黨鬥爭引進了文學敘事，並且按照英帝國主義先前所發動的，旨在維護殖民利益的反共政策，用來建構國家的歷史圖景，作為一個標杆化的歷史參照系。本小節以馬來西亞國民中學的高中馬來文學教材——《甲洞山》為研究個案，說明官方如何透過構建的馬來亞共產部隊歷史，詮釋關於族群的創傷故事。

縱觀整體，雖然故事是根據史實資料撰寫的，但是其觀念性的痕跡要大於對確實生活經驗的描寫。官方認可的敵我抗戰歷史已經找到了建構的起點，而且這是集體性的歷史，也是國民的歷史。

作者以本身真實的警員身分來展現的一種先驗的警隊英雄形象，但非全然是個人體驗性的過程。若從新歷史主義出發去解讀，文學作

[23] Chew Fong Peng, "Pemikiran Keris Mas Tentang Integrasi Kaum dalam Novel Pahlawan Rimba Malaya," p.76.

品從來都不是有機統一的整體，而是「從衝突和轉移的興趣的地方，經典和顛覆衝突交鋒的場所」[24]。文學作品從來都是帶有社會衝突的痕跡，而並非只有單一的客觀意義。因此是整個社會形勢統領著文本的意義。另一方面，作者的背景與官方的文學方針，最終促成這本馬共書寫的面世與經典化。

《甲洞山》是對官方打擊馬共歷史的再現，文本之中，馬共過往的政治鬥爭成了一種罪惡的根源，共產主義在那個時代是一種政治破壞。作者觀察到社會權力操作的邏輯，於是運用規訓的場景來重塑被不正常形式的欲望毀滅的族群安寧，歷史的建構因此顯得格外有張力。

《甲洞山》小說記敘國民警隊跟馬來亞共產黨搏鬥的歷史，以1948年至1950年的緊急狀態事件為背景。作者伊斯邁・左哈裡（Ismail Johari）是一位元在警界服務了20年的前警長，在職期間曾經受委搜集有關柔佛州「甲洞山事件」的資料。「甲洞山事件」是指發生在1950年2月23日，馬共黨員突襲甲洞山警察局的案件。當天180名馬共黨員在清晨五點鐘以槍彈突襲警察局，25個警員與其家庭成員一個接一個慘烈犧牲。其中兩位警員的妻子得知丈夫慘死後，不惜拿起槍械反抗到底，直到子彈耗盡被敵方擊斃為止[25]。另外，馬來西亞的馬共事件研究者Ho Hui Ling，在其著作《馬來國土的共產黨掃除行動》（Pembanterasan Komunis Di Tanah Melayu）中指出有關慘劇發生在1950年2月22日，共有23個警員和其家人被殲滅，最終甲洞山警察局被縱火燒毀[26]。

---

[24] G.W.Pigman III, "Self, Subversion, and the New Historicism," *The Huntington Liberary Quarterly: Studies in English and American History and Literature* 52.4 (Aut. 1989): 502.

[25] Peristiwa Bukit Kepong, wikipedia, https://ms.wikipedia.org/wiki/Peristiwa_Bukit_Kepong, 2nd October, 2016.

[26] Ho Hui Ling, *Pembanterasan Komunis Di Tanah Melayu* (Kuala Lumpur: Penerbit Universit

作者伊斯邁・左哈裡原先是迎合官方的指示，將所搜集的資料寫成電影劇本，以起到政治宣導作用。1981年，由馬來青年錦・山蘇丁（Jins Shamsudin）自導自演的愛國電影《甲洞山》，不惜耗資百萬馬幣拍攝，推出上映，影片在「第三屆馬來西亞嘉年華電影節」（Festival Filem Malaysia Ke-3）中獲得8個獎項，其中包括最佳導演、最佳電影、最佳攝影、最佳藝術指導以及最佳音效等獎項[27]。2008年，國家語文出版局將有關書寫出版成中學教科書，作為高中馬來文學科必讀的小說之一[28]，小說內容也被列入馬來西亞高中教育文憑考試的必答題之中。從此，這個甲洞山的馬共故事成為磨滅不掉的族群集體創傷。有關書寫在興國歷史的建構上達到了官方政治意識形態要求的「傳奇化」。

小說《甲洞山》全書分為11章，每章各立標題，講述了1950年官方在全國各地宣佈緊急狀態時期，柔佛麻坡地區的馬共黨員被政府宣佈為非法組織後[29]，黨員不甘心就此被定罪名，藏匿於甲洞村子的山林裡，對百姓群眾和代表政權的警方進行極其兇殘的報復，以槍械進行殺戮，釀成慘絕人寰的大血案。英殖民對於馬共採取的鎮壓手段，使族群關係和族群問題愈來愈朝著複雜化的方向發展。文學需要在歷史發展中來把握，而這樣的歷史過程，促使馬來文學的抗敵書寫醞釀了明確但又極端的政治實踐以及歷史建構。

Malaya, 2010), p.36. 按：何慧玲（人名譯音）的這一本著作可以譯名為《馬來國土的共產黨掃除行動》，從當權政府如何根除共產勢力出發，書寫馬來亞共產黨崛起與沒落的歷史。全書分為五大部分：一、緊急狀態時期的馬共，二、掃除馬共起始時期，三、鞏固掃除馬共行動時期，四、消滅馬共勢力時期，五、結論。

[27] https://ms.wikipedia.org/wiki/Bukit_Kepong_(filem), Wikipedia Bahasa Melayu, ensiklopedia bebas, 11th July, 2017.

[28] Ismail Johari, *Bukit Kepong* (Kuala Lumpur: Dewan Bahasa dan Pustaka, 2008). 按：本論文使用的這本小說文本《甲洞山》（Bukit Kepong），作者伊斯邁・左哈裡（Ismail Johari），2008年由馬來西亞國家語文局出版作為中學四年級馬來文學教科書，第一版於2000年出版。

[29] 張祖興：〈英國取締馬共的決策過程〉，頁85-89。

小說先從階級角度來規定任務的社會屬性，繼而強調族群屬性，這些出生平凡的馬來公民，都可能是抗敵行動的英雄，他們都有高尚的情操，無畏、無私以及肯為家國奉獻犧牲。雖然他們也有自己所要承擔的家庭義務，但是最終在抗敵和危難當前變得果敢堅強，認識到始終以保家衛國為己任。相較之下，多數為華族的馬共黨員，在馬來警衛形象的塑造之下，以對立的形象與行為特徵呈現出來。馬共領袖立端（Lektuan），馬共黨員王利（Wangli）、德西（Tucksai）等角色的形象有一定的「臉譜化」特徵。小說在族群政治理念對比的境況中來表現當權者的正義，無疑大大加強了民族自豪感。

作者著力於刻畫另一個加入馬共的馬來黨員——馬德拉（Madera），身為馬來共產黨員的領袖的他負責向馬來村長尋求各種配備援助，然而遭到馬來村長的回絕。部分馬來族群信奉共產主義在歷史上是已然存在的事實，那是族群交融的政治趨勢。這個人物在作者筆下比較傾向於被動地執行上級領導的意圖，缺乏主動的積極性。這樣的情節加插，說明馬來族群這種被動的執行，還有這種被誤導的選擇錯誤，自是給國家發展帶來的禍害。

從現實主義的角度而言，這部小說達到了官方撰寫「理想化歷史」的高度，其藝術表現可謂符合了矛盾的對立法則：作者按照二元對立的衝突來設計小說情節，革命戰爭的敵我矛盾，皆以兩極的對立方式來展現。除了上述人物形象的忠奸分明以外，所有警衛部隊的任務執行都是光明磊落與天經地義的，而馬共黨員的鬥爭與出擊都是天理不容的。在一個以鮮血換取民族國家獨立的年代，人們需要體驗一種充滿血與火的，充滿嚴酷殘暴的抗敵歷史小說，以體驗勝利的狂喜和巨大的榮耀感。再者，歷史的建構必須符合「必勝法則」：我方代表著民族的正義，代表著社會的真理，代表著歷史的公正，即使敵不過暴徒而被擊斃的警衛，在精神上仍然是民族的勝利者。

由於史提芬・格林布萊特（Stephen Greenbalt）的新歷史主義很大程度上受傅柯解構主義史學的影響，在此我們可以借用傅柯的解構史學觀點來對這部小說建構的權力話語進行闡釋。傅柯的解構史學理論「不在於要書寫這種禁忌的社會史，而在於『真理』生產的政治史」[30]，對權力過程和話語結構的集中關註定會遮蔽歷史語境的表徵意義和主體性的闡釋空間。

《甲洞山》在官方引入的局部話語當中解構了歷史原本抽象的本質。書寫主體在場域的絕對有利位置，使歷史主體形式和社會掌握話語權的個體形式，時時出現在共時性關係網絡當中。《甲洞山》的戰鬥過程正是代表了一種權力和話語網路：國家有公認的敵人；有必須打擊的政治主義；有自己的英雄事蹟；有自己認可的抗敵歷史。

二、「中」與「英」的拉鋸戰：馬英小說的「今古馬共歷史」及其族群言說

印度裔學者歌麗・維斯萬納森（Gauri Viswanathan）在〈不尋常的譜系學〉（Uncommon Genealogy）一文中，證明了在殖民文化語境下崛起的英語學科，它的成長和發展的敘述都不能忽視通過英國文學和思想來教育和馴化殖民對象的帝國使命[31]。很顯然，英殖民文化作為一種思想傳播和教育綱領，其意識形態一定會貫穿於寫作文本和批評話語之中。在這個意義上，可以說馬英的抗敵歷史書寫，尤其是馬共歷史，很大程度上是英殖民主義概念之下的產物，隱含著英帝國意識形

[30] Michel Foucault, *Politics, Philosophy, Culture and Other Writings, 1977-1984* (London: Rutledge, 1988), P.112.

[31] 宋明煒：〈後殖民理論：誰是「他者」〉，《中國比較文學》2002年第4期，頁67-84。另外參閱Gauri Viswanathan, “An Introduction: Uncommon Genealogies,” *Ariel: A Review of International English Literature* 31.1-2 (Apr. 2000): 13.

態的歷史意識和價值觀念。話雖如此，其中也有例外的例子。旅英馬英作家歐大旭（Tash Aw）的馬共書寫，卻將許多集體想像和政治意識形態內化為個人情感，在歷史化與藝術的美學形式之間，進行了激烈的博弈。

本文嘗試通過馬英文學「今」與「古」的經典馬共題材小說之對照，來展示當中族群關係敘事的流變。

（一）紅色政權的否定：《大幻影》裡政治倒戈的族群故事

陳紀安（Chin Kee Onn）於1961年出版的鴻篇巨制《大幻影》（The Grand Illusion），應該是20世紀馬英文學之中最有分量以及最典型馬共長篇小說。當中對於馬共武裝部隊的抗擊過程、政治立場轉變與營寨內部生活的細緻描寫，儼然真人革命體驗在文學創作中的直接產物。這一部作品是以政治鬥爭為綱領，在很大層面上寫出了馬共鬥爭的複雜性。

小說故事主要情節是馬共武裝部隊奮力在取締行動中負隅頑抗的歷程，刻畫了政黨內部的深刻矛盾與權謀之爭，表現共產主義鬥爭在東南亞實踐以來的困窘與陰暗面，反映了政治不可抗拒的變革趨勢。小說中的馬共黨員發現中央政委違背政治初衷，自己已經被高層嚴重奴役與利用，淪為政治傀儡。於是馬共領袖開展逆襲，顛覆立場，投奔當初視為敵方的政府，實現真正抗敵救國的理想。

陳紀安在這部小說裡把政治的矛盾上升到思考馬共鬥爭意義與回歸英殖民統治的思考上，指出馬共分子不能只是被歪曲後的共產主義之下的傀儡，而應該在忠於本身的理想之時還得保有清醒正確的政治鬥爭。當中牽涉到不同族群之間的交融與交錯，在一場革命中成為不同族群的標識。

小說透過華族與馬來族高級將領的描寫，試圖塑造不同種族的典型革命者形象，就是這些人物身上不只是驍勇善戰，還有智慧儒雅。睿智英勇的主人公孔利（Kung Li）被塑造得具體生動，血肉豐滿，形象達到了傳奇英雄的高度。他不僅具有崇高的革命品格，其所作所為還是馬共分子「翻身洗白」的偉大證明。部隊當中有各營寨的領袖，其中身懷絕技的馬來族鐵漢子——占・阿莫（Zam Amat）與主人公合作無間，兩人各在馬共的六大營寨中作為統領，共謀戰略，出生入死，經歷了多次激戰，最終孔利改變政治立場時候阿莫也誓死相隨。

在描寫「森林會談」那一個情節時候，作者有意反映一個多元社會存在的族群隔閡與差距的事實，由此來揭示各個族群在革命抗敵之中合作與施予援手的迫切性與必要性，也表明社會的族群關係並不一定需要仰賴國家政策來鞏固：

> Comrade Sahayuddin stressed the need for special efforts to be friends the aborigines of the deep jungle and the Malays living on the jungle fringe who could be very useful as a suppliers of food and other necessaries. But the aborigines had to be handled very carefully to offset Government wooing, and their tribal and religious customs had to be respected.[32]〔英語原文〕

> 沙亞胡汀同志強調需要跟森林邊緣地帶的居民成為朋友，那些居住在森林的馬來可以對我們提供食物和其他援助，但是必須謹慎對待土著居民以抵消政府的拉攏，還有他們部落的宗教習俗必須獲得尊重。〔中文翻譯〕

[32] Chin Kee On, *The Grand Illusion* (London: George G. Harrap & Co. LTD, 1961), p.75.

英殖民對於族群分而治之管轄方式並未完全將不同族群形成絕對的隔閡，各個族群的優勢發揮，族群的人類同理心在政治變天關鍵的時刻依然產生了重要的作用，在此多元族群的社會結構反而形成了革命得以在艱難中前進的基礎。

作者把政治鬥爭和權謀鬥爭完全顯化，意識形態的表達過於外露明確。他細緻地描寫馬共武裝部隊如何以戰略和武力向英殖民和馬來當權派進攻，還有馬共內部本身激烈的致命鬥爭。其中代表中央向馬共營寨領袖進行壓制的政委——廖杜（Liao Tu），行為陰險卑鄙，除了設法壓制主人公——孔利（Kung Li）的戰略、政治理念和婚姻選擇，最後還以莫須有的背叛黨罪名把孔利生擒治罪，趁機設計並沾汙他心愛的女人羅梅（Loo Moy），導致羅梅為了反抗而自殺慘死。另一方面，代表英殖民政委的博羅蒙（Bormons）夫婦，曾經卻是栽培孔利的恩人，博羅蒙在孔利發動政變之際極力說服他推翻馬共，澈底改變政治立場，為殖民政府與聯邦政府實現大同的和平理念效勞。

作者把馬共抗日抗英的活動，與中國共產主義思潮向東南亞國家發展的行為聯繫起來，甚至在故事中影射他們的政治理念已經是被歪曲了的恐怖主義，目的是要建立紅色主義政權，這也是當時馬來西亞當權派對馬共的指認。後來作者逆反式的讓主人公「大徹大悟」另投西方白人為宗主，不免洩露了本身向英殖民政府靠攏的政治取向，即便故事是以美國人作為西方權力的象徵。作者顯然是按照這意識形態的訴求來建構他的馬共歷史書寫。從族群關係角度而言，解救英雄的人物是外在的，而且還是一直被馬共仇視的對立面代表，是圖景之外的他者解救了族群，這個構思與立場牽扯出另外一層馬來西亞主要族群以外的族群關係。

故事描寫孔利的父親是共產主義忠心的追隨者，孔利八歲時候父親將其託付給叔叔照顧，後來叔叔為了讓孩子有個良好的教育環境和日後發展的優勢，設法說服原本維護中華教育的父親，將孔利送到美國的教會學校學習，教會夫婦對於孔利疼愛有加，視如己出的對他大力栽培。主人公孔利與美國人博羅蒙（Bormons）基督教傳教士的關係，是獨立前後馬來西亞族群關係的另一個縮影。英殖民在當地的改革導致的積極變化，實質上催生了一種作為結構性力量的族群社會逐漸形成。

殖民政策施行以後，情繫祖國文化與受英殖民文化教化的兩大類別華族，組成相對於主流政治的「外來共同體」，衍生出特殊的族群政治文化。這種局面讓兩者已然種下必須在動盪時局中「共同進退」的不安：一方是背負著內憂外患的中國移民的疲憊茫然；一方是在英帝國殖民體制下逐漸安順，認同西方文化觀念的華族群體。此外，一方對於殖民統治的剝削抱著反抗與成見，一方則嚮往著英帝國宗主良好建設的延續。放眼本土意識逐漸形成而選擇落葉生根於馬來西亞的華族，無論時局如何發展，兩者勢必共生共存為文化認同與政治認同有分歧的命運共同體。

作者也在另一本小說《馬來亞》（MA-RAI-YEE）中，敘述馬來西亞抗日事蹟，一邊肯定了英殖民對於殖民地的管理帶來的時局平定。這也透露了作者在抗日勝利後認同英殖民統治的思想基礎。

由於時代的要求與符合歷史建構的規律，孔利與其他革命者的英雄形象儘管是被作者高度概念化的人物，但還是屬於藝術的超級形象，畢竟這些典型人物符合了一個時代革命歷史的發展規律。人物的塑造為的是詮釋關於政治壓迫與救贖的神話，壓迫與解救構成了那個時代的政治與族群關係，因為對於政治救贖的需要，政治壓迫就被書寫，或者說被作者強化了。孔利的政治選擇與馬共的遭遇是一個等待英殖民來解救的存在，這些人物與黨派的悲情，其功能反射出族群終究要認同英殖民具有壓迫性但不帶武力統治的必要性。族群關係必須透過馬共歷史重新解構與建構，或者以本身的族群經驗來重新解構與建構歷史，方有直面歷史主體的能力。

正面的革命者與真實的革命歷史其實有各自的發展和起源，是馬共歷史的建構創造了孔利、羅梅等人，在歷史中發現了這些被迫害的革命者，然後以此為素材建構起一個風起雲湧的關於革命、反抗、壓迫與救贖的神話。這是一個遭遇他者的歷史，一個需要外來力量解救的歷史。就馬來西亞多元的族群命運而言，中央共產領袖的化身——廖杜，儼然是天外來的「煞星」；英國殖民宗主代表——博羅蒙，則是天外來的「救星」，但都是歷史不同的相遇。馬共歷史通過對於「迫害」、「覺悟」與「逆襲」開展敘事，使讀者接受了「壓迫」與「被壓迫」的敘事，那麼救贖的神話也就確立了。神話的確立仰賴於別樣的族群關係敘事，別樣的族群關係敘事成就了另一種主體的馬共歷史建構。

（二）歷史的祛魅：《和諧絲莊》的跨族交集與馬共傳奇

旅英馬英作家歐大旭（Tash Aw）在2005年，發表的第一部小說《和諧絲莊》（稱為《絲之謎》）（The Harmony Silk Factory），採用多重敘事視角與多重聲部的手法，敘寫馬來西亞華人在英殖民勢力與日本帝國主義夾攻時期的奮鬥史與圖存的困境。原為律師而後「棄戎從文」的歐大旭，耗時五年完成的長篇，一出手便不同凡響。該書一舉囊括多項文學獎，包括2005年惠特布萊德（Whitbread First Novel Award）最佳小說新人獎，都柏林國際文學獎（The International IMPAC Dublin Literary Award, IMPAC）等國際性文學獎項。在此以這一部小說討論馬英文學跨族群交集的馬共傳奇。

儘管歐大旭的《和諧絲莊》重點是英日勢力之間族群的存在樣態，馬共書寫作為反殖民反日鬥爭的另一條線索，還並非小說突出的部分，但是主人公被賦予「近打河谷共產黨最高領袖的身分」，「馬共的叛徒」，還有點到為止的販賣馬共情報的浮現，顯示作者從側面構造了另一種馬共悲情神話。在多元與跨國的族群關係敘事中，如此的馬共歷史的建構，標誌著作者企圖在官方歷史／自我想像／社會現實之間，找到話語自在增值的空間，或許也是通過悖逆正統的形式來補充現實的匱乏。

《和諧絲莊》以其另類的講述歷史的方式來完成一代族群大交集的記錄。這是一部以三種限知敘事視角，拼湊出一個華族傳奇人物——林強尼（Johnny Lim）一生事蹟的小說。作者在三〇至四〇年代第二次世界大戰期間，時值英殖民與日據時期的大背景上，將馬來西亞的歷史組構得撲朔迷離但「復活」了許多輓歌。

小說中原名林成真的孤兒林強尼，在以產錫聞名的霹靂州近打河域，由礦場最底層的勞工，一步步攀爬為近打河谷最有權勢的人。林強尼對於英殖民老闆的壓榨進行反撲，誤殺上司後卻被判無罪釋放，還獲得森林游擊隊伍領袖的拉攏，成為當地游擊隊抗日軍的重要人物。林憑著傑出的才幹接管了當地的布莊，而後獲得貴族女子雪兒（Snow）的青睞，結為夫妻。才貌出眾的雪兒卻因婚後發現與夫婿文化水準差距甚遠，轉而與日軍特務軍官——國近教授（Kunichika）暗通款曲，也和夫婿的唯一好朋友英國官員彼得（Peter）互為染指。林的養子林寶玉（Jasper）則對父親恩恨交加，當中既佩服又鄙視的複雜情感，促使他將父親的血腥發跡史作為殖民史的黑幕大揭秘，進行有規模的歷史編撰。

就從《和諧絲莊》轟動世界文壇的效應而言，我們可以說2000年的馬來西亞文學歷史書寫，走向了一個價值重估的年代，宏大的歷史敘事被賦予特定的敘事動機和文化蘊涵，故事內容漸漸與官方歷史記載進行「決裂」，原來的價值體系都受到了不同方式和觀念的質疑甚至否定。文學的歷史傾向於個人的故事來組構，甚至是個體欲望話語表現的建構。如此改變、顛覆與重構歷史欲望的表現，是歷史祛魅（history disenchantment）的方式[33]。歐大旭在歷史祛魅語境下建構歷史的意圖，給宏大敘事的歷史小說提示了另一種可能。

三位敘述者在故事中形成各自的主體性，每一位敘述者所呈現的林強尼形象和林強尼的生平遭遇莫衷一是，但也見仁見智。作為林強尼養子的林寶玉，幾乎就是一副忘恩負義的姿態進行數祖忘典，他將養父一生興衰的際遇寫得十惡不赦，將他方方面面的成就總結成是不擇手段，強取豪奪的結果。那一座和諧絲莊在他筆下正是養父用來進行黑幕交易的幌子，也跟馬共有所干係。正是林寶玉「大義滅親」的「揭發」，賦予人物馬共色彩的革命分子形象，反而凸顯了影響民族命運的歷史因素，一定程度上讓讀者對人物惡行的批判和譴責有所保留。就這一點而言，論者文一茗認為：「林寶玉的悖論在於故事不可能是歷史，而是對歷史的建構來接近歷史。書寫歷史的關鍵不在於討論是『誰』的歷史，而是看出歷史是『為誰』而存在的。」[34]我們可以說，敘述人成為話語實踐的歷史插入點，也是歷史目的的起點，真正的歷史始終是被「閹割」的。

三種主體的歷史敘事，契合了21世紀以來馬來西亞群眾在歷史進程中所表現的族群與國家認同的願望，還有族群自我反省的時代心理，這為特定時代提出了想像與探索族群交集的線索。在這個意義

---

33 「祛魅」釋義是指對於科學和知識的神祕性、神聖性、魅惑力的消解。「祛魅」（Disenchantment）一詞源於馬克斯・韋伯所說的「世界的祛魅」（In the modern age we are witnessing the disenchantment of the world with the rise of science and the declining influence of religion.），漢語也可譯作「去魅」「去魔」「解魅」「解咒」，是指對世界的一體化宗教性解釋的解體，它發生在西方國家從宗教神權社會向世俗社會的現代型轉型中。https://baike.so.com/doc/5581155-5794043.html，2017年10月25日。

34 文一茗：〈敘述主體的歷史意識：論馬來西亞英語作家歐大旭的《和諧絲莊》〉，《中外文化與文論》2008年第2期，頁165-172。

上，歐大旭以個人的馬來西亞童年記憶進行「沒有邏輯的宏大歷史敘事」展開，顯示了另一種重新歷史化的邏輯作用，也讓讀者在其中讀出了過往族群關係也許在官方歷史中「誤置」的意指。

歐大旭在小說漢譯本《絲之謎》（《和諧絲莊》的另一個譯名）裡的後記有言：

> 我固執地、甚至有時候隨意地把來源完全不同的故事、人物和情節拼湊到了一起。例如，我把西方藝術形象移植到東南亞，就是想看看這種小小的衝突會產生什麼結果。大多數時候我是毫無邏輯、毫無計畫地把這些東西拼到一起的。[35]

因此歐大旭的馬共歷史建構，表現了他對於馬英文學歷來歷史敘事的反叛，回到個人生命體驗結合敘事語言的本體。《和諧絲莊》是一部家族史與社會歷史，但是歐大旭改變了歷史敘述的意向和方式，他把歷史拉到馬來西亞本土和族群的生活、心靈和行為觀念的狀態來。就馬共書寫部分而言，他一方面在歷史上進行了隨意又深刻的解構，另一個方面又從講述歷史的方式汲取藝術形式，似乎以此使馬共敘事從思想意識到文體都獲得了徹底的解放。

歐大旭的族群關係敘事，對於馬共事蹟提示了嶄新的視角、思考與經驗，也同時顛覆了一般對於馬共組織與日軍、英殖民政府之間把持的政治立場。如果要列出歐大旭在《和諧絲莊》的歷史建構中所體現的族群關係敘事的意義，以下的特徵是可以成立的：

小說透過馬共事件表現跨族群交集原生態的多種可能。馬英文學的馬共書寫，在族群關係的敘事上，一般被既定或者傳統的觀念所

[35] 歐大旭著，王麗豔譯：《絲之謎》（海口：南海出版公司，2008年），頁261。

投射。例如身為馬共分子的華族與英殖民宗主，還有日據領袖之間，不是絕對的對立，就是投身歸順，或者無奈為傀儡只為求存。在《和諧絲莊》裡，馬共事件裡的族群行為不再指向國家族群歷史的發展邏輯，而是放眼到個人與群體原本的、多樣的可能。林強尼被英國錫礦勞聘用為挖土機司機，誤殺了礦主，受了十下鞭刑便獲無罪釋放，但是從此顛沛流離。這時候共產黨向他施以援手，強尼帶著強烈的責任感投入共產鬥爭，隨身帶著英文版《共產黨宣言》學習，最終贏得了在黨內的領導地位。馬共宣言的英語運用，隱喻族群的語言在壓迫中形成，這種不經翻譯的語言直接嵌入本土語言甚至政治媒介語的運用，對於族群文化相互滲透的凸顯有著關鍵的作用。它示意本土族群與英殖民之間，政治性地建立起相互接連與補助的關係。一種外來的族群文化對新的環境，對新的群體發生作用，也顯示原本屬於東方的政治思想接受了西方的改變而影響部分族群。

在林寶玉有關林強尼馬共事蹟的敘述中，抗日的馬共武裝部隊接受了英國的援助，但是與日本軍對立的華族也是「日本人的耳目」，外來的殖民者因為另一種殖民的壓迫而成為本土族群「可敵可友」「亦敵亦友」的對象：

> Sixteen men formed the Supreme Central Committee of Communist commanders. The majority of them lived and fought in the heart of the jungle, but a number of them led double lives. Like Johnny, they were men of commerce and industry. It took many days for Johnny to spread word about the meeting to these men. With Japanese ears in every village, the old network of communication had become slower and more cautious. The news seeped slowly across the country, whispered by hidden mouth into invisible ears. The sense of

anticipation grew with every whisper.[36]〔英語原文〕

十六個人組成了共產黨最高中央委員會。他們大多生活和戰鬥在叢林深處，但也有許多人是雙重身分，就像強尼那樣，他們同時也是商人和工業家。強尼花了很長時間傳話給這些領導人，通知他們開會。每個村子都有日本人的耳目，因此古老的資訊傳播網運行得加倍緩慢、加倍小心。看不見的嘴巴把消息說給看不見的耳朵，就這樣極慢地滲透到全國。消息一點點傳開，人們的期待也越來越強烈。[37]〔中文翻譯〕

歐大旭這一層面的族群關係敘事，還原了人性與本真性，回歸到更加具有個人想像、觀察與思考特徵的族群交集形態，而不是構造「本質規律」的烏托邦欲望。

三、荒誕的革命精神史：馬華文學的「馬共寓言」及其族群關係敘事

馬華文學的「馬來亞共產黨事件書寫」的題材（簡稱「馬共書寫」），可謂馬華作家的一則則的「革命中的族群精神史」[38]，它賦予了族群集體鬥爭記憶和建國的歷史性意義。作為一種見證歷史傷痕、闡述家國命運和展示族群一路走來的政治演化，諸如此類內容表現應該是馬共書寫的敘事成規。不過這還只是一般現實主義書寫者的路數，當中被列舉為代表的馬華作家便有韓素音、金枝芒、海凡、賀巾

[36] Tash Aw, *The Harmony Silk Factory* (US: The Penguin Publishing Group, 2006), p.124.

[37] 有關小說的中文翻譯可參考歐大旭著，王麗豔譯：《絲之謎》，頁76。

[38] 在馬來西亞「馬共書寫」分為三個傳統：文學創作、報導文學以及馬共政黨本身書寫的「馬共書寫」。

等人。由於本論文將文本類型圈定在「民族寓言」範圍內，故這一類馬共書寫就只能略過。

歷史學者潘婉明曾在〈政治不正確與文學性：馬共書寫的「馬共書寫」〉一文裡指出：「文學創作主要指以馬共為背景／主題／主體，或圍繞著『緊急狀態』時期那個剿共年代的文學作品。事實上這類作品不少，散見在東西馬華作家的零星篇章中，較熱衷的有商晚筠、小黑、梁放、駝鈴、黎紫書、黃錦樹、李永平、張貴興等人，其中有長篇或中短篇結集。追蹤他們的作品，可以看出『馬共』從敏感課題過渡到純粹創作的時代痕跡。」[39]因此，馬共在文學中是溝通民族與歷史、個人與族群的永久力量。

本論文只是選取觸及「族群關係」又具有「寓言」意味的馬共小說。在此範圍的限制之下，僅選擇了黃錦樹、張貴興關於馬共書寫的代表作品，展開相關馬華文學族群敘事的探討。

（一）歷史的謬誤：黃錦樹的馬共情結及其族群敘事

黃錦樹早期零散的馬共小說收錄在2007年出版的《死在南方》，2013年出版了更有「規模」的《南洋人民共和國備忘錄》，到2014年的《火，與危險事物》，再到《猶見扶餘》的「黃錦樹馬共小說選」，宏大的歷史似乎已迷失於語言的敘述方式。對於課題的禁忌，作者不得不以「戲謔」來獲取存在的依據。

《南洋人民共和國備忘錄》敘述馬共在革命失敗後的歷史背景下，共產黨員老金在經過四十年的「森林囚禁」生活後走出「正常生活」的掙扎浮沉，以人物在風燭殘年中的回憶、整理、思索與匿藏過往的馬共事蹟，結合個人家庭、民族命運以及國家政局發展的變化，

[39] 參閱潘婉明：〈政治不正確與文學性：馬共書寫的「馬共書寫」〉，2015年2月28日，http://www.pfirereview.com/20150228/?variant=zh-hant. 20170810.

展示了華族革命者功績全然被否定的敗落命運。

小說中點明作為與馬共聯手抗日的英國人，還有領導國家脫離殖民爭取獨立的馬來政府，實質是欺騙、背叛與加害馬共黨員的「敵人」。老金在宣佈解放馬共革命分子後，回到自己恍如隔世的老家「新村」[40]。小說中的「新村」展示的是「種族被隔離」的歷史，那是英殖民自1948年畢禮斯計畫（Brigg's Plan）下實行的支援隔離政策。歷史證明這個計畫成功的讓馬共的力量近乎崩潰得不足於形成威脅[41]。透過黃錦樹的馬共新村表達，可以獲知這種再現不只是凸顯族群之間的扭變和重壓，還形成了族群自我看待的異樣觀念。

面對著等待了親兒子四十年的老嫗母親，老金卻只能悲痛地道出兩個弟弟慘死的下場：一個因為飢餓在森林覓食時候被埋伏的軍方擊斃；另一個因被懷疑是特務而遭到執政者槍決。政治的嚴酷迫使革命者背棄了家庭倫理，而這種背棄是作為歷史的「罪惡」來體現，作者的意圖顯然的揭示了有關罪惡是政治、族群、歷史難以推託的責任，而個人和民族始終是歷史創傷的承受者。

馬共成立以來，馬來西亞種族主義執政者將其標籤化為「華人=馬共」，這個標籤成為威脅彼此互相理解與接納的導火線。其實馬共部隊裡的黨員有不少是馬來族，有些還擔任部隊裡的領導者[42]。正如

---

[40] 華人新村是1950年代馬來西亞英國殖民地時期設立的一系列華人集中定居點，目的是為了阻止華人與馬來亞共產黨領導的馬來亞人民解放軍接觸，參見http://baike.so.com/doc/1505444-1591752.html，2017年1月2日。

[41] 黃錦樹：〈關於漏洞及其他〉，《南洋人民共和國備忘錄》（台北：聯經出版事業股份有限公司，2013年），頁7。

[42] 原不二夫：〈第二次世界大戰前的馬來亞共產黨〉，http://m.wyzxwk.com/content.php?classid=21&id=110105，2009年11月25日。該篇網絡文章描述道：南洋共產黨為了在馬來人之間擴大影響力，在該組織內設置了馬來部門，由阿利明、慕梭等領導。阿裡（Ali Majid）等許多馬來人加入了該組織，1929年阿裡等3名馬來人幹部與南洋共產黨的3名華僑領導人一起出席了「泛太平洋工會會議」（Pan-Pacific Trade Union Conference）（在上海召開）。此外，根據英國治安當局的檔，「南洋共產黨籌備委員會」中至少有5名馬來人。但是，這些馬來人領導人在1930年之前大部分被捕。這時，對華僑共產主義者的取

小說在老金鬱鬱而終後寫道：「葬禮時候來了許多人……甚至還有幾位馬來同志。」[43]馬來族群認同共產主義的歷史，肯定得在特定的政治企圖中被抹去。作者力圖揭示這個被遺棄也在解放後被監視的老黨員——這個華族主體身上的種種不幸、弱點與悲哀，揭示種族主義和霸權主義如何在一片看似生機卻處處貧瘠、混雜的土地上得以滋長並戕害無辜，尤其是作為對立面的異族。一個關於民族寓言的敘事，穿越了族群的哀傷，有力地揭示了一個不斷重複的歷史的謬誤。

若說「馬共情結」是黃錦樹小說敘事包裹的一個精神內核，那麼這個內核的實踐便是揭發民族的苦難與那些不公正的命運。我們無力去評定以及分析歷史各個變遷的環節，而僅僅能為作者在歷史的橫切面中給以對比的圖像而感到世道的滄桑殘酷。黃錦樹以老金微弱的自哀自殘完成一代「革命英雄」的歷史定格，確實寫來觸目驚心。

故事寓言式地表明，馬共在多元族群的位置中，一開始就佔據了一個錯位的歷史。作者的敘述點投向了一個受盡冤屈的革命英雄，另一方面卻站在歷史的臨界線上，揭示了歷史的本質——它的悲劇與謬誤。老金的記憶中保存著一些立足於長久以來被敘述的位置上，讓作者以他來批判和清理歷史的本質，而寫作主體處在「啟蒙」的位置上，批判和清理歷史，檢視族群關係的真偽，反思與檢驗族群關係磨合的可能向度。

革命者與統治階級成為敵對不僅僅是政治立場，而且還隱然在於無法用邏輯表達的種族區別性。政治立場的改變是可能的，然而種族的屬性是無法改變的事實。因此，在執政者看來，對於革命者的改造絕對必要，但是依附在種族屬性的思想觀念的改造是不可能的，因

締更加嚴厲，據說1928-1931年每年平均有1528人（馬來亞國內的拘留者除外）被驅逐出境。好像對此加以補充似的，以海南人為主的許多中共黨員又來到馬來亞。

[43] 張錦忠：〈小說作（為）偽／微「歷史」「書寫」的方法〉，收入黃錦樹：《火、與危險事物：黃錦樹馬共小說選》（吉隆坡：有人出版社，2014年），頁7。

此，這種「監控」成為一種永無止境的「規訓」。就如黃錦樹在小說自序中闡明共產黨抗戰活動後來被執政者妖魔化後，深刻影響了東南亞華人的命運，華人尤其是資本家一直被執政者視為壓迫階級；而勞工和墾殖民的底層華人，則被視為接濟共產黨的同路人，這讓華族成為戰後民族主義政治的代罪羔羊[44]。

黃錦樹借人物的手稿《馬來西人民共和國檔案》，以虛擊實在，顛覆虛實，戲謔多元族群，卻與「真實的歷史」相生相剋，其中各族的政治鬥士、國家政要紛紛被對號入座，以「牛頭對馬嘴」，形成是非顛倒的「政治奇觀」：

雖然他那《馬來亞人民共和國》已在一九四五年九月日本戰敗後成功的建國，所有倖存而活到戰爭結束的，死在戰火中的、餓死的、意外死亡的，在它的共和國裡都身高居位[45]。

在這裡荒誕的存在作為政治的生態加以表現，一場政治亂局，隱喻與包含了無法獲取答案的追問：政治欲望與政治實踐，還有族群共處的和平願景與族群的待遇公平落實，兩者之間的融合，究竟得付出多大的代價？作者越是戲謔現實的書寫，越是成為馬來西亞政治烏托邦缺席的反證。族群在歷史的定位在小說中成了「有冤報冤」「有仇報仇」的「正義伸張幻想形式」。有關這個「不可思議的」的政治局面描寫，曾經被斥為「胡說八道」！實際上這可以解讀為作者是以類似新歷史主義的敘事觀點解除了文學話語對歷史話語的膜拜，使書寫可以自由馳騁於歷史的原野，甚至通過敘事話語操縱和戲弄歷史[46]。

另一篇收錄在同一部小說裡的《森林裡來的信》，透過十六封來自馬共黨員的信件，類似尚待解密的書信，闡述了革命過程中的人

44 黃錦樹：〈關於漏洞及其他〉，《南洋人民共和國備忘錄》，頁7。

45 黃錦樹：《南洋人民共和國備忘錄》，頁79。

46 張進：〈新歷史主義文藝思潮的思想內涵和基本特徵〉，《文史哲》2001年第5期，頁26-32。在此借用張進有關對新歷史主義的說明。

生際遇、悲歡離合。當中有敘述馬來官員與英軍對於女黨員強行佔有的行徑，揭發馬來共產叛徒的作為，展示馬來黨員與華族黨員在不同宗教的束縛下分享各自奇特的生活經歷與性愛經驗等等內容。這些就如他自己在小說中所言：「這數十封信雖然疑問重重，風格詭異，大體上還可以感受到馬共的而烏托邦與幻滅，個體小我的愛恨與憂傷。」[47]各族在歷史的困境中，失去各自的在道德上的界線，人物言行荒誕離奇，甚至不可理喻。其實這裡呈現一種民族氣數已盡的現象，也是歷史最後的殘存形象。

黃錦樹2000年成稿的短篇〈猴屁股、火與危險事物〉[48]，塑造了一位被流放的孤島上的馬共「長者」——萊特作為全權代表，並讓人物以失衡、荒謬和瘋癲的語言頻頻演說以及發表其「大南洋人民共和國」政治大藍圖，以「沒有歷史舞台的國父」（共產主義領袖）形象對照「有歷史舞台的國父」（當權的馬來政府），隱性地帶出馬來西亞各族群在英國政府、日本首領、中國政要的影響或操控之下混亂發展的問題。有關族群關係敘事不凸顯，但其對於殖民宗主與當權派對於華族的壓迫，可作為黃錦樹「大規模」馬共歷史書寫之下的互文，以此推論他的族群關係敘事脈絡。當中「反傳統」的歷史話語提供了一種主體想像：華族可以站在歷史的交界點上將自己設想為歷史主體，脫離原有的歷史軌跡，擁抱另一個偉大的文明。

黃錦樹在2014年出版的小說集《猶見扶餘》當中收錄了13篇中短篇，竭盡全力的延續了他馬共的系列式書寫，不過並非每篇觸及族群關係敘事。其中〈如果你是風〉[49]，講述馬共黨員小郭被當權者暗殺身亡後，遺孀阿珠面對的各種荒誕的生活窘境。故事牽扯出「新村隔

---

[47] 黃錦樹：《南洋人民共和國備忘錄》，頁88。

[48] 黃錦樹：《火，與危險事物：黃錦樹馬共小說選》（吉隆坡：有人出版社，2014年），頁55-78。

[49] 黃錦樹：〈如果你是風〉，《猶見扶餘》（台北：麥田出版，2014年），頁143-167。

離」政策造成的族群分裂的反思，還有華族在新興的政治結構中如何安身立命的心酸史。黃錦樹發揮了他一貫的族群關係敘事重心：華巫族群之間的「有福同享並有難同當」的掙扎與矛盾。小說寫了馬來官員鄙夷華族賴以為生的養豬經營、馬來官員發嬰兒報生紙時候為難喪夫的婦女等等兩族的交集磨難，揭示在種族政策之下，華族被歷史選擇的命運。

馬華學者鍾怡雯曾經在研究中以馬共總書記陳平口述的著作——《我方的歷史》，作為一部真正為馬共重新定位的馬共歷史紀實文學[50]。然而此舉遭到潘婉明以「欠缺歷史背景掌握」而指出鍾氏把自傳文學視為「正史」的做法值得商榷[51]。若說歷史話語可以是「假的執行話語」，許多馬共親歷者——革命者的話語也有選擇性地「增刪與改造歷史」，其中族群關係的真偽也只能是特定話語的「所指物」。

馬共書寫的思想來自政治上的焦慮感與緊張性質，黃錦樹不僅在《馬來西人民共和國備忘錄》、《火，與危險事物》，還有《猶見扶餘》裡很多時候無視這一段歷史起源與構造的邏輯性，刻意把族群關係從族群受難的背景中剝離出來，「濫用」各種有跡可循或者尚未蓋棺論定的「史實」，成為一套無休無止的狂歡語言，這正是一種「反對統治話語權力」的寓言性構造。

若說現實中的種族政治結構存在著顛覆的權力機制，將顛覆性的異己成分統統收編於主體闡釋的過程，那麼黃錦樹在馬共的文本建構中加入了顛覆史實的書寫情節，不但體現了新歷史主義中的「對歷史

---

[50] 鍾怡雯：〈歷史的反面與裂縫〉，收入陳思和、許文榮主編：《馬華文學·第三文化空間》（吉隆坡：馬來亞大學中文系畢業生協會出版，2014年），頁79-111。

[51] 潘婉明：〈文學與歷史的互相滲透——「馬共書寫」的類型、文本與評論〉，收入徐秀慧、吳彩娥主編：《從近現代到後冷戰：亞洲的政治記憶與歷史敘事國際學府研討會論文集》（台北：里仁書局，2011年），頁469。

事件的主觀重構」，也同時體現了有關理論中的文學作品的文化文本蘊含著權力顛覆與形式遏制的二元消解機制，將顛覆性的不穩定因素不斷融合到藝術形式的文本結構中[52]。

（二）拆解革命史的政治情欲：張貴興的「砂盟」鬥爭及其族群書寫

共產黨幾十年隱身莽林打游擊的事實，成為雨林寫手張貴興筆下奇異的「南洋華裔革命傳奇」和「婆羅洲家族獵奇秘史」。其中長篇《群象》藉由莽林獵獸追殺仇敵建立個人情欲王國，在砂拉越共產黨貫穿的情節中，展演族群之間的屠宰殺戮。《群像》主要敘述雨林原為英殖民開發，昔日鄭和下西洋帶來的非洲象後裔象群遭屠殺，留下價值連城的象牙象骸引發眾人覬覦。華裔組成的共產主義部隊以抗敵為旗幟入林打游擊，同時爭奪象牙用以作為革命資本。然而幾番狩獵只得枯骸，猶如大中華在異地的失落與異變的隱喻。

在此需要說明的是，張貴興小說中的共產黨書寫很大程度上是指向「砂拉越共產黨」（簡稱「砂盟」），若根據歷史行政的區分，它跟馬共有著根本性的區別[53]。對於七〇年代入讀臺灣師範大學，而八〇年代入籍臺灣的張貴興而言，當時反共復國的書寫尚自五〇年代的風潮蔓延著，那既是創作的動力，也是書寫的目標。因此主導了臺灣一個時代的「反共文學」對張造成一定的影響。大陸學者朱崇科曾

---

52 王進：《新歷史主義文華詩學──格林布拉》（廣州：暨南大學出版，2012年），頁163。

53 就歷史學者的角度而言東馬的共產活動和半島的馬共鬥爭史幾乎是毫無關係，但在文學分析的脈絡中，被包含在「馬來西亞」國家概念下的共產組織，在一定意義上即可以概括為「馬共」。在同樣的國家概念之下，張貴興、李永平筆下的婆羅洲華人也都順理成章地成了「大馬華人」。我們一般習以為「砂撈越共產黨」或者簡稱「砂共」的對象，基本上並不這樣自我命名。在沙撈越州活躍的共產勢力，其組織起源、成立、領導權等問題，向為相關學者所爭論不休。一般可考的正式組織，有砂拉越甲方同盟（簡稱「砂盟」）和「北加里曼丹共產黨」（簡稱「北加共」）等，但沒有「砂共」。徐秀慧、吳彩娥主編：《從近現代到後冷戰：亞洲的政治記憶與歷史敘事國際學府研討會論文集》，頁440-441。

經在〈臺灣經驗與張貴興的南洋再現——兼及陳河《沙撈越戰事》〉一文中，指出臺灣「解嚴」以前，反共（反攻大陸）的政治意識形態「或多或少會進入張貴興的視野以及成長記憶中」，「海峽兩岸政治話語的緊張乃至仇視會給張貴興帶來可能的仇共慣性」，還以馬共總書記陳平的自傳《我方的歷史》和陳河的《沙撈越戰事》作為內容虛實與當中指向的對照。有關「仇共」意味，可從張貴興小說中共產黨總是以負面形象見稱見其端倪[54]。我們可以在此引新歷史主義創始人格林布萊特（Greenblatt）有關「流通」（circulation）的說法，即是「官方檔、私人檔、報刊剪輯等材料往往由一種話語領域轉向另一種話語領域，並且成為審美財產。我們就需要運用新的術語來描述這種方式」[55]。在這樣的書寫裡，社會因素轉變為審美內容，從而必然使審美的內容滲透著現實的社會效用。張貴興將族群敘事置放在革命歷史的建構上，是在不同話語領域的界定與整合過程上，使書寫產生了歷史的張力。

從族群關係角度剖析張貴興的砂盟書寫，族群的對峙依然被賦予檢視個人道德與血統觀念的價值意義，某些時候其檢視作用是粘附在對於弱勢者進行資源掠奪、性侵與人身奴役之中，而在《群象》中則將族群關係依附於族群革命歷史的書寫上。

那個致使張貴興泥足深陷的敘事場域——雨林，喻示了政治立場與政治地標角逐的疆場。《群象》中的雨林內是共產揚子江武裝部隊的基地，還有因掠奪資源、因逃避殖民肆虐而遁入森林的華族之家園，再進一步窺探，可謂叢林內是毛澤東主席追隨者余家同的王國，而叢林外則是排斥華族、仇共的馬來政府。臺灣論者指出：「無論中

---

[54] 朱崇科：〈臺灣經驗與張貴興的南洋再現——兼及陳河《沙撈越戰事》〉，《中山大學學報》（社會科學版）2012年第5期，頁46-55。

[55] Stephen Greenblatt, *The Greenblatt Reader* (Hoboken: Wiley-Blackwell, 2005), p.27.

日民族主義的抗衡，或是馬來政府當局與華夏想像爭勝的馬共革命史詩，總是以莽叢內外辯證敵我分明。以至於那魅影恍惚的雨林，總被讀成國族寓言。」[56]

自覺抵制原有或固有的所謂「歷史的真實性」，這是許多新歷史小說家的暗合之處。既然新歷史主義闡明以邊緣和顛覆的姿態解構正統的歷史，質疑現存的政治社會秩序，最終使文本的歷史化變為歷史的文本化，那麼張貴興索性將東馬的共產黨革命歷史定位於小寫複數的「諸歷史」（histories）——個我的家族史作為整個大歷史敘事的基點。砂盟領袖余家同以革命為名在雨林締造國族事業，將許多老幹部與施家長四個兄弟送上戰場，創造游擊戰的輝煌歷史後，卻在政治理念與個人欲望「相腐相陳」之下，鑄成歷史大錯！爾後余家同以享用女隊員身體與濫殺無辜來滿足強權支配欲望。異族的抗爭——分別在華族與當地驍勇善戰的伊班族之間「隱性」展演，其中以長屋下伊班族抗暴時割下的百多顆英國人、馬來人與華人的骷髏頭[57]，以及後來追尋「大中國想像的共同體」而賠上性命的施家兄弟為印證[58]。然而原始生命力強大、戰鬥本領高強的伊班族，後來成為砂盟部隊極力收編的對象，階級仇恨、民族仇恨和家族仇恨在聯手抗敵之下獲得某種程度的化解與對立面的模糊化。於是，歷史在文本中猶如符合了格林布萊特所言的「主張在對社會能量的流動蹤跡的歷史性闡釋中建構藝

---

[56] 林運鴻：〈邦國殄瘁以後，雨林裡還有什麼？——試論張貴興裡的群獸大觀園〉，《中外文學》2004年第8期，頁9。

[57] 砂拉越人口最多的伊班族，他們世代從事燒墾、耕種與漁獵等工作，記載曾言「沒有伊班族歷史，便沒有砂勞越史」。詳見蔡宗祥：《伊班族歷史與民族》（詩巫：砂勞越華族文化協會贊助出版叢，1992年），頁7-9。伊班族在布洛克時代伊班人常被藉討伐海盜罪名被征伐不下五十次，其歷史事蹟常被殖民者歪曲、妖魔化。婆羅洲曾被稱為「獵人頭之鄉」，讓人誤以為伊班人是殘暴、血腥、好戰的民族。其實，伊班族善戰，但不好戰。

[58] 相關論述可參考陳惠齡：〈論張貴與《群象》中雨林空間的展演〉，《高雄師大學報》2004年第16期，頁273-292。

術再生產的詩性空間」[59]。

「政治的情欲化」或者「情欲的政治化」是張貴興有關馬共歷史的構建傾向，荒淫、色誘、通姦等情節必定糅合在他荒誕的革命敘事裡。他藉此寫出情欲的蠱惑與扭曲的政治信仰是互為表裡的。革命領導有著難以饜飽的欲望，以至於對異我的弱勢族群殊少同情寬待。

有學者為上述兩本自傳馬共書寫整理出線索，指出故事中行為暴虐與荒淫的余家同，其實暗喻現實中的政治人物，在不同族群之間進行政治離間詭計，同時扮演多重間諜的角色。無論有關書寫或者角色設置是否含沙射影，這是革命歷史書寫建構一種反面的欲望化形象的必要存在。因為有了一個負面的構建，文學敘事就可以表現為否定的形式，歷史的也可以通過否定欲望來批判與重構。況且，書寫革命歷來就是充滿著暴力的展示，在多元族群的語境中更見其是。

華夷結合是利用了革命共同體作為族群共同體的策略，那是有意麻痹和軟化革命者鬥志的煙霧，甚至是比槍彈更加危險的精神武器。當革命的目標一步步跨越族群共同體時候，「龍」與「番」的純正血統觀念還是異我之間無法跨越的階級：

> 「說你在那個番人家和那個番人妹妹關係不錯……」家同在餐桌上像擀面滾動空酒瓶，發出豬叫般的聲音。「華土通婚只是手段……你是施家唯一的傳人了，別讓番人骯髒的膚色滲入你純種的黃色皮膚……」[60]

在鼓吹華夷結合背後堅持保持華夏純種的意志其實就是另一種

[59] Stephen Greenblatt, *Renaissance Self-Fashioning: From More to Shakespeare* (Chicago: The University of Chicago Press, 1980), p.4.

[60] 張貴興：《群象》（台北：麥田出版，2006年），頁146。

「殖民意志」，作者似乎有意表明：華夏國族的建構，在歷史中永遠需要以蠻夷的鮮血為代價。通過佔有異族女性來佔有世界，通過異族來體驗我族的優越和強大感，張貴興筆下的共產革命歷史一方面成為族群階級仇恨的視窗，另一方面又成為深層人性欲望的展現場所。因此，張貴興對族群的抗爭潛含著對華族強勢或共產暴虐行徑的憤恨。這憤恨主要是源於對砂盟變質的共產主義操持者的失望，它也是關注少數族群意識的一個重要表徵。這是族群被建構的其中一則歷史。

對於黃錦樹、張貴興這個年代的作者而言，他們不可能像金枝芒、海凡與賀巾等這些有馬共革命親身經歷的作者——自我的歷史可以與現實重合，構成連續的統一體，與之相反，他們處於現實的盡頭（匱乏、拒絕或被排斥），其自我歷史不是通過書寫現實就可以自我完善的，因此，「回憶」是重建自我歷史的唯一方式。

張貴興將族群關係作為共產革命歷史的精神遺產，當中的殺戮、通婚、背叛作為對於人性和道德的詰難，同時也是對於生活、對於歷史虛假性的戳穿。他以族群互相肆虐、砂盟共產主義革命、雨林資源掠奪等元素打造一個怪誕、陰暗、暴虐交織而成的歷史空間。族群關係在敘事中的破裂與崩潰，很大程度上是作者欲望話語表達的犧牲品，它與歷史的解體的原則是相同的。

張貴興以婆羅洲的族群敘事作為一種有標籤性的共產主義革命題材策略，結合了魔幻現實主義與暴力美學的表現手法，確實掌握了文學場域裡有效的符號資本。有關書寫在世界華文文學中「橫空出世」，滿足了臺灣閱讀市場習性的需求，可謂成功創造了「區隔」的審美形態。另一方面，作為個人文選風格的景觀，無論是黃錦樹或者張貴興，那種與傳統馬共敘事決裂的族群關係表述立場所具有的表現性，符合了超現實與荒誕書寫的敘事邏輯。

結語

馬來文學在馬共題材記敘族群關係的小說，一類作品是個體記憶拒絕被官方意識形態同化的結果，作者把個人記憶指向另一種歷史的存在。歷史觀念的改造要通過「真實生活的體驗」，更重要的是「真實生活的體驗」成為歷史觀念改造的補充形式，成為抗敵歷史與敘事藝術融合、妥協與連接的方式。真實生活體驗的多樣性，使抗敵歷史的一般概念化特徵獲得扭轉，並且使敘事保持了審美的要素。另一類的馬來文學的相關書寫，卻藉著族群權益鬥爭的觀念，讓抗敵書寫製造一種受認可的經典型敘事文本，就是一種政治意識形態的設定，也是為族群關係的歷史，還有抗敵歷史確立合法性的依據。

在馬英文學的馬共題材小說當中的族群敘事，部分作者已經在特定政治意識形態之下成為另一種有別於馬來與馬華文學的歷史敘述者，即使其身分還是馬華族群。抗日結束以後，英殖民與馬共有關革命願望已然背道而馳，歷史條件本身發生了變化，純粹的抗敵實踐已經是不可能，敵我界線隨時面臨改換的危機。在這種情況之下，抗敵已變為權謀的遊戲，變為有關權謀的革命，其中不惜通過犧牲敵我的靈魂與性命來完成對革命歷史的建構。從被表現的歷史與表現歷史的主體本身出發，馬英文學的馬共歷史展開了個體化或者個體性的族群關係敘事。馬英文學以此創造本身的「神話」，一個承接英殖民文化而來的神話，馬來西亞社會其中一種知識分子的起源與革命歷史相伴隨的神話。

以黃錦樹與張貴興的馬共寓言小說為例，馬華小說在族群關係敘事中，通過獨特或者說「驚世駭俗的話語」之實踐和文學行動，構建的「另一種文本現實」。他們謀求將自己的新思維、新表達塑造為文學場上有震撼性的話語；謀求讀者對本身書寫符號認同，奪取跟主流對立的符號資本[61]。這種與主流馬共敘事的符號鬥爭具有雙重意義，一方面，它合乎後現代主義文學場的法則，因為文學場中對獨創性意識形態的尊崇，導致文學行動者將現實主義的革命歷史敘事當成陳腐的表達形式，鼓勵了文學的反叛精神。

從另一個角度而言，帶有寓言性質的馬來、馬英與馬華文學，在馬共題材當中的族群關係敘事，很大程度上可謂是馬來西亞史實基礎上的擴寫、續寫與改寫。三種語文的相關作家在原有「歷史蹤跡」之上，進行了一場又一場「增補」與「延異」的「遊戲」，並以自身為歷史主體來給時代構造必要的想像。其中的歷史建構，反襯了他們在獲取各自符號資本的書寫場域裡，以「後歷史」（post-history）話語來為本身的文化身分問題，進行了耐人尋味的辯證。

[61] 按：有關論點可參閱Pierre Bourdieu, *The Field of Cultural Production* (Cambridge: Polity Press, 1993), p.180.

女聲／身、創傷、種族政治：馬華呂育陶、傅承得、葉貝思的「五一三事件」文學敘事及其指涉意涵

李樹枝

馬來西亞拉曼大學中華研究院中文系助理教授

一、導論：從政治事件到種族政治事件的「五一三事件」

馬來西亞第三屆全國大選後的1969年5月13日，西馬地區爆發了因華、巫種族之間衝突而形成的「五一三事件」[1]。之後，馬來半島西岸幾個主要城市持續了約兩周的街頭暴力事件。馬來西亞官方（含彼時的國家行動理事會以及今日馬來西亞官方的政經文教單位）論述或記載的資料顯示：「五一三事件」的死亡人數為196名、180人受槍傷。政府的國家行動理事會顯示以下資料：9,143人被逮捕、5,561人被控上法庭；暴亂導致約6,000人無家可歸、211輛車被毀損、753棟建築物被大火燒毀或損壞[2]。「五一三事件」不僅是馬來西亞（華人）政治社會歷史進程的轉捩點，亦是馬華文學創作中一個重要的創傷文學資源及其敘事。

本文擬先援引馬來西亞官方報告、馬來西亞學者兼人權工作者

---

1 亦有學者等稱之為「五一三騷亂」、「吉隆坡騷亂」。

2 見柯嘉遜著，楊培根譯：《1969年大馬種族暴亂513解密檔》（八打靈：Suaram Komunikasi，2013年），頁8-9。不同報告或學者的資料亦有不同，政府發表的死亡人數為：馬來人25名、印度人13名、華人143名、其他15名，共計196名；受傷人數是：馬來人127名、印度人26名、華人270名、其他16名，總計439名。

柯嘉遜（1950-）的研究以及前首相敦・馬哈迪（Tun Dr. Mahathir bin Mohamad，1925-）的觀點以介紹「五一三事件」，認為其是馬來西亞政治社會歷史進程中被導入種族政治偏差的拐點。

柯嘉遜的研究資料指出：「五一三事件」並不是官方所謂「多元族群社會中一場自發的種族暴亂」[3]。實際上，它在本質上是新興馬來右派精英的官僚階層欲推翻他們所認為的「落後」馬來貴族掌權者即以時任首相東姑亞都拉曼（Tunku Abdul Rahman，1903-1990年）為代表的一項政變行動[4]。然彼時的選舉結果卻反映了當國家擺脫了英國殖民獨立後，且在多方角力的複雜族群政治歷史進程下，工人、農民、中產等階層對現狀不滿，因而導致了聯盟政府在大選成績遭到重挫，失去三分之二多數議席的優勢[5]。循此，「巫統」（即俗稱「巫統」的「馬來西亞馬來民族統一機構」）內部的右翼精英階層／種族勢力以建國社會契約所賦予馬來人權力受到了巨大挑戰為緣由，並以馬來人主導地位受到威脅為藉口，策劃此奪權暴動行為。職是之故，柯氏認為：此事件並非如官方調查報告等所指出的「五一三事件」為多元族群社會中一場自發的種族暴亂，而恰恰是一場經過精心策劃的暴動衝突。

敦・馬哈迪的看法應可資辨析前述觀點，馬氏在其著作《馬來人之困境》中清楚寫道：「打從英國國旗下降，馬來亞國旗升起的那一刻開始，就是最終導致1969年5月13日暴亂發生的起點。」[6]另外他亦聲稱：「巫統的成立是因為馬來人恐懼他們的地位將喪失給華

3 柯嘉遜著，楊培根譯：《1969年大馬種族暴亂513解密檔》，頁1-5。

4 楊建成：《馬來西亞華人的困境——西馬來西亞華巫政治關係之探討一九五七—一九七八》（台北：文史哲出版社，1982年），頁12。

5 1969年5月11日國會及州議會成績公佈，民行黨獲得吉隆坡四個國會議員選區。

6 馬哈迪著，劉鑒銓譯：《馬來人之困境》（吉隆坡：世界書局（馬）有限公司，1981年），頁12。

人」——「當1969年選舉臨近時，各界人民都對政府不存幻想了。馬來人已經覺醒，因為在他們的眼中，政府繼續討好華人，無法糾正各族的財富不均和進步的差異。」[7]

就馬氏所指出的「財富不均和進步的差異」這一觀點而言，我們可依據「五一三事件」爆發當年即1957年馬來半島（西馬地區）前六個重要市鎮的種族構成百分比作為資料加以辨析之。文獻指出，彼時吉隆坡（總人數316,230）：華人為62%、馬來人為15%；喬治市（總人數234,930）：華人為73%、馬來人為11%；怡保（總人數125,776）：華人為67%、馬來人為16%；巴生（總人數75,649）：華人為61%、馬來人為16%；柔佛巴魯（總人數75,080）：華人為44%、馬來人為38%；麻六甲（總人數69,851）：華人為73%、馬來人為13%[8]。檢視前述的百分比分布，不得不承認：華人確實是繼外國資本家或集團之後，掌握馬來西亞主要經濟財富的族群。若再審視1969年「五一三事件」後一年的1970年西馬地區每戶收入及種族屬性百分率分布資料，亦可說明問題。有學者分析發現，華人社會的財富分配較為平均，即大部分華人家庭都在每月二百元所得以上，占所有富有家庭近三分之二的比例。而馬來人家庭占全馬總戶數56.7%，其中42%每戶在二百元所得以下，其「富有家庭」占富有家庭總量的近三分之一，可見馬來人社會的財富分配是非常懸殊的[9]。

循前資料及分析，我們可清楚研判：馬哈迪認為馬來人受到了殖民地政府與華人在主導地位、權力、經濟以及財富上的剝削。除了前引的文段外，他的另外兩個文段亦清晰照見了此方面與種族政治政策偏差的觀點。第一，「馬來人是馬來西亞的合法擁有者，如果公民權

---

7 同前註，頁26。

8 楊建成：《馬來西亞華人的困境——西馬來西亞華巫政治關係之探討一九五七—一九七八》，頁26。

9 馬哈迪著，劉鑒銓譯：《馬來人之困境》，頁40-41。

頒發給馬來人以外的其他種族，那是因為馬來人同意這樣做，這個同意是有條件的」[10]；第二，「給予馬來人優待，並不是要把他們置於優越地位，而是要把他們提升到跟非馬來人同等的水準」[11]。

承上柯嘉遜與馬哈迪的觀點，同時按親身經歷「五一三事件」的嘉茲・亞歷山大（Garth Alexander）的觀點，「五一三事件」是巫統內部派系鬥爭政治事故，而非一般所了解的種族事件[12]；我們再結合楊建成的「因為華人的政治力量已經由合法途徑在國會民主制度中，威脅到馬來人的政治特殊地」的觀察[13]可知，在馬來官僚或右派精英階層／馬來主權政治議程和行動意識中，在經其執政政府所把持的國家政府機器運轉下，開展了1970年代、1980年至今一系列的馬來西亞新經濟政策（Dasar Ekonomi Baru）——馬來人主導地位為名的政治、文化、教育等種族治理政策。

要說明的是，筆者先前所撰之〈感時憂族（國）：論「五一三事件」後，馬華文學的「五一三」與「後五一三」書寫〉一文已初步以女性意象（形象／想像）書寫／敘事形式與內容、後設與符號化的書寫／敘事形式與內容探究馬華文學的「五一三」與「後五一三」書寫為對象，並歸結傅承得（1959-）、呂育陶（1969-）、葉貝思（1964-）、黎紫書（1971-）四位馬華作家對此事件的感時憂族（國）書寫題旨[14]。

以前文為基礎，本文擬以女聲／身、創傷、種族政治等為研究視角與方法，嘗試再進一步探究呂育陶、傅承得、葉貝思的「五一三事

---

10 馬哈迪著，劉鑒銓譯：《馬來人之困境》，頁121。

11 同前註，頁73。

12 Garth Alexander, *The Invisible China* (New York: Macmillan Co, 1973), pp.96-118.

13 楊建成：《馬來西亞華人的困境——西馬來西亞華巫政治關係之探討一九五七—一九七八》，頁237。

14 李樹枝：〈感時憂族（國）：論「五一三」事件後，馬華文學的「五一三」與「後五一三」書寫〉，收入莊華興等編：《變遷中的馬來西亞與華人社會：2014年第二屆馬來西亞華人研究國際雙年會論文集（人文與文學卷）》（吉隆坡：華社研究中心，2015年），頁121-134。

件」的文學敘事，即探究三人為何及如何援引女聲／身性書寫策略來隱喻「五一三事件」。而女聲／身作為三者的文學語言／修辭的書寫隱喻，在燒錄／再現「五一三」事件的文學敘事時，創傷女聲／身展示了馬來西亞華社群體、公民性、國族／國家想像並反思了什麼樣的指涉蘊涵？

二、女聲／身、創傷：「五一三事件」文學敘事的隱喻

「女聲／身」的「女聲」是指以女性作為傾述仲介對象，女性於文本敘事的被「噤聲」、「告訴」和發聲等聲音的展現，它亦是與身體的部分緊密相關聯。而「女身」則主要指女性肉身身體。約翰・歐尼爾（John O'Neill）認為，人類最早是通過自己的身體去思考與建構世界。由於每一個人都擁有身體，以致讓人會意識到運用身體作為秩序與失序的隱喻，歐尼爾曾將「身體」分為五類：世界的身體、社會的身體、政治的身體、消費的身體、醫學的身體[15]。作為一種現代性的體驗，身體具有象徵化的傾向。從社會學的向度觀看身體，身體是被銘刻成社會身分的一個重要隱喻，或被視為一種意義再現的表徵。此外，若援引女性主義觀點，尼德（Nead）則認為「身體是高度政治化的物體」[16]。因此，女性及女性身體的文學敘事常作為相對於男性（秩序／政治／種族政治）霸權宰製下，被邊緣化、疏離、剝削、「噤聲」／被消音甚至成為弱勢的他者（the other）。身體除了是自然生物意義上的「肉身」（corporeal）外，它亦被部分社會學家、哲學家、政治學家用來標誌、組織、建構，或揭示意義與價值的載體。基於此，身體乃是歷史、文化、政治、社會和經濟等的媒介。正如特納（Bryan

[15] 奧尼爾著，張旭春譯：《五種身體》（台北：弘智出版社，2001年）。

[16] 尼德著，侯宜人譯：《女性裸體》（台北：遠流出版公司，1995年），頁16。

Turner）所指出的：身體是具有多維度、多層次的現象。它的意義是隨著民族與性別的不同而不同；也隨著歷史與境遇的變化而變化。它成了一種符號，或者對世界意義的詮釋[17]。特納敏銳地提出：我們的身體是社會的肉身。[18]

在創傷（trauma）、種族政治以及文學敘事的關聯方面，本文以王國璋所言之「五一三事件」「成了馬來西亞華人心中一道極深的政治傷痕」觀點作為切入開展論述[19]。在此援引王德威的傷痕文學觀點加以說明王國璋論及的「政治傷痕」。王德威指出：「傷痕是一種記號，指向身體非經自然的割裂或暴露，最終又得以痊癒、彌合的痕跡。話雖如此，只要傷疤的痕跡存在，人們就會記起曾經發生的暴力。隱含在傷痕裡的一項肉體證據，指向身體曾經遭受的侵害、指向時間的流程、也指向一個矛盾的欲望——一方面想要抹銷，一方面卻又一再重訪暴力的現場。在檢視個體的傷痕的同時，記憶被喚醒，一個隱含的敘事於焉成形。」[20]呂育陶、傅承得、葉貝思三人的「重返暴力現場」的「五一三事件」敘事裡的女性身體的發聲及創傷是一種記號，這種記號揭顯了三位元作家對女性身體的銘文（body inscription）及繕寫（body writing），「五一三事件」的創傷已然結疤，然而持續不斷的撰寫乃是召喚了華人「五一三事件」集體創傷記憶及對「後五一三」時期修改憲法、新經濟政策、馬來化教育制度、文化同化政策的種族政治政策偏差的影響和衝擊[21]，並且是對種族政治、公民性、國

17 Bryan S.Turner. *The Body and Society* (Newbury Park: Sage Publications, 1996), pp.36-63.

18 Bryan S.Turner. *The Body and Society,* p.10.

19 王國璋：《馬來西亞的族群政黨政治（1955-1996）》（台北：唐山出版社，1997年），頁106。

20 王德威：〈傷痕文學，國家文學〉，《一九四九：傷痕書寫與國家文學》（香港：三聯書店（香港）有限公司，2008年），頁8。

21 相關論述見楊建成：《馬來西亞華人的困境——西馬來西亞華巫政治關係之探討一九五七－一九七八》，第二章、第三章、第四章、頁237。

族以及國家想像的反思。

三、種族政治下的女聲／身：「五一三事件」的文學創傷敘事及其指涉意涵

誠如李蓉指出：「身體處於自我與世界的交匯點上，具有仲介性的特徵。從身體的角度切入文學研究，既可以體味作家感性的審美世界，感受作家表達審美個體是世界碰撞、交流、對話的原汁原味（不可轉述的性質）。同時，也能從身體不斷變遷的隱喻中洞察政治、時代、歷史的多方面訊息。」[22]我們可從「女聲／身」作為敘事隱喻洞察「五一三事件」的政治、時代以及歷史多方面的資訊，並從「五一三事件」延伸的「後五一三」種族政治政策偏差進行批判與反思。結合上述的「五一三事件」的爆發緣由背景及傷亡資料，辨析呂育陶、傅承得、葉貝思的「五一三事件」的文學敘事及意涵。傅承得被馬華文學研究者視為代表性的馬華政治抒情詩人。審視其出生的年份可知：「五一三事件」爆發時其約為十歲之齡。可以說，他對於事件應有相當清晰的銘記和深切感思。其寫於1987年10月的《驚魂》的主人公，即以1987年吉隆坡發生的士兵持槍釀成幾條人命的槍擊案為文本背景，並由此感發1969年「五一三事件」至「後五一三」1987年時間範圍內的多項種族政治偏差。多年來在馬來西亞華巫兩大族當中，「五一三事件」依然是雙方「一道永不痊癒的疤痕」[23]。這些種族大屠殺的傷痕需要一段時間才能復原，因而導致更多的想像和種族偏見。這事件將會一直不斷提醒馬來西亞種族政治的制度[24]。

---

[22] 李蓉：《中國現代文學的身體闡述》（台北：秀威資訊科技有限公司，2010年），頁21。

[23] 傅承得：〈驚魂〉，收入陳大為、鍾怡雯編：《馬華新詩史讀本（1957-2007）》（台北：萬卷樓，2010年），頁578-580。

[24] 華社資料研究中心編：《馬來西亞種族兩極化之根源》（吉隆坡：馬來西亞雪蘭莪中華大

傅承得多年後依然要重返「五一三事件」這個馬來西亞（華人）政治社會歷史的拐點，開展「五一三事件」／種族政治的創傷敘事。他寫道：

> ……三十年來家國，仍由／不安，狐疑、和欺壓／統治每一寸美麗的河山／從獨立時齊心協力，高喊／響徹雲霄的歡呼／到如今，一有風吹草動／便傳來遍野哀鴻的驚懼……
>
> 三十年來的家國，仍是／教人艱辛透氣的陰霾／籠罩生長於斯的上空／教人想起：一九六九年／記憶猶新啊那場滂沱／氾濫成災，洪水掠奪／無數一文不值的生命／健忘、短視以及偏激／在今日換了面孔的舞臺／照樣飛揚跋扈地橫行／民主、自由還有均分／一些魂牽夢縈的期待／一道永不痊癒的疤痕。[25]

傅承得1988年3月的《因為我們如此深愛》亦展現出了圍繞著事件本身的女性、創傷敘事。該詩的第一、第二以及第四節詩句重返「五一三事件」「現」場（災場）：

> 那是一九六九年／左鄰右舍，只要是同樣膚色／帶著憤怒和驚惶，帶著／木棍和柴刀，聚集／在我家的大廳，傳遞／孩童聽不懂的消息：……「明天就要開始報復／至少他們也得血灑幾滴」／只要小小的心靈，已蒙上／小小的恐懼和陰影／……十八年來，小小的陰影／仍盤踞心中，不僅揮之不去／且不斷成長，似要／吞噬這片美麗土地的上空／教所有的子民，長期／

會堂，1987年），頁26。

[25] 傅承得：〈驚魂〉，《馬華新詩史讀本（1957-2007）》，頁578-580。

繃緊神經，長期驚疑／等候另一次災變的降臨／……。[26]

文中，相對於男性，或以男性表徵的種族政治暴力，傅承得機敏地以「月如」作為女性作為「他者」仲介。這作為詩敘述者發聲的、且柔性且嫻靜的女性「他者」，與前引「五一三事件」敘事的「同樣膚色／帶著憤怒和驚惶」（男性／種族政治）、暴力、嗜血、憤怒、驚惶、「等候另一次災難的降臨」的種族政治施加的創傷暴力，形成了巨大的敘事張力，成功構築極具文學隱喻的敘事效果。

而與「五一三事件」爆發同年出生的馬華中青代表詩人呂育陶，亦以類同傅承得的「月如」女性的「母親」作為「他者」敘事隱喻，開展其對「五一三事件」的對話及反思。呂育陶的「女性」敘事不僅是詩敘述者發聲的傾訴之對象，「她」進一步隱喻了華人社會和政治之於「五一三事件」的創傷肉身載體，以嘗試表徵顛覆並改寫官方對於「五一三事件」的霸權闡述。其詩《我的五一三》極細緻狀描了女性身體在「五一三事件」暴力創傷下的種族政治蘊涵。茲引第一、二、三詩節以資說明之：

回憶那天我沒有看見一滴血／在母親的子宮裡我的睡夢／只是被跳動得／比逃難的步伐快的心臟敲碎／回憶擱淺在此／我分不清那是戰鼓或是心跳／／絕望冷卻的屍體以及／活人提問的嘴唇／一一被法令埋葬／／噤聲的童年噤聲的公路／噤聲的軍營噤聲的咖啡廳／噤聲的電話亭噤聲的圖書館／噤聲的羽球場噤聲的日記噤聲的精神病院／噤聲的母親／／……。[27]

---

26 傅承得：〈因為我們如此深愛〉，《馬華新詩史讀本（1957-2007）》，頁176-177。

27 呂育陶：《黃襪子，自辨書》（吉隆坡：有人出版社，2008年），頁74。

「那天」五一三外面災場（種族政治）冷酷與恐懼的「戰鼓」與母親子宮裡的溫暖與安穩「心跳」並置，交相產生了強烈對比，而「五一三事件」及「後五一三」的官方種族政治法令大分貝地壓制「噤聲」又與母親的「噤聲」並排羅列展開對比，呂氏將「五一三事件」種族政治暴力初步肉身／肉聲化，初步隱喻「五一三事件」及「後五一三」種族政治的魅影重重，遊蕩在呂育陶小我／家族的「小寫」歷史「噤聲」的周遭裡。第六節詩句「舅父的骨灰和許多被暗夜收割的頭顱／在中學歷史課本／簡化成輕輕帶過的一行文字」[28]之身體創傷／死亡敘事加強了國家官方的「噤聲」（種族政治）禁忌。

相較於傅承得和呂育陶，葉貝思的女聲／身、創傷的「五一三事件」文學敘事更為激切地將肉一聲／肉身創傷化。作為承受種族政治暴力的「媽媽」女性、女性身體，隱喻了華人被邊緣，被「噤聲」的「他者」「她」暴虐創傷。「她」不僅僅是猶如陳大為評論傅承得上引溫柔嫻靜的「首席聆聽／傾述者」，或是傅氏的「內心的聲音」而已[29]。女性以及女性身體「她」（「媽媽」）作為隱喻，更為有力地揭顯了「五一三事件」背後種族政治暴力、嗜血以及對華人的衝擊與影響。

葉貝思的〈在1969年〉的「媽媽」女聲／身以及創傷敘事論述，其〈在1969年〉第15與19段分別如下寫道了：「我媽媽告訴我書上沒有講到的事。」「在1969年，雖然當時我媽媽不知道，官方數字說一百九十六人死亡，五十二人被槍殺，十五人在巴生河與礦湖被發現時屍體已經高度腐化。對我媽媽來說，那些數字似乎有幾千，槍聲在她耳朵迴響。可是當時她不知道這一點。在水溝裡她不知道幾分鐘過後會有她停止不了的叫聲，然後腳步轉向她。不知道多年後他會變成報

[28] 同前註，頁75。

[29] 陳大為、鍾怡雯編：《馬華新詩史讀本（1957-2007）》，頁156。

導的對象，她的故事以六行橫跨在外國報刊的一頁：星期二傍晚在圓環公路附近，一群馬來人包圍一對在汽車裡的華裔夫婦。那名女子有孕在身。有人把男子拖出車外殺死，縱火焚燒汽車。混亂中這名女子趁機溜走。她在離現場不遠的地方被找到，被毆打，衣服遭剝光，雙乳遭切割，然後被遺棄一旁等待死亡。但是過後有人發現她，送她入院。」「這一切，當時我媽媽都不知道。」[30]

被人發現前，（敘事者）胎兒在母親的肚子裡與媽媽開展了兩段互動，葉氏細膩寫道：「……在水溝裡她哭泣，並非為城市所有的災難哭泣，而是為自己和胎兒。羊水早已破，胎兒卻用腳爪捉緊她的肚皮，用刮人的牙齒又扯又拉。她心跳的聲音是拍子，我跟著拍子踢她，跟著拍子用我的雙肘、我的雙膝刺探她最柔弱的部位。從她滋養我的血液，我嗅出她的恐懼，她的憤怒。我的哭聲，給風聽的。然後是腳步聲。停下。」[31]

文中對女聲／身遭受的暴力乃至分娩展示的敘事，猶如彼得・布魯克斯（Peter Brooks）指出的：想像的對象，它同時也是指意活動，即呈現出作家內在心靈和意志世界的表現[32]。從傅承得、呂育陶乃至葉貝思的女聲／身、創傷敘事，我們可覺察「女聲／身」乃是敘事符號或某種文學隱喻，即承擔種種資訊和意義。聲／身被符號化，成為作家意識的展現或話語的建構。因此，文學文本裡的女性創傷肉聲／肉身，是一種修辭式的潛藏符譜（hypogram），投射著某種歷史記憶的創傷，或在敘事中反復被銘刻為某種意義的故事。女性肉身横遭「被毆打，衣服遭剝光，雙乳遭切割」，外在切割的劇痛與內在分娩絞痛

[30] 葉貝思：〈在1969年〉，收入胡寶珠譯，張錦忠、黃錦樹、莊華興編：《回到馬來亞：華馬小說七十年》（吉隆坡：大將出版社，2008年），頁261。

[31] 同前註，頁3262。

[32] 彼得・布魯克斯著，朱生堅譯：《身體活——現代敘述中的欲望物件》（北京：新星出版社，2005年），頁1。

的凌辱折磨。對於「媽媽」的肉身而言，死亡與求生（外在自身／孩子的誕生）的催逼均造成肉身的烈痛[33]。

葉貝思成功營造女性、女性身體、女性身體創傷、懷孕、分娩作為敘事策略，隱喻了「五一三事件」的政治、時代、歷史多面的訊息。此處是曖昧、混沌、無法以邏輯語言描述、斷裂的，又是充滿愉悅與欲望的陰性空間。同時，「母性空間」亦是一個隱喻，是不容於象徵秩序的排斥（abject）對象[34]。懷孕可被視為異於正常肉身的身體變形，為脆弱的，如文中被排斥的畸形身體。此外，文中的女性身體亦如者塞杜（Michel de Certeau）指出的：小說其實只是身體的代喻而已。因此，在小說撰寫之間，小說家不論是通過寫實，或通過虛構，實際上都是銘寫著自己的身體[35]。

卡露芙（Cathy Caruth）曾指出創傷為無法預知的或不可避免重大的暴力事件，或者發生的時段並沒有全面理解的事件反應，往後創傷會以重複的閃回、惡夢和其他重複的現象回歸[36]。循此切入三人的女聲／身創傷敘事，傅承得的〈但我十歲的時候〉、〈十八年來〉；呂育陶的〈回憶那天我沒看見一滴血〉；葉貝思的〈我媽媽告訴我書上沒有講到的事〉的「我」／敘事者／作者所對應的馬來西亞華人群體而言，也正是透過文學敘事對創傷女聲／身的描述的反應、想像，及往後以重複的閃回、惡夢以及重複的「五一三事件」的回歸，即

33 辛金順：《中國現代小說的國族書寫：以身體隱喻為觀察核心》（台北：秀威資訊科技有限公司，2015年），頁31。

34 蔡秀枝：〈克莉絲蒂娃對母子關係中「陰性空間」的看法〉，《中外文學》1993年第9期，頁35-46。

35 轉引自Elizabeth Grosz, "Inscriptions and body maps: representations and the corporeal," in *McDowell, L., Sharp, J, Space, gender, Knowledge: feminism reading* (London: Arnold, 1997).陳幼石譯：〈銘文和肉體示意圖——呈示法和人的肉身〉，《女性人研究室》第2期（1989年7月），頁65。

36 Cathy Caruth, *Unclaimed Experience.Trauma, narrative, and history* (Baltimore: Johns Hopkins University Press, 1996), p.91.

在前述的馬來人為主導地位的種族政治政策現實下，隱喻指涉了從1969年5月13日至今的馬來西亞社會政治歷史進程裡的修改憲法、公民權、新經濟政策、土著政策（Dasar Peribumi Malaysia）／卜米主義（Bumiputraism）[37]等彼時「五一三事件」以及「後五一三」的種族政治偏差及時局，從這些事件的影響和時局，三人除了以女性作為傾吐的對象的隱喻外，也以女性創傷身體作為隱喻指出此事件持續對「後五一三」的政治進程、對馬來西亞華人社會產生的巨大影響和衝擊。呂育陶的詩句寫道：「大選海報掛起時／總有聲音幽靈般從海報背面透出／『投我』……，否則時鐘／將撥回五月十三日／那年」[38]。它們的指涉意涵有如下兩個方面。第一，指涉了前述諸多種族政治偏差政策對個別的馬來西亞華人種族乃至族群衝擊和影響之感時憂族指涉意涵。第二，它們亦指涉了更大的馬來西亞華人群體之公民性、馬來西亞國族（nation）[39]／國體（大寫的「她」、「媽媽」）的感時憂國的指涉意涵[40]。從三人前述的「五一三事件」文學書寫，可以照見（西馬）政治事件到種族政治事件的「五一三事件」，形構了之後的從多元（pluralistic societies）到單元；從敦‧拉薩（Tun Haji Abdul Razak bin Dato Hussein 1922-1976）政府頒佈國家原則以及修改憲法以確立馬來西亞就是馬來人國家原則[41]，恢復國會民主制度、國民陣線（Barisan

---

[37] 張錦忠：《馬來西亞華語語系文學》（八打靈：有人出版社，2010年），頁22、75。馬來西亞官方的土著政策被認為維護當地馬來族的政策。馬來人及沙巴和砂拉越的原住民族為土著。華人、印度人、歐亞裔和一些已具有馬來西亞公民權的新移民為非土著。馬來半島的原住民（Orang Asli）應是馬來半島上最早居住的居民，但土著政策沒有把馬來半島原住民列入土著的範圍。

[38] 呂育陶：《黃襪子，自辨書》，頁76。

[39] 辛金順：《中國現代小說的國族書寫：以身體隱喻為觀察核心》，頁31。

[40] 筆者的「感時憂族」用詞與意涵啟發自夏志清論及現代中國文學的「感時憂國」的精神。見夏志清：《中國現代小說史》（香港：香港中文大學，2001年），頁459。「感時憂族」觀點啟發自張錦忠：《馬來西亞話語語系文學》，頁75、124。

[41] 馬來西亞的國家原則Rukun Negara為：「馬來西亞，致力於促成它全體種族間更大的團結：維護民主生活的方式；創立一個公平社會，在此社會內，國家財富公正地分享。確保

Nasional）來調節華巫關係，馬來人專政的民主制度就可以繼續運轉迄今等一系列種族政治偏差政策等的國族／國體的轉變[42]，即造成並構建了從「東姑阿都拉曼的馬來西亞基本是馬來人的國家」[43]到「馬來西亞就是馬來人的國家」的政治現實和事實。基於此，我們亦可從三人的「五一三事件」文學敘事去叩問，自1969年迄今五十餘年來，在確保馬來人特權建立馬來人政治權威的國家政府政策和馬來人專政的民主制度運轉下，華人要如何以公民身分分享國家權力，並思索如何彌合種族政治所形成馬來西亞的國族／國體結構上的裂痕（structural cleavage）／創傷的敘事題旨，以及政治社會歷史進程的指涉蘊涵。

結語

綜上所述，透過女聲／身、創傷以及種族政治這四項視角及作為方法辨析馬華呂育陶、傅承得、葉貝思以女聲／身性作為傾述仲介及創傷肉身「五一三事件」文學敘事，我們可覺察三人的文學敘事內裡的創傷女聲／身極具逾越且對抗性地成為了個別華人作家／敘事者、華人族群，及非個別的馬來西亞國族／國體的隱喻雙重編碼。它們細膩照見了「五一三事件」以及1970年來迄今一系列後「五一三事件」以馬來人為主導的種族政治施政政策為名的修改憲法、新經濟政策、馬來化教育制度以及文化同化政策的種族政治偏差政策對馬來西亞華人的衝擊和影響。有著如下的指涉意涵：除了指涉了前述諸多種族政

國內豐富和不同的文化傳統，獲得寬大的對待；建立一個取向於現代科學和工藝的進步社會茲遵照以下原則的指示，來達致以上的目標：信奉上蒼；忠於君國；維護憲法；尊崇法制；培養德行。」

42 楊建成：《馬來西亞華人的困境——西馬來西亞華巫政治關係之探討一九五七—一九七八》，頁16。

43 「馬來西亞基本上是馬來人的國家」，見東姑亞都拉曼：《五一三前後（華文本）》，1969年，頁117。

治偏差政策對個別的馬來西亞華人種族乃至族群衝擊和影響之感時憂族指涉意涵，亦指涉了更大的馬來西亞華人群體之公民性、馬來西亞國族／國體的感時憂國的指涉意涵，而前文引用的《國家原則》堪為「五一三事件」及其後一系列種族政治的歷史的注腳與反思。呂育陶、傅承得、葉貝思三人的「五一三事件」文學敘事的女聲／身書寫的策略，是綜合了「社會實踐」「一個表像符號系統」、權利關係的符號系統且是權力與政治爭議的文學敘事的隱喻，是以三人的「五一三」文學敘事與指涉蘊涵為馬華（創傷）文學裡的文學敘事主題及類型成功的範例。

第四輯

馬來西亞華文教育如何走出歷史、面向未來

馬來西亞華教之我見

莫泰熙

馬來西亞華校董事聯合會總會前首席行政主任

各位同道，各位同胞，各位朋友，大家早上好！邁入21世紀，越來越多馬來西亞的華人學生到中國去念書。他們都會遇到一個問題，中國的學生、中國的老師會問他們一個問題：為什麼你們的華語講得這麼好？他們不相信！馬來西亞的學生講華語講得這麼好。他說你騙我的，你一定是來自廣東、福建、海南，他們不了解，不了解馬來西亞的華人，人人都會講華語，而且講得很標準！因為從一開始，馬來西亞的華人辦的華文學校，就用北京的中文拼音，變成我們的（普通話）標準。我講得不標準，因為我以前沒有讀中文拼音，但我們的孩子呢，就講得很標準！我看比中國的、武漢的、湖南的、湖北的那些人講得還標準，因為從幼稚園開始就標準化。第二個呢，很多人稱讚，包括剛才我們的這個開幕的教授、領導傅才武先生稱讚馬來西亞，華人辦華教，國外的人都稱讚。中國的，東南亞的，包括馬來西亞的華人都很驕傲，因為我們辦的華文教育好像很成功！就講一句話，除了海峽兩岸，華文教育辦的最好的地方就是馬來西亞。

我們也覺得很光榮，所以今天，我就跟各位講一點故事。今天線上的，講話的，每一個都是專家、學者，除了莫泰熙。我不是專家學者，我是從事華文教育社會運動的一個人，或者講的簡單點，我在馬來西亞一輩子是在推銷，做推銷員啊，叫人家將孩子送進華文學校讀書，沒有人送孩子，我們的華校就關啦。所以要怎麼說服那些人送孩子進華文學校念書？要告訴他們，在華文學校念書的出路在哪裡？價值在哪裡？有人來讀書，學校要辦下去，要有人才，要有人去當老師，所以我又要去鼓勵人家來當老師。在馬來西亞當老師，很多人不要當老師，因為收入不多。尤其是在華文學校的老師，不是公務員啊，退休是沒有退休金的啊，退休是要吃老米的啊，可是還是要有人去當老師啊，所以我又要去鼓勵年輕人下定決心將來做老師。有了人才，要有錢哦。那個錢來自哪裡？政府沒有給錢啊，不但沒有給錢，而且很多刁難啊，很多阻擾。在馬來西亞華人辦華校的經費，從一開始到現在以及未來，要依靠的就是群眾認同，群眾長期出錢出力，所以呢我就要叫人家去出錢，我要講故事讓人家感動，把事實擺出來讓人家感動，孩子在華校念書有出路，有價值，對國家有貢獻，對人類有貢獻，所以他們就把孩子送來，孩子沒有送來，也願意出錢出力。

今天我要講兩個問題，第一個問題，馬來西亞的華文教育真的這麼好嗎？如果真的這麼好，這幾十年來華文教育對國家、對民族、對人類有什麼貢獻？我要講華文教育有什麼貢獻。第二個問題，要辦一間民間集資辦的，民間出錢出力辦的學校，當然要有兩種力量，一種是物質力量，一種是精神力量。物質力量是基礎，沒有物質什麼都不行，設備、老師薪金等，可是有了物質還有精神才讓這些人沒有拋棄華文教育。長期在那邊扮演他的角色，出錢的出錢，出力的出力，出聲音的出聲音。我認為那是一種精神力量。我會跟各位分享一下，是哪一種精神力量讓馬來西亞的華人繼續支持華教的生存、華教的發展。那最後呢，我會留5分鐘給各位聽一首歌，這首歌很有意思，然後就結束我的發言。

我被人家講是華教園丁，園丁就是普通的人，那我做什麼呢？澆水啊，保護幼苗成長，希望這個幼苗有一天變成一棵樹，這棵樹越來越大，很多很多的樹就變成一座森林。這個森林就叫做華文教育事業。我的工作就是呵護那些幼苗，所以我是從事華文教育推銷的工作，或者是個社會運動的工作。

各位，根據我的資料，海外的華人大概有四千多萬，其中80%是在東盟十個國家，其中華人比較多的當然是印尼、泰國、馬來西亞。馬來西亞的華人多，當然還有一個原因，馬來西亞的華人在全國人民的比例比較高，目前大概是23%的人口是華人。可是早期，在五〇年代，馬來西亞的華人人口超過馬來人的人口，那時候我們有四十多巴仙（即40%的意思）。華人人口下降，馬來人人口上升，當然很多是政治因素，因為馬來人，馬來民族在七〇年代就開始有計劃地把馬來民族稱為土族。土族，土生土長的土，馬來文叫做Bumiputera，Bumi是土地，Putera是王子，馬來人就變成土地的王子，然後把原住民也變成是土族。華人的人口比例下降，這些是政治操作的因素，華人在五〇年代（馬來亞）獨立前就面對各種各樣的打壓，那時候管這個國家的叫做英國殖民地，英國殖民地主義者，帝國主義，1957年馬來亞獨立，那時候叫做馬來亞，馬來亞包括新加坡。獨立不久就變成馬來西亞，在1963年馬來亞包括新加坡加上北婆羅洲的沙巴與砂拉越聯合組成馬來西亞。1965年新加坡又被獨立，對，你要了解馬來西亞之前叫做馬來亞。1957年獨立，在五〇年代，馬來西亞的華人是了不起。我認為馬來西亞的華人在這個土地上創造了民辦教育的奇跡！奇跡啊，本來不能夠生存的，不能夠存在的，它存在又發展，我認為是個民辦教育的奇跡！五〇年代，我們華人社會已經自力更生，在面對各種限制、各種打壓下，馬來亞、馬來西亞每一個角落，凡是有華人的地方，他就有華文學校，不是政府辦，華人自己出錢出力辦，組織起董事會，保姆啊，照顧這個學校。每一個角落都有！

在五〇年代我們已經有了一千三百多所華文小學，華文小學念6年，除了英文用英文，馬來文用馬來文，其他的科目，14科全部用華文，這樣的學制跟中國的學制一模一樣，6年學制。五〇年代，一千三百多所華文小學，那時候的華教學生，華小學生不到20萬。今天有60多萬華文小學的學生，學校呢？華文小學減少！一千兩百多所，少了整百所。華文小學除了華人讀，當然也歡迎任何人來讀，所以馬來人、印度人、土族，沙巴的，砂拉越的，卡達山、伊班人越來越多。目前在華文小學念書的非華人將近20%，18%多一點。所以今天大會的主題有一個字，我覺得是漏了的，大會的主題：馬來西亞華人的華文教育。我的題目是馬來西亞的華人的華文教育，因為馬來西亞的華文教育不只是華人讀！馬來人、印度人、卡達山、伊班人，原住民很多，越來越多，因為華文，中華文化越來越有價值！估計未來20年，30年，不懂華文，不懂華語的可能會被淘汰哦。因為西方沒落，東方要興隆起來了。你不得不學華文，尤其是馬來西亞隔壁那個國家印尼。各位，我在印尼出生的，那裡長期打壓華人，要華人不要做華人，不允許華人做華人。

三十六年，那時候統治那個國家的叫蘇加諾將軍。我感同身受，不允許華人做華人，華校關掉，不可以講華語，不可以講方言，華文字要銷毀，招牌不可以，書刊不可以，後來連華人的名字都要改，不可以叫莫泰熙，要改印尼名字，例如Rudy Hartono（當時印尼的全英賽羽毛球冠軍梁海量被迫修改的名字）。要改名啊！多少年？三十多年啊！因為我有很多機會去印尼與他們交流，感同身受。各位，在這樣的一個氛圍裡面，東南亞這些國家。在五〇年代，每一個國家都有華人，有華人的地方，一定有兩樣東西，就是拜神的廟，第二個是給孩子讀書的學校，叫華文學校，可是東南亞這九個國家的華文學校，（因為）各種因素，主要是政治因素、種族因素、宗教因素，都被關閉。馬來西亞呢？也是長期面對同化政策，可是為什麼能夠生存，而且生存到今天啊？各位，這已經是創造奇跡！

五〇年代我們已經有華文小學一千三百多所，華文中學整百所，還有辦了一間華文大學——南洋大學。各位，如果你關注海外華人，一定聽過南洋大學，不過這個大學被關掉了，1980年被新加坡政府強制關掉。各位，非常遺憾，這個大學被關掉了，我很痛心，因為南洋大學是我的母校，我就是在南洋大學讀書的！南洋大學造就了我，我的母校被關。1955年落成典禮，56年開課，80年被關，南洋大學活了25年，25年裡面培養了一萬兩千多個華校大學生，一萬兩千多。這一萬兩千多的學位不受承認，馬來西亞、新加坡政府不承認。可是南洋大學學生自強不息，華校學生啊，自強不息繼續生存、繼續發展，還有很多到國外去，主要是西方啦，美國、英國、加拿大、澳洲、紐西蘭讀書，讀到博士學位，這些人帶著外國博士學位回到馬來西亞，馬來西亞政府承認他外國學位，不承認他第一個學位——南洋大學學位。很荒謬，所以早期啊，五六〇年代，包括七〇年代初，在馬來亞大學、政府大學有很多教授是南洋大學畢業生。

更重要的是，南洋大學培養的大學生在五〇年代、六〇年代、七〇年代主要是支持華文中學的發展，到華文中學當老師，我是其中一名老師。為什麼後來不當老師？因為政府不給我當老師，因為我太愛華教了，他不給我當老師，不給我當老師啊，不是我不要當老師啊，太愛華教是罪名啊，莫須有啦。各位，在那樣的情況下我們辦出成績。在五〇年代已經有一個完整的小學、中學、大學的華文教育體系。一個體系能夠運作當然要有一個支持的力量，有人願意來出力，有人願意出錢。當年辦南洋大學，新加坡的福建會館捐了一塊大地，五百多英畝啊。那個主席叫陳六使先生，陳六使先生是陳嘉庚的工廠的工人，沒有讀過多少年書的，不過對民族的熱愛，對文化的熱愛，對民族尊嚴的保護、維護，讓他站在前線。陳六使一個人在五〇年代出一筆錢，天文數字，當年的新加坡錢五百萬用福建話來講——Goh

Bek Ban，五百萬是天文數字，這樣的一種精神就傳下來，從陳嘉庚（開始）。不過陳嘉庚選擇落葉歸根回到中國建設，搞教育，陳六使呢就留在馬來亞落地生根。所以各位，這樣的一些人物，留下這樣一種精神面貌。所以我在想，華文教育對國家的貢獻非常大，不僅是對華人貢獻。

各位我給你看一個東西哦，這個東西你們應該用過了哦？他拿來存資料的，中國叫U盤是嗎，我不懂中國叫什麼，馬來西亞叫Pendrive，馬來西亞是英文、馬來文、華文一起用的，叫Pendrive。這個誰發明的呢？2001年來自馬來西亞（的）一個窮學生到臺灣念書半工半讀，潘建成先生，華文中學畢業生！窮學生！人窮志不窮！在臺灣半工半讀，最後領導一個團隊研發了這個為人類做貢獻的一個產品。聽說他的產品，他的Pendrive，Pendrive是它的名字，占全世界這一類產品銷量的30%，億萬富翁啦。可是馬來西亞政府不承認他哦，因為他是臺灣文憑，華文中學文憑，所以人才就留在外國。好，再給大家看一個東西，這個是馬來西亞的一個硬幣，有圖案，它是一個風箏，這個是五毛錢。這個圖案誰設計的呢？是馬來西亞華文中學的畢業生設計的，叫劉以慶先生（*Low Yee Kheng*），是華文中學的畢業生，國家現在還是用著這個硬幣，還是用他的圖案。各位，2008年北京舉行非常壯觀的，讓全世界見證了中華文化的輝煌（的）奧林匹克運動會，奧運。奧運獎牌誰設計你懂嗎？各位親愛的朋友。有一個團隊八個人，八個人裡面有七個人是中國人，其中一個是馬來西亞的華人，華校的學生，姓包的，包世洪先生。包世洪的爸爸是我的學生，所以說有沒有貢獻？

有，太多貢獻了，各位這些貢獻有沒有被承認呢？沒有。可是我們要自強不息嘛，所以你看馬來西亞華人辦教育。在海外，據我所了解啦，沒有任何一個國家民間辦的教育，辦出一個體系，有小學、中學，自己編教材，自己舉辦考試，那個考試叫做統一考試，那個文憑叫統考文憑，現在中國念書的就憑統考文憑進入大學，不只武漢大學、北京大學、清華大學，就憑這一張紙啊，統考文憑是用華文來考的，不是用英文，不是用馬來文。誰辦的呢？馬來西亞的民間的一個組織——董教總辦，董是董事會，華校董事會，教是華校教師會，董教總變成一個堡壘。我們在這個過程中是全世界都承認的，作為入學標準之一，可是直到今天還有一個國家不承認。非常遺憾，那個國家叫做馬來西亞，這個是一個偏見啦。各位，你知道嗎？2018年，哎喲我的時間沒有了，我講故事啊我就講幾個小時，對不起，剩下五分鐘。好啦，各位我講不完的不要緊。董事靠著精神，我認為這個精神的力量比物質力量更關鍵。

第一個精神代表抗爭精神，抗議爭取代表性人物叫林連玉，我稱他做林連玉精神！沒有抗爭精神我不能夠活到今天，有了抗爭精神還不夠，要大家心甘情願出錢出力，要自強不息，力求上進！那八個字是南洋大學的一個標語，我把它稱為南大精神，自強不息，力求上進。靠著這樣兩個精神——林連玉精神和南大精神，我們能夠繼續生存，繼續發展到今天。

各位，如果有機會我去武漢大學住一個禮拜跟各位分享更多故事，網上很難哦，半小時對我來講太短。不要緊，留下後面的，好戲在後頭，後面還有很多教授，我看他們的論文，我很佩服，他們研究太厲害了，王潤華教授是我認識的人，是很厲害的人，是馬來西亞研究這個馬華文學NUMBER ONE，還有很多很多認識的，安煥然這些我都認識的，你們請那些人都很熟悉的。各位最後呢，給各位聽一首歌，這首歌是我2018年去中國，受中國行知教育集團邀請我去巡迴講華教故事，馬來西亞華人華文教育奮鬥故事，講了一個月，那時非常興奮，我就特地給他們聽一首歌，這首歌就是體現馬來西亞的華人為什麼要堅持辦華教，因為希望我們的子孫永遠比較像華人，要像華人一定要有根，要有根就要有學校，要有學校就要有文化，所以給各位聽一首歌，叫〈把根留住〉，然後就結束。

謝謝大家！

族群政治與文化權利：馬來西亞華文教育的思考

陳奕平

暨南大學華僑華人研究院教授

馬來西亞是一個多民族、多語言的國家，圍繞華語相關的教育問題一直是馬來西亞華社關注的重點。華文教育是華人保持族群特性的重要方式，也是華人傳承和發揚華族文化的重要平台。然而，長期以來，華文教育發展不斷面臨著族群關係、華社變化和華教機構關係變動等多種因素的挑戰，其核心是族群政治的影響。這些挑戰不僅制約了華人母語教育權利的實現，還一定程度上影響了華族文化的傳承和傳播。以下是本人在武漢大學「馬來西亞華人的華文教育、族群認同與多元文化」國際學術研討會上的發言稿，敬請同仁斧正。

非常感謝武漢大學國家文化發展研究院韓教授的邀請，很榮幸能夠參加本次會議，跟各位前輩、同行分享交流我的一些體會。此前發言的莫先生，長期致力於華文教育的動員，從事華文教育相關工作；王教授的分享也非常好，給我留下深刻的印象。我今天分享的題目是「族群政治與文化權利」，談一些自己的思考。

正式講述前，我想給大家看一些圖片。2019年7月底8月初，我到馬來西亞和印尼去參會，同時也進行了一些調研。在印尼八華中學校史館調研時，有一封公開信讓我印象很深。這公開信實際上講述了一個問題，海外華僑到世界各地尤其是到東南亞各地，易被當地的社會文化所影響。有志於華教的這樣一批人，他們在中華會館學校成立之初發了一封公開信，信的核心是強調華教和文化傳承的重要性和急迫性：

> 以四千餘年神明之胄，遠處海外，番其舉止，番其起居，番其飲食，番其禮法，華語且不識，遑知有中學，詩書且不讀，遑知有孔孟，其弊隨地有之，且巴城尤甚。……論種類則自生自滅，論聖訓則或存或亡，豈不哀哉！
>
> 某等不敏，獨拳拳於會館孔廟學堂諸端，正為此也。今既蒙荷政府准予開辦，集眾公議於會館先設立小學校一區……（1900年7月）[1]

該公開信反映當地華僑為子女「番」化、失去文化之根乃至「種類」存亡憂心忡忡，主動倡議創辦中華會館，建立華校。這是近現代東南亞國家創辦華文學校的背景。

我曾在印尼找到一份非常珍貴的畢業證，這份畢業證是我們暨南大學1927年的畢業證。暨南大學1906年創辦，定址南京，後遷址上海，第一批學生是來自東南亞爪哇人的華僑子弟。這個畢業證是1927年遷至上海後頒發的一個畢業證，持有者是當時印尼的一個華僑子弟。畢業證由姜琦校長簽發，中英文對照，上面的暨大校徽和國旗也非常有意思。首先看這個五色國旗，因為當時是五族共和，所以旗為五色。而這個帶五色旗的畢業證透露出的資訊，正說明華僑教育不單單是東南亞馬來亞或者印尼哪一個國家的事，也不只東南亞的華僑子

1 （巴達維亞）中華董事會：〈巴城創設中華會館興辦學堂公啟〉，巴達維亞八帝貫中華學校：《八華月刊》，1939年創刊號。轉引自：雅加達《華僑導報月刊》版面不詳，1955年5月1日。

女有接受華文教育的需要。當時東南亞的華文教育實際上和祖籍國中國有很大的聯繫。也正因此，才有我們暨南大學的創辦，東南亞華文教育和中國的關係密不可分。

我與馬來西亞學界交流時，給我印象很深的是，沈慕羽也好，林連玉也好，他們的經歷所體現的，是馬來西亞及其他東南亞國家的華文教育，都是靠一代代華教同仁自身努力奮鬥、爭取而創建起來的。所以，我想用這幾張圖片來回應前面幾位學者的講述，就是馬來西亞乃至東南亞華文教育的來龍去脈和坎坷的發展之路。

回到我今天的主題，講三個方面：一是對馬來西亞華文教育發展面臨的挑戰做一個簡單的梳理、回顧；二是談談分析馬來西亞華文教育的視角；三是我講的一個核心，就是影響馬來西亞華人教育最重要的核心變數，一個是族群政治，一個是文化權利的問題。

馬來西亞本身是個多民族多語言的國家，圍繞華教華語的問題是長期以來華僑、華人社會關注的一個焦點。如從1819年檳城創辦華文學堂開始算起，馬來西亞的華文教育已有兩百多年歷史。我非常同意剛剛莫先生講的，馬來西亞實際上是除中國大陸和港澳臺之外，全球唯一一個擁有從小學到大學完整華文教育體系的一個國家。也如剛才莫先生所講，馬來西亞華人社會基本上都能說中文，或者說絕大多數都能說中文，可見這種華教體系的完整。另外，華人社會內部的文化傳承也非常好，因此對於中國大陸的遊客、學者來說，到馬來西亞是覺得很親切的。

到八〇年代末、九〇年代初，馬來西亞的華文教育發展的內外環境出現了一個大變化。首先，由於冷戰結束後的大環境變化，馬來西亞華文教育迎來一個大發展時期，馬來西亞新國家發展政策不但關注經濟發展問題，同時也關注資源平等分配問題。在這個契機下，華文教育獲得了相對寬鬆的發展環境。第二，馬來統治層尤其是巫統內部發生了一些分化，當時，馬哈蒂爾領導的新政府為爭取非馬來人的選票，所以採取比較寬容的政策，或者說較為容忍的一種族群政策。第三，冷戰結束後，意識形態的對立被和平與發展的時代主題所取代，世界開始更多的關注低端政治的問題，而不是高端的或者是傳統意識形態對立。中國和馬來西亞的關係也取得突破，包括整個東南亞國家在九〇年代都陸續跟中國建立了正式的互惠外交關係。同時，中國的快速發展讓馬來西亞政府或者說馬來社會意識到華人和華語的重要性。

以上三方面因素的結合是冷戰後馬來西亞華文教育發展的重要外部因素。但是我們也要注意到，時至今日，馬來西亞各族群之間的不平等狀況並沒有發生根本性的變化，政府單一化的教育思路仍然根深蒂固，馬來西亞的華文教育仍然面臨發展不平等的威脅。無論是九〇年代也好，或者是說馬哈蒂爾第二任上台之前也有做出很多承諾，但在實際上上台之後大部分承諾都沒有兌現。這就是冷戰以後馬來西亞華文教育的發展情況，一句話總結，有好的發展機遇，但也有根深蒂固的問題沒有得到解決。

第二個問題，我想簡單地談一下分析馬來西亞的視角。就馬來西亞華文教育的研究，可能有各種不同的角度，從歷史的角度、政治學的角度，也可以從文化學的角度，或者從國際關係的角度，有不同的學科視角，也有宏觀的、中觀的、微觀的不同層次。我跟我的碩士研究生高建深寫過一篇關於馬來西亞華文教育的文章[2]，我們認為，可以從微觀、中觀、宏觀層次上看待華文教育這個大理念。

從華人認同的變化看，實際上我們講最早到東南亞進行發展的很多人自認為是華僑，二戰前後，隨著馬來西亞華人當地語系化進程的

[2] 高建深、陳奕平：〈戰後馬來西亞華人社會變遷對華文教育的影響〉，《八桂僑刊》2020年第2期，頁3-10。

加快，華人的政治認同愈發轉向馬來西亞，作為馬來西亞的重要建造和開發者，華人認為自己就是當地各民族的一部分，甚至可以說是馬來西亞的建國功臣。這種認同的變化實際上也會影響到他們對教育和文化權利的考慮。自獨立以來，作為馬來西亞三大族群之一的華人就一直在努力不懈的爭取母語教育權利。從人口結構上的變化看，剛才莫先生講到，最初華人人口實際上超過馬來人，但是由於馬來人和華人不同的生育態度以及早期華人的再移民，我們看到的一個趨勢是馬來人人口的比例越來越高，華人人口比例逐漸在下降。人口的減少就牽涉到一個教育生源問題。我在馬來西亞調研時了解到，有些華校實際上面臨學生人數太少，可能被迫停辦或者被裁減的情況。從華教機構的變化看，這個方面兩位前面都提到了，尤其是莫先生親身參與這個過程當中。華教機構關係的變化，長期以來都是影響馬來西亞華文教育發展的重要因素。從國際層次看，隨著全球化推進，歐美的國際教育對馬來西亞華文教育也產生了一些影響。國際學校除了搶奪華文學校的生源外，也促使一些華文學校的辦學模式向國際化調整。我們看到一個好的現象，就是世界有越來越多的國家承認馬來西亞華教機構的文憑，認可其教育水準。

還有一方面，是我剛才講的中國因素。實際上從東南亞的華文教育興起之初，我想就離不開中國這個因素。從晚清民國到後來新中國，中國實際上都很關心東南亞華僑子弟的教育問題，協助他們或者說鼓勵他們開展華文教育。大陸有很多志願者、老師到東南亞去，馬來西亞少一些，不少去到印尼或其他國家進行交流和一定程度上的經驗分享。同時，鑑於中國經濟的快速發展、中國改革開放的紅利，很多人想參與中國的發展，分享中國發展的機會，世界對華文教育的需求也因此加大。馬來西亞當然不太明顯，因為它本身有從小學到中學甚至到大學的完整的華文教育體系，但有些國家是很缺華文教育和懂中文的人才。所以我想從這幾個層次或者不同的維度上來看，可以更好地弄清馬來西亞華文教育的發展。

最後，我想談談講題的核心問題，影響馬來西亞華文教育的核心變數是什麼？雖然馬來西亞華文教育受到多層次多維度的因素的影響，但是包括我在內，很多學者提到族群政治的影響。族群政治實際上是影響馬來西亞華文教育一個非常核心和非常重要的因素。為什麼這麼講？莫先生前面介紹過同化或者說單一化的政策，馬來西亞政府一直沒有放棄使馬來語成為國家唯一的教學媒介語的目標。但作為馬來西亞多元民族的一部分，且作為重要的建國功臣，華人有權利捍衛自己母語權利。他們爭取華語，更多、更重要的是強調自身族群及文化的認同或者維護自己族群文化的權利。當然，馬來西亞華人社會當中實際也有些不同的聲音，但是我想占主流的或者說相當一部分人的觀點還是認同馬來西亞華人母語教育的權利。甚至有一部分的馬來西亞華人還援引國際條約來論述華文教育存在的合理性、合法性。我記得應該是2015年，當時有近百萬華人、上千個華團聯名向聯合國相關機構遞交了一個請願書，希望聯合國相關機構能夠採取行動保障馬來西亞華人母語教育及華校的發展。雖然馬來西亞並未明確禁止或取締華文教育，但馬來西亞政府在華文教育問題上，實際上一直採取一種「漸進式」整合手段，或者用剛才莫先生講的高壓或者限制手段。在這樣的情形下，華人靠自己，靠華人機構、企業或者個人捐款來支持華文學校，來自政府支持很少，政府的支持往往源自為爭取華人選票而做出的政治承諾，這種政治承諾實際上也常常未能完全落實；而且由於華文中學的考試是華校內部的考試，文憑不受國家認可，華校學生在升學及就業上面臨較多限制。馬來人政府或者馬來族的「馬來人優先」的理念和推行的單元化文教政策，想要達到一個什麼目的呢？本質上是為了打造馬來人和馬來人文化占主導的民族國家，保持馬來人群體的特殊地位。當然，我們講馬哈蒂爾第二任之後，做出一些改變，但是如我剛才所講，這些選舉承諾並未完全兌現。

最後我做一個結論：馬來西亞華文教育涉及的不僅是簡單的文化層面問題，更重要的是一個族群政治的問題。從華人社會來說，它不是為了「侵奪」馬來人的利益，而是為了族群間平等的發展空間，爭取政府對文化多元和華人文化權利的認可。但從馬來人執政者或者精英來看，華文教育、華教獨立的教育體系和一部人的抗爭精神，是值得擔憂的，會危及馬來人權利或者說會危及馬來西亞民族國家的發展問題，因而政府長期採取的是一種壓制和限制政策。所以，馬來西亞華文教育發展的未來，我覺得根本還是要解決好族群關係的問題，解決好族群平等發展的問題。當然，具體策略上有很多，是協商、談判，還是對抗？我想馬來西亞華人社會有自己的考量。我這裡就不多加評論。今天我就簡單說這麼多，僅僅是一孔之見，敬請同仁批評指正！

馬來西亞的中文高等教育綜述

洪麗芬

馬來西亞博特拉大學現代語言暨傳播學院副教授

對公民進行高等教育的學校，泛稱高等學校，簡稱高校，一般是大學、專門學院、高等職業技術學院、大學學院、高等專科學校的統稱。從學歷和培養層次上來說，高等教育包括專科、本科、碩士和博士研究。在馬來西亞，高校在近30年內數量大增。根據網上最新資料，截至2018年尾，馬來西亞高校一共有20所國立大學、33所國立理工學院（polytechnique）、29所私立大學、10所私立大學學院（university college）、11所外國大學分校[1]。這些高校開辦的學科涉及面廣，文理工商都有，也包括中文教育。

在馬來西亞，很多高校都開辦中文科目，而這些中文科目一般可以分成兩大類。第一類是漢語為第二語言教學，即非母語教育。這類中文科目只屬於單科（course），可分為初級到高級數個等級，一般是選修科目，報讀的都是不諳漢語的非華族學生。開辦這類對外漢語的高校數量非常多，包括了在全馬來西亞各地有許多分校的瑪拉工藝大學（UiTM）。第二類是漢語為第一語言教學，即母語教育。這類中文科目都屬於學位課程（program）。開辦中文學位課程的高校一般是大學，有國立大學也有私立大學。國立大學由國家出資興辦，有一定的學術研究導向和範圍。私立大學一般由民間團體開辦，包括商業集

[1] 馬來西亞大學列表，2018年10月8日，https://zh.wikipedia.org/wiki，2019年7月22日。

團、社團組織或政黨。

本文的研究對象是開辦漢語為母語教育的馬來西亞高校，整體目標在於探察馬來西亞中文高等教育的整體開辦實況，重點在於中文學士學位課程。文中具體探討三個問題。一是從時間點梳理中文課程在馬來西亞各高校的成立和發展；二是從入學條件和人才培養方案探討各高校中文課程的異同；三是從課程整體設置的角度對各高校中文課程進行比較。

本文採用定性分析法，針對以上三個研究問題，依據馬來西亞高校的中文課程資訊進行整理和描述。文中的分析材料絕大多數都在2019年中下旬從各高校負責人以及面向全世界的高校網頁採集。與此同時，多數高校在這時段也在檢討與更新課程內容，待核准實施，訊息或許瞬息改變。文中一一注明參閱時間和網站訊息，所有材料的準確性皆以各高校網上當時的訊息為准。

一、高校中文課程發展概況

截至2019年，在馬來西亞開辦中文課程的大學一共八所，其中三所是國立大學，即馬來亞大學（馬大）、馬來西亞博特拉大學（博大）和蘇丹依德里斯教育大學（依大）；另外五所是私立大學，即拉曼大學（優大），還有近年從學院升格為大學學院的南方大學學院（南方）、新紀元大學學院（新紀元）、韓江傳播大學學院（韓江），以及源自中國的馬來西亞廈門大學分校（廈大）。

馬來西亞中文高等教育始於在馬來亞大學文學與社會科學院開辦的中文系。1961年2月23日，由馬大副校長為首的馬大評議會同意馬大文學院設立一個漢學系（Department of Chinese Studies），後來譯成中文系，一直沿用至今。馬大中文系於1963年正式開課，招收第一屆學生[2]。根據前系主任鐘玉蓮的敘述，早期開辦時的課程注重中國文字學、語義學、音韻學、文本評論、文學史、古典韻文、古典散文、中國科技、歷史、哲學和考古研究。與中國或馬來西亞當代政治、經濟或社會研究的相關科目非常少。後來隨著人事更動以及配合國情變化的需要，課程中才加入馬來西亞本土研究，如馬華文學、華人文化和社會、馬來西亞華人經濟和商業文化[3]。

馬來西亞中文高等教育由馬來亞大學中文系一枝獨秀的局面遲至35年後，才有所突破。另一所國立大學，馬來西亞博特拉大學，於1995年由現代語言暨傳播學院開辦中文學士課程，頒發中文專業的外文文學士學位：Bachelor of Arts in Foreign Languages（Chinese language），而從2018年開始改為：Bachelor of Arts in Chinese Language Studies（中文文學士），2020年再改為：Bachelor of Arts in Chinese Language Studies with honours（中文榮譽文學士）。課程亮點是所有學生必修畢業論文，而且全文以中文書寫。博大中文學士課程的開辦是馬來西亞中文高等教育發展的一個重要里程碑，開啟了中文高等教育的蓬勃時代。

在1998年，馬來亞大學開辦第二個與中文相關的學士課程，開辦點在另一所學院，即語文學院。因此，馬來亞大學有兩所學院開辦中文高等教育學士課程，但是頒發的學位有所不同。文學與社會科學院頒發的是文學士學位：Bachelor of Arts，而語文學院頒發的是中文專業學士學位：Bachelor of Chinese Language and Linguistics。

在20世紀末，民間大興教育。由民間華人社團開辦的四所私立高校成立後，紛紛開辦中文學位課程。馬來西亞華社創辦的第一個中文

2 馬來亞大學中文系，http://www.umchinesestudies.org.my/，2019年7月25日。

3 Voon Phin Keong, "Malaysian Chinese Studies: Some Observations on Progress and Prospects," *CMCS Research Papers Series* (Kuala Lumpur: Centre for Malaysian Chinese Studies, 2003), pp. 1-19.

系是在南方大學學院，於1997年由人文與社會學院開辦中文（榮譽）學士學位課程：BA（Hons）in Chinese Studies。緊接著在1998年，新紀元大學學院也成立中國語言文學系，開辦中文文學學士課程：Bachelor of Arts in Chinese Language and Literature。在2002年，拉曼大學（優大）的中華研究院也開辦中文文學士課程：Bachelor of Arts（Hons）Chinese Studies。坐落於檳城的韓江傳播大學學院不落人後，於2018年開辦中文文學士課程：Bachelor of Arts（Hons）in Chinese Studies。

除了以上六所高校之外，還有兩所高校提供中文高等教育。一是廈門大學馬來西亞分校（廈大），二是蘇丹依德里斯教育大學（依大）。前者非由馬來西亞本土建立，而是源自中國體系，後者因大學的教育本位，而加入教育學元素。然而，由於兩者都面向馬來西亞的中文教育學生，因而納入為探討對象。廈門大學馬來西亞分校從2016年開始，由中國語言文化學院開辦中文專業文學學士課程：Bachelor of Arts in Chinese Studies。蘇丹依德里斯教育大學則更早，即從2010年，由語言和傳播學院的現代語文系，提供中文教育學士：Bachelor（Chinese）with education的培訓。以下表1列述中文高等教育在八大高校九所學院的開辦年代和學位名稱。

表1　中文高等教育在馬來西亞的進展

	大學（簡稱）	學院	學士學位名稱	開辦年份
1	Universiti Malaya 馬來亞大學（馬大）	Department of Chinese Studies, Faculty of Arts and Social Sciences 文學與社會科學院，中文系	Bachelor of Arts 文學士學位	1963

	大學（簡稱）	學院	學士學位名稱	開辦年份
2	Universiti Putra Malaysia 馬來西亞博特拉大學（博大）	Department of Foreign Languages, Faculty of Modern Languages and Communication 現代語言暨傳播學院，外文系	Bachelor of Arts in Foreign Languages (Chinese language) / Bachelor of Arts in Chinese Language Studies with Honours 中文榮譽文學士	1995
3	Southern University College 南方大學學院（南方）	Faculty of Humanities and Social Sciences 人文與社會科學院	BA (Hons) in Chinese Studies 中文（榮譽）學士學位	1997
4	Universiti Malaya 馬來亞大學（馬大）	Department of Malaysian Languages and Applied Linguistics, Faculty of Languages and Linguistics 語文學院，馬來西亞語文與應用語言系	Bachelor of Chinese Language and Linguistics 中文專業學士學位	1998
5	New Era University College 新紀元大學學院（新紀元）	Department of Chinese Language and Literature, Faculty of Arts and Social Sciences 文學與社會科學院，中國語言文學系	Bachelor of Arts in Chinese Language and Literature 中文文學學士	1998
6	Universiti Tun Abdul Rahman 拉曼大學（優大）	Institute of Chinese Studies 中華研究院	Bachelor of Arts (Hons) Chinese Studies 中文文學士	2002
7	Sultan Idris Education University (UPSI) 蘇丹依德里斯教育大學（依大）	Modern Language Department, Faculty of Languages and Communication 語言和傳播學院，現代語文系	Bachelor (Chinese) with education 中文教育學士	2010
8	Xiamen University Malaysia 廈門大學馬來西亞分校（廈大）	School of Chinese Language and Culture 中國語言文化學院	Bachelor of Arts in Chinese Studies 中文專業文學學士	2016

	大學（簡稱）	學院	學士學位名稱	開辦年份
9	Han Chiang University College of Communication 韓江傳播大學學院（韓江）	School of Chinese Studies 中文系	Bachelor of Arts (Hons) in Chinese Studies 中文文學士	2018

資料來源：各高校網站，2019年。

1990年代是馬來西亞中文高等教育百花齊放的年代。從開辦年代來看，縱觀八所高校的九個中文學位，除了馬大文學院中文系，其他八個都在1995年至2018年的23年內開辦。從1995年到2002年短短七年時間，五所國立和私立大學陸續開辦中文高等教育課程，是馬來西亞中文高等教育最充滿朝氣，蓬勃發展的時代。

從開辦的學士學位和學習領域來看，除了依大的中文教育學士與教育學結合（Chinese with education），以及馬大語文學院強調中文語言研究（Chinese language and linguistics）之外，其他七個課程都紮根於中國語文和文學，延續傳統的漢學研究領域。

二、高校中文課程入學條件和人才培養方案

馬來西亞各中文高等教育課程都對內外開放。不論是馬來西亞國籍還是其他國籍，符合大學和課程入學條件或相等條件的學生都可以提出申請。由於管理體制有別，國立大學和私立大學的招生情況不能一概而論。表2列出八個中文課程在網頁上公佈的入學條件，作為參考和比較。

表2　馬來西亞高校中文課程的入學條件比較

	高校	馬來西亞教育文憑SPM	高級教育文憑STPM	高中統考UEC	A水準考試	文憑Diploma	大學基礎課程	課程特別條件
1	馬大（文）[4]	中文至少C	至少3.00積分，MUET英語至少2級	-	-	至少3.00積分，MUET英語至少2級	至少3.00積分，MUET英語至少2級	-
2	博大	馬來文優等，中文至少C	至少2.00積分，至少3科C，MUET英語至少3級	-	-	至少2.00積分，MUET英語至少3級	至少2.00積分，MUET英語至少3級	通過博大現代語言暨傳播學院遴選筆試和面試
3	馬大（語）[5]	中文B，或中國文學B	至少3.00積分，MUET英語至少2級，中文B	-	-	至少3.00積分，MUET英語至少2級	至少3.00積分，MUET英語至少2級	-
4	依大	馬來文C	至少2.00積分，至少3科C（包括中文）	-	-	至少2.00積分，MUET英語至少1級	至少2.00積分，MUET英語至少1級	通過馬來西亞教師遴選測試和面試，MUET英語至少2級
5	新紀元	中文優等	至少2科及格，2.00積分	5科優等	-	-	-	-
6	南方	-	至少2科相關科目及格	至少5科B	至少2.0積分	至少2.0積分	至少2.0積分	-
7	優大	中文優等	至少2科及格	至少5科B，中文B6		-	-	-
8	廈大	中文優等	至少2科C	至少5科B	至少2科D	至少2.00積分	至少2.00積分	-

資料來源：各高校網站，2019-2020年。

4　馬來亞大學文學與社會科學院官網：https://fass.um.edu.my/index。

5　馬來亞大學語文學院官網：https://fll.um.edu.my/。

從入學資格來看，各高校的遴選條件一般有四點：學歷、最低積分、中文水準和英文水準。在學歷方面，國立大學的最低學歷要求是高級教育文憑STPM，或文憑Diploma，或大學基礎課程Foundation。這些文憑都等同于大學預科資格。私立高校也接受高中統考UEC或A水準考試的成績。在學術積分方面，所有高校最低積分要求一般是2.00分，但是馬大要求3.00分或以上。在中文水準方面，一般高校要求中文優等，馬大甚至列明至少C等或B等。至於其他語文方面，馬來西亞國籍學生必須考獲馬來文優等的成績，依大要求學生的馬來文成績必須C等或以上。國立大學對學生的英文水準也設下最低標準，一般上MUET英語至少2級，越高級越好，而私立高校沒有注明這點。MUET（Malaysian University English Test）是馬來西亞大學英文水準鑑定考試，由馬來西亞考試委員會（Malaysian Examination Council；Majlis Peperiksaan Malaysia）所舉辦的英語能力鑑定測驗，MUET文憑主要受馬來西亞和新加坡學府所承認[6]。MUET一共分為六個等級，而高校一般只要求至少二級，在300總分中只有100-139分，歸入「有限」的英文能力[7]。可見高校對中文高等教育學生的英文水準雖然設定標準，但是要求其實並不高，只需達到基礎程度即可。

相比之下，國立大學的入學要求比私立高校的要求高一些。國立大學中，又以馬大兩個中文課程的入學要求最高，即積分3.00以上，而且馬來西亞教育文憑SPM的中文或中國文學科至少C等。以馬大貴為2020年全球排名前70的首要大學[8]，這稍微偏高的入學要求是可以理解

---

6 New Straits Times. The MUET impact. Press Reader. 2016-07-24, https://www.pressreader.com/malaysia/new-straits-times/20160724/282939564652904, 2019-07-15.

7 馬來西亞大學英文水準鑒定考試，2019年7月15日，https://zh.wikipedia.org/wiki/，2020年7月23日。

8 QS World University Rankings, https://www.topuniversities.com/university-rankings/world-

的。博大也有附加入學要求，即申請者必須通過大學自設的遴選筆試和口試。博大和馬大一樣，皆為研究型大學，同屬馬來西亞排名前五名的首要大學。

另外值得一提的是依大。依大的前身是教育學院，成立宗旨是培訓師資，中文課程因而結合教育學，入學要求也比其他高校多。要申請依大中文教育課程，學生不但需要符合大學基本入學要求、學院入學要求之外，MUET英語至少二級，而且還要在馬來西亞教師遴選筆試和面試中都及格。一些申請者由於無法通過馬來西亞教師遴選測試，或面試不及格，退而申請其他高校的中文學士課程。依大設定附加入學條件是有理由的。中文教育的學生在畢業後基本上都投身教育界，成為國立中學中文教師，因此有必要設定教師遴選測試的鑑定，篩選合適的學生。

其他高校在人才培養方案方面，並沒有專才教育的規定。一般中文課程都儘量擴大畢業生的就業與發展範圍。譬如韓江如此描述畢業生前景：「面向職場，畢業生出路廣泛，舉凡文教界工作，如學術研究、教育、寫作、翻譯、廣告文案、傳播出版、公關、行政、秘書、中文網頁設計與管理等。」而優大列下的是「教育工作者、作家、文字工作者、記者、編輯人員、翻譯人員、研究員及行政人員，任職於國內各大政府及私人機構」；新紀元則是「教師、文字創作、媒體從業者、研究員、文化包裝及創新工作」；廈大是「新聞、編輯、中文教育、人文科研、對外交流、戲劇創作、行銷廣告、商業文案、公共關係等」。

綜合來看，除了依大注重中文教師專才教育，其他高校都走中文通才教育路線，畢業生能夠從事任何與中文相關的工作。從課程培養

university-rankings/2019，2019-07-24.

人才方案來看，除了廈大提到「對外交流」，其他高校中文課程一般都在培養掌握中文的文教界新軍，如學術研究、教育、寫作、翻譯、戲劇創作、行銷廣告、商業文案、傳播出版、媒體電訊等方面，處理教學、公關、行政、秘書、中文網頁設計與管理等工作。

三、高校中文課程整體設置

課程基本設置可從學年、學分、整體架構來看。根據馬來西亞認證局（Malaysian Qualifications Agency）2017年版設定的資格框架（Malaysian Qualifications Framework），學士課程需要最少三年學習時間，累積至少120個學分才符合標準[9]。馬來西亞所有高校不例外，皆按照規定設置。從表3所展示的各高校的整體基本設置，明顯可見國立大學的學年比私立高校更長，其中以依大四學年制最久，而馬大和博大都採用三年半制，一共七個學期。私立高校一律只是三年制，具策略意義。學年短，學生就能早點畢業，這對畢業生就業以及高校招生的競爭力肯定有利。

學年的長短對畢業所需學分產生直接的影響，可以說是成正比。從表3可見，在國立大學，畢業所需學分都在124分和128分之間，依大則需138分畢業。除了優大需要124分之外，一般私立高校只設定最基本的120分為畢業學分要求。因此，從學年和畢業學分來看，國立大學的中文課程設置要求比私立高校更高，而私立高校一般只作最少學年和最低學分要求。

9 Malaysian Qualifications Framework (MQF) 2nd Edition, http://www2.mqa.gov.my/mobile/mqf.html, 2019-07-25.

表3　馬來西亞高校中文課程整體設置比較

	高校	學分	學年	架構
1	馬大（文）	125	3.5	單主修
2	博大	128	3.5	單主修
3	馬大（語）	124	3.5	單主修／副修
4	依大	138	4	單主修
5	新紀元	120	3	單主修
6	南方	120	3	單主修
7	優大	124	3	單主修
8	韓江	120	3	單主修
9	廈大	120	3	單主修

資料來源：各高校網站，2019年。

在2019年研究的時間點上，在課程架構方面，馬來西亞所有中文高等教育都是單主修架構，由課程必修課、課程選修課和大學必修課組成，幾乎沒有副修課（minor course）。依照馬來西亞國家高教理事會（Majlis Pendidikan Tinggi Negara, MPTN）的規定，國立大學課程必修課（program compulsory course）的學分比率規定在50%-65%，而課程選修課（program elective course）的學分比率在25%-30%，大學公共課（University course）10%-20%[10]。譬如，博大的中文課程必修課占54%，選修課26%，而大學公共課占20%[11]。

四、高校中文課程內容

馬來西亞高校中文教育到底教些什麼？綜觀各高校課程，所有

[10] Jabatan Pengajian Tinggi, 2018 Garis Panduan Pembangunan Program Akademik Universiti Awam (edisi Kedua), https://umexpert.um.edu.my/file/publication/00003125_166658_78749.pdf, 2019-08-13.

[11] FKBMK1_MAJOR_BAHASA_CINA, https://fbmk.upm.edu.my/upload/dokumen/FKBMK1_MAJOR_BAHASA_CINA.pdf, 2019-06-24.

科目可以分成五大科項，即文學、語言、史哲、文化、其他。有的高校側重一個科項，譬如，馬大語文學院側重語言項；馬大文學院、新紀元、韓江，則側重文學項，因為文學科目數量遠超其他項科目的數量。有的高校兩個科項並重，譬如博大和依大兩校的文學項和語言項比較平均，博大文學項15科，語言項13科，依大兩項都是11科。

在五大科項中，廣受各大高校重視的是文學項。除了馬大語文學院，其他高校八大中文課程都以文學科目最多。文學項的科目有：古典文體類如古典文學、詩詞、文選、小說、戲曲等等；而現代文體之類如現代文學、當代文學和馬華文學。唯依大開辦兒童與青少年文學。韓江的文學項頗有特色，在創意中文選修項中，除了詩歌、散文、小說三方面的鑑賞與創作，還有影視文學與創作。

語言項的科目包括本體和應用，包括跨學科語言學。多數高校都開辦語言學概論、現代漢語、古代漢語、語音、文字、翻譯。應用語言或跨學科語言學科目如媒體與中文、漢語廣告和工作漢語。各語言課一般只開一科，如訓詁學和心理語言學；但是也有一些課超出兩科，譬如馬大語文學院的中文技能一共6科，即中文技能（一）到（六）。

史哲項的科目數量比較少，但是一些高校的史哲科目上課學期比較長。韓江、新紀元、南方、廈大、馬大文學院開辦的中國歷史課就長達兩個學期。一些高校的中文課程卻沒包括史哲科目，譬如依大和馬大語文學院就完全沒有史哲課。雖然如此，許多文學科目，尤其是古典散文和韻文，都涵蓋史哲成分。

文化項的科目在五大科項中比較受忽略。有的高校中文課程完全沒有開辦文化課，如博大。有的高校只開一科文化課，譬如依大只開辦中國藝術。廈大開辦九科文化課，但是全都屬於選修課，因此學生未必修讀文化科目。

「其他」項納入前四科項之外的科目。最主要的是學術論文、學術寫作方法，以及實習三科。不過，最大部分是與技能或工作相關的科目，包括讀和寫技能、報導、訪談、編輯、表演、廣告、歌詞創作。另外，國際性課題研究的科目，如：本土研究專題、當今世界、當代東南亞國際關係，也歸入「其他」項。

開辦中文課程的馬來西亞高校，師資都很強大。不論是在國立還是私立高校的中文課程導師，絕大多數有博士資格，或至少有碩士資格。他們畢業自海內外，不少是馬來西亞高校中文系的本科畢業生，後來負笈中國、新加坡、英國等地考取博士學位，一些更是從本科到博士都是從馬來西亞的中文系畢業。中文系導師們的研究領域很廣，主要是海內外和當地的文學和語言研究，也有在地文化和歷史的整理和探討。

馬來西亞八所高校九個中文課程，主修課都是以中文講學。然而，一小部分由其他科系開辦的選修課，教學媒介語是英語、馬來語或其他語文。譬如，在「其他項」中，博大的馬來文和外文就不是以中文教導。優大有八科選修課也以英文教導，即大眾傳播入門、心理學、大眾媒體與社會、新聞報導與寫作、英語與大眾媒體、組織與人事管理、管理原則、翻譯理論與實踐。除此之外，各高校中文課程中的大學公共課全部都以英文或馬來文為教學媒介語。因此，在馬來西亞念中文高等教育的學生依然接觸英文或馬來文教學。

結語

馬來西亞高校的中文教育為小學和中學母語教育實現完美地銜接。這接連而上的全套中文教育，將母語教育完整建立，是母語教育在海外成功發展的鐵證。馬來西亞八所國立和私立高校一共九項中文課程，數量雖稍小，然而，對維護中華文化和漢語言圈的人們，特別是當地華人，意義卻重大。更重要的是，各高校中文課程基本上都延續漢學研究傳統特色，與國際接軌。這些中文課程的入學條件、畢業學分要求、單主修架構，大同小異。然而，課程設置各有特色，譬如依大結合漢語和教學，韓江設選修分類，博大則文學和語言並重。雖然如此，整體的課程設置是傾向文學和語言，比較少史哲、文化、職場和技能科目。

馬來西亞中文高等教育固然需要向世界一流的中文課程看齊，同時也要樹立自己的特色。目前這些高校都強調傳統漢學的傳承，注重古代文史哲，還有語音、詞彙語法。然而，課程不是永遠不變的。或許有的高校也覺得有必要開辦一些新科目，如中國科學史[12]。中文高等教育也可以突破現有範圍，探討語文和文學以外的學科，擴展至教育學和其他連帶方面的應用領域。無論如何，課程的設置和改動都應該以課程專業為基本，再以學生的就業需要為主要考量，跟進時代需要和發展。為了避免資源浪費，高校之間的聯繫與合作非常重要，冀互補互助，達到資源分享共贏。

12　Voon Phin Keong（文平強）：〈彌合學科鴻溝：中國研究主題與當代問題之間聯繫的探索〉，收入許文榮、謝川成主編：《洪天賜教授七秩華誕紀念論文集》（吉隆坡：馬來亞大學中文系畢業生協會，2006年），頁299-336。

廈大馬來西亞分校華族生華語、馬來語、英語學習歷程與水準之訪談及問卷調查評測*

金美
廈門大學中國語言文學系
語言學及應用語言學專業副教授

導言

1957年馬來西亞獨立建國以來，隨著政府諸多語言教育政策的頻繁頒佈實施，要求華人在義務教育階段（中學畢業前）接受系統的華語、馬來語和英語三語教育（在馬來西亞簡稱為「三語」），其中，建國之初政府就確立了馬來語的「國語」地位，並力圖逐漸將其發展為各級各類學校的教學媒介語，尤其在公立中小學的國中和國小，以及從非公立學校改制後納入政府教育體制的各族裔的國民型中小學；英語雖然是沒有母語使用群的外語，不像馬來語、華語、泰米爾語那樣有特定族群使用，但因在建國前的英國殖民統治時期「一語獨大」，建國後雖降為馬來語之後的第二語言，但此後依然一直承擔著各族群之間通用語的功用，在獨立建國後的大部分歷史時期中幾乎跟馬來語一樣是各類中小學的必修必考科目；華語作為華族的母語，在華語作為教學媒介語的「獨中」（華文獨立中學）和「華小」（華文小學），以及在從華文中小學改制而來的國民型中小學使用，且是必修必考的科目。

* 項目來源：國家語委「十三五」科研規劃2019年度重點專案「漢字文化圈主要國家／地區中小學母語教育教學資源建設狀況調查與研究」，課題編號：ZDI135-84。

此外，目前在許多公立的國民中小學如「國中」、「國小」和一些私立學校如英文中小學和泰米爾語中小學都不同程度地開設有華語的必修課或選修課，隨著中國國際影響力的日益增強和馬中各領域合作交流的需要，開設中文課的各級各類大中小學越來越多。因此，對華人三語的學習歷程、學習語境和水準現狀進行具體的調查評測及三語學習成效之間的比較，具有重要的理論價值和現實意義。

本文調查資料來源自作者2017年至2018年在廈門大學馬來西亞分校中文系任教期間針對本系2016級、2017級馬來西亞本土華族生所進行的問卷調查及訪談調查，此兩級華族生共計97名，在全覆蓋發放、回收問卷後，獲取了85份有效問卷，含2016級43份、2017級42份，有效問卷數占兩級全部華族生總人數的88%。同時，課下又對這兩級華族生進行了個別訪談，重點訪談佔比88%有效問卷的這部分華族生，以便對照分析問卷資料，探因溯源。以下本文從廈大馬來西亞分校華族生華語、馬來語、英語的學習始末、學習語境及學習水準評測三個方面來進行論述。

一、廈大馬來西亞分校華族生華語、馬來語、英語學習始末

本文問卷調查針對華族生提出了關於三語學習的始末問題：你通過學習獲得的語言和方言都有哪些？學習的起始和完成時間？要求寫出所有語言和方言（方言和其他語言研究作者另著有論文），需填答年齡。華族生對華語、馬來語和英語的學習始末時間所呈現的三語啟蒙教育時間與完成時間的填答情況，本文清單配圖歸納分析如下。

（一）華族生華語、馬來語、英語的啟蒙教育

本文問卷調查要求華族生填答其接受華語、馬來語、英語啟蒙教

育的年齡，包括非系統性規範性教育的學齡前三語習得的年齡與進入學校後接受系統的三語教育的年齡。

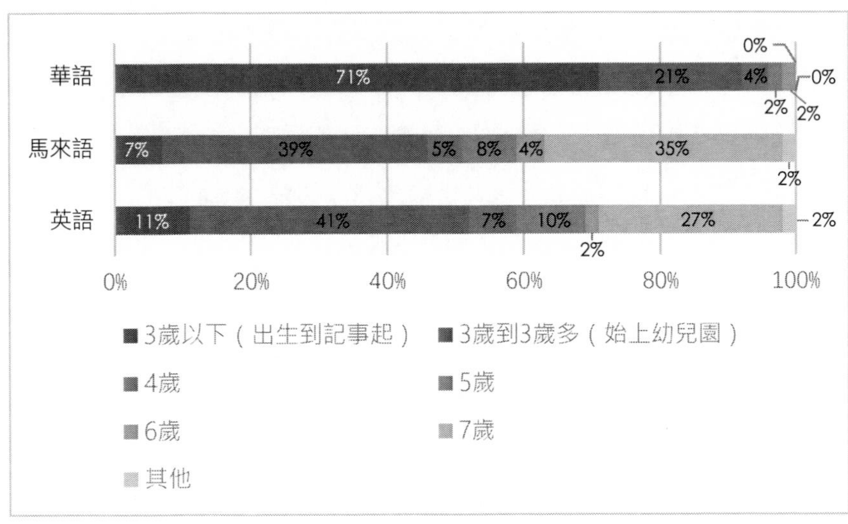

圖1-1　馬來西亞華族生華語、馬來語、英語學習起始時間百分比圖

從上圖來看，華人家庭的三語啟蒙教育中，華語普遍最早，人數所占比例也最高，從出生到記事起的3歲以前這段時間，71%的華族生就已開始接受漸進式家庭華語教育，接受教育的語境是家庭。可見華人家庭十分注重從小對華人小孩的華語啟蒙教育。相比之下，同期的馬來語只有7%，英語只有11%。而且，結合訪談調查得知，這些接受非華語啟蒙教育的少數學生，都有其自身特殊的家庭環境成因。首先，11%接受英語啟蒙教育的原因主要是華族生的父親有英文教育背景，母親說方言，所以3歲以前說英語，其中有一名華族生，父親是說英語的印度人，不會說華語，她從學說話起就跟父親及父親家族說英語，跟母親說方言，而不會說印度族的泰米爾語，在4歲才開始學華語和馬來語。其次，有的華人父母基於馬來語和英語在馬來西亞的國語

和通用語的語言地位，為小孩將來生存和發展的需要，從小有意跟小孩說這兩語，而且父母都用它交談，尤其是祖輩就出生在大馬的本土華人（又稱土生華人）家庭，馬來語水準較高。此外，還有從小接觸的親友鄰居是說馬來語者的特殊家庭環境的原因，如華族生從小因父母忙於工作而將其交由說馬來語的印尼籍保姆照顧，華族生因此自小從保姆身上習得馬來語，至今馬來語水準比華語高。

調查問卷顯示，隨後在3歲及3歲多始上幼稚園這個階段，華族生開始啟蒙學習馬來語和英語的比例分別升高到39%和41%，始學華語的占21%。此後的4歲、5歲、6歲三個年齡段，三語的始學比例都不高，都在10%及以下，其中，華語0%-4%、馬來語4%-8%、英語2%-10%。

直到7歲入小學這個時段，始學馬來語和英語的華族生人數才迎來了又一個高峰，分別占比35%和27%，而華語的始學人數在7歲小學入學時只剩了最後2%，其餘98%的華族生此前已啟蒙學習了華語。在8歲之後，始學馬來語和英語的華族生都只剩了最後的2%。

上述資料說明，三語中，華族生的華語啟蒙教育主要是在華人家庭內部從其出生後牙牙學語即開始，至遲到3歲及3歲多上幼稚園這個階段，有92%的學生已經開始接受了華語啟蒙教育，至7歲入小學時達到100%；但華族生馬來語和英語的啟蒙教育卻主要在幼稚園和小學才起步，馬、英兩語占比分別為74%（幼稚園39%+小學35%）和68%（幼稚園41%+小學27%），至7歲入小學時兩語始學人數都分別占比98%，說明兩語主要是以學校教育為主，包括幼稚園[1]。

[1] 馬來西亞幼稚園也受政府教育體制管理。2010年12月馬來西亞教育部成立「全國學前教學理事會」，並定期派員視察全國各地幼稚園，後來要求所有幼稚園採用政府《學前課程綱要》。

（二）華族生華語、馬來語、英語的學習完成時間

本文問卷調查要求華族生填答其華語、馬來語、英語三語的學習完成年齡而學習起始時間不論，包括非系統性規範性教育的學齡前三語學習完成的年齡與進入學校後完成系統的三語學習的年齡。

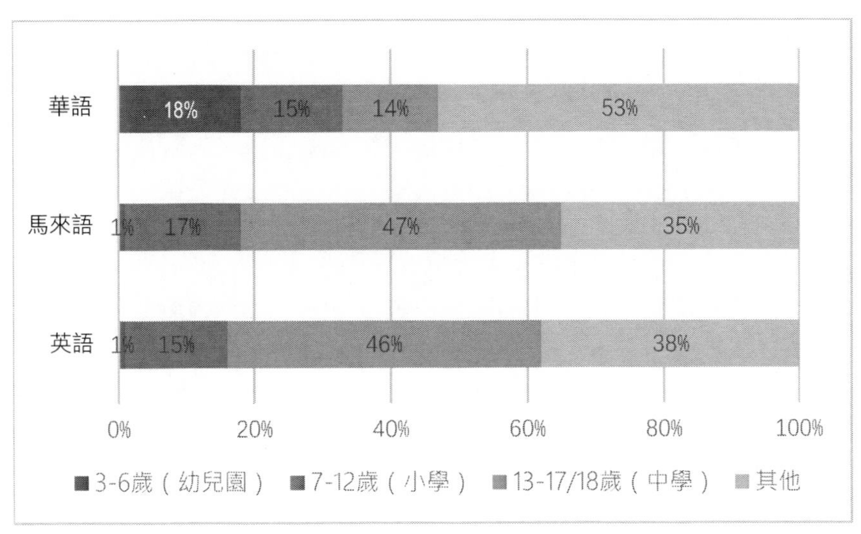

圖1-2　馬來西亞華族生華語、馬來語、英語學習完成時間百分比圖

從三語學習完成時間的上圖資料看，華語在3-6歲的幼稚園、7-12歲的小學及13-17/18歲的中學這三個階段中，都有比較均衡的漸進式分布，分別為18%、15%和14%，合計占比47%，而至今大學時期華語仍在學習、尚未完成的則為53%。相比之下，馬來語和英語的分布除了在7-12歲的小學階段與華語相近，分別占比17%和15%以外，其餘階段都與華語有較大的差異。尤其在3-6歲的幼稚園階段，占比極低，均為1%，為個別特例；在13-17/18歲的中學階段，分別占比高達47%和46%，比同期的華語高出三十幾個百分點；中學畢業前的這三個階段

兩語合計占比分別為65%和62%，而大學階段兩語仍在學習、尚未完成的則分別為35%和38%。

根據上述資料並結合對華族生的訪談調查可知，他們華語的學習完成時間符合母語習得的漸進性特徵和規律，從聽說讀寫能力來看，有近五分之一的人在7歲進入小學正式的學歷教育前就已完成了聽說為主的母語習得，一部分人還具備了兒童基本交流所需的讀寫能力；在小學、中學畢業時又各有一部分人完成了聽說讀寫兼有的華語的學習，中小學合計占總數的三分之一。但有個別學生在接受訪談時很不滿地說，其所上的國民型中小學是馬來語為媒介語，不教授華語。可見華人的華語學習主要還是依賴家庭語境和華人社群語境。而到了入讀大學階段，53%的華族生表示華語仍在學習、尚未完成，這個53%的比例，比馬來語和英語的35%和38%都高出十幾二十個百分點，這說明了華族生對於母語的學習水準存在較高的期待值，以及華語的學習過程主要靠在家庭和社會語境中的漸進式習得，因此漸進性和高期待值使他們確認自己華語學習的完成時間既均衡又延後。而馬來西亞教育部對於華族生的馬來語和英語水準有明確的教育政策規定，因此，他們從入讀小學接受正式的學歷教育開始有了一定比例的「完成」占比（17%和15%）；到中學階段，學校有學業畢業考試，要求兩語達到相應水準，因此就出現了47%和46%高比例。訪談中，華族生多表示，除非工作或生活的特別需要，一般他們的兩語尤其是馬來語水準，應該就是維持在中學畢業那個水準了。這說明馬來西亞政府對華族生馬來語和英語的政策和具體的語言水準達標要求，導致華族生的兩語水準中學畢業時達到峰值。這也是近一半的學生把馬來語、英語學習的完成時間填答在中學階段的原因。而填答至今仍在學習、尚未完成的占比則分別只有35%和38%，比華語的53%低了約十幾二十個百分點。由於馬來西亞本國的升學和就業政策對華人有限制，因此經濟條件較好的華族生家庭一般有意讓子女到歐美、新加坡、香港等英語國家或地區留學，又由於上世紀九〇年代後中國的崛起及中馬關係的向好，華族生繼續學習華語和英語的願望較為強烈，尤其是華語，根據本文的問卷調查並另有專文論述，高達90%的華族生確認其母語是華語，其餘選擇為：粵語5%、閩南語3%、潮州話和海南話各為1%[2]。而且，儘管實際上他們的華語水準不低，華族生中也分別有10%左右和70%左右的人認為自己的漢語「很標準」和「標準」（見下文「三」學習水準評測），但是，他們仍有不斷提高母語華語水準的強烈願望，因此，他們中有53%人表示華語的學習仍在繼續、尚未完成，體現了對母語水準的高期待值。

二、廈大馬來西亞分校華族生華語、馬來語、英語學習語境

本文針對調查對象85名華族生從出生至今華語、馬來語、英語的學習語境、完成過程和年限，進行了問卷調查。其中，學齡前三語習得起始年齡，分設了幾個層級：3歲以下（出生到記事起）起始、3歲及3歲多（始上幼稚園）起始、4歲起始、5歲起始、6歲起始及7歲起始；三語習得、學習的完成階段，分設了幾個層級：3-6歲（幼稚園）完成、7-12歲（小學）完成、13-17/18（中學）完成及「至今（尚未完成）」（本文調查時間2017-2018年）。又通過對華族生的訪談得知，馬來西亞幼稚園一般是3歲或3歲多入園，至7歲小學入學，因此7歲前為學齡前。7-12歲為小學階段，13-17/18歲為中學階段，直到中學畢業，18／19歲開始進入大學先修班或大學。

2 金美：〈廈大馬來西亞分校華族生本族語與方言習得評測及族群認知〉，收入黃高飛、陳曉錦主編《第七屆海外漢語方言國際研討會論文集》（廣州：中山大學出版社，2021年）。

本文將學習三語的華族生劃分為各個不同的學習起始年齡段後，每一個起始年齡段又對應了幾個不同的學習完成年齡段，再進行至今各年限的調查資料統計並清單配圖對比分析。其中，因4歲、5歲、6歲人數很少，僅0-8名，故僅列表而未配圖。

（一）家庭語境

家庭環境是華族生習得華語的主要語境，華族生們大多生活在父母雙方都是華人、家庭語言兼說華語和方言的家庭。在訪談中，很多學生都使用了「耳濡目染」這個詞來表述他們從小漸進式自然習得華語的家庭語境和過程。下面本文根據華族生所填答調查問卷的統計資料，整理歸納出他們3歲進入幼稚園之前在家中開始習得華語、馬來語、英語至完成時間的年限圖表：

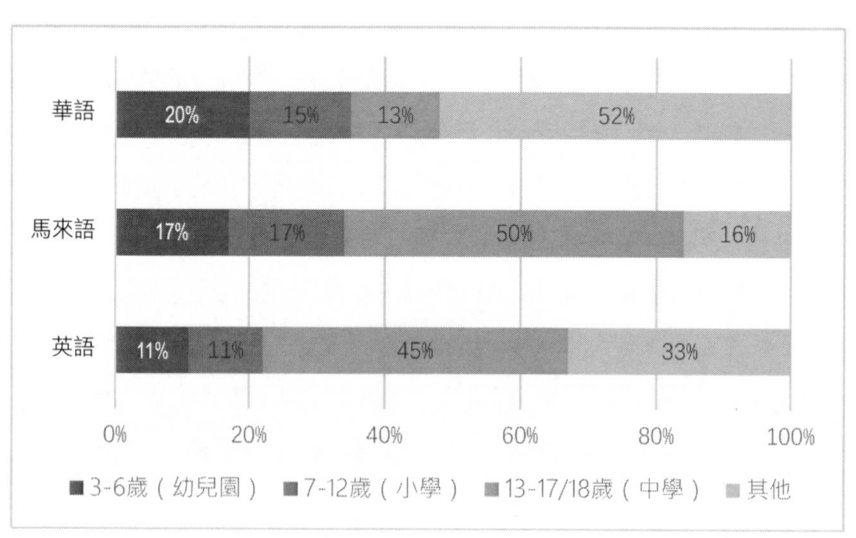

圖2-1　3歲以下（出生到記事起）起始到「至今」各年限圖

表2-1　3歲以下（出生到記事起）三語習得起始到「至今」各年限表

年限	完成時間	3-6歲（幼稚園）	7-12歲（小學）	13-17/18（中學）	至今	總計
華語	人數	12	9	8	31	60
	百分比	20%	15%	13%	52%	100%
馬來語	人數	1	1	3	1	6
	百分比	17%	17%	50%	16%	100%
英語	人數	1	1	4	3	9
	百分比	11%	11%	45%	33%	100%

從2-1圖表可見，從「三歲以下」起始到本文實施調查的「至今」（2018年）完成的十幾年中，華族生們三語習得到完成年限的占比各不相同。華語此階段共計60人，完成時間20%的在3-6歲（幼稚園）、15%的在7-12歲（小學）、13%的在13-17/18歲（中學）、52%在「至今」；馬來語此階段共計6人，50%的在中學完成，其餘的均衡分布在其餘三個時期；英語此階段共計9人，幼稚園、小學、中學、「至今」這四個時期分別占比11%、11%、45%、33%。從三語比較來看，這階段華語如前所述，顯示出習得時間早，人數占比多，華族生對自己華語水準高要求、高期待值等特徵，馬來語和英語選填人數都很少，分別占85名受訪者的7%和10.6%，說明這兩語早期習得的華族生很少。兩語選擇學齡前完成的都只有個別人，經訪談得知，都是因為特殊的原因造成，比如從小父母就將受訪者交給說馬來語的印尼保姆共同生活，因此自其記事起就習得馬來語。

（二）家庭兼社會語境

馬來西亞華族生一般在3歲或3歲多開始上幼稚園，進入兒童小社會環境，故此後至7歲入讀小學之前，他們在家庭語境兼社會語境的雙重語境中生活。本文由問卷調查及訪談統計出的資料繪製如下圖表。

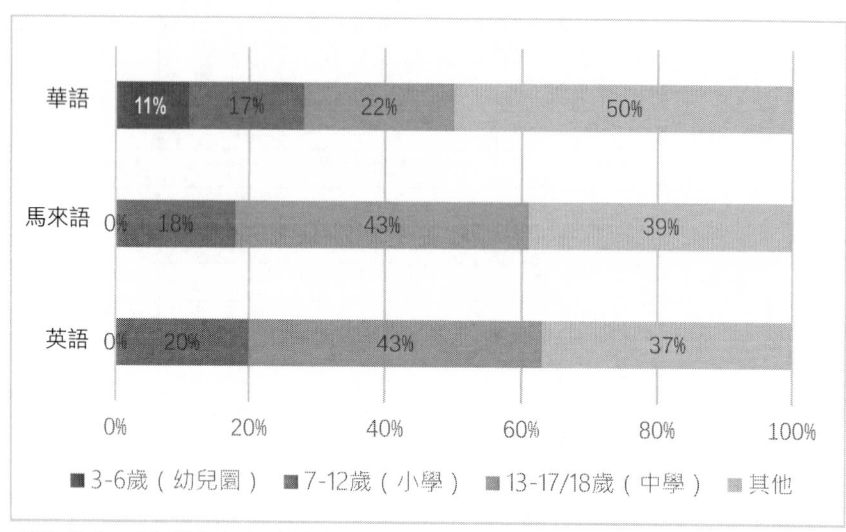

圖2-2-1　3歲及3歲多（始上幼稚園）三語習得起始到「至今」各年限圖

表2-2-1　3歲及3歲多（始上幼稚園）三語習得起始到「至今」各年限表

年限	完成時間	3-6歲（幼稚園）	7-12歲（小學）	13-17/18（中學）	至今	總計
華語	人數	2	3	4	9	18
	百分比	11%	17%	22%	50%	100%
馬來語	人數	0	6	14	13	33
	百分比	0%	18%	43%	39%	100%
英語	人數	0	7	15	13	35
	百分比	0%	20%	43%	37%	100%

上面2-2-1圖表呈現的是華族生從3歲及3歲多開始上幼稚園後三語習得起始到「至今」的各年限情況，這時，比起3歲前純家庭語境，幼稚園既是兒童小社會又有微弱的學校因素，此階段華族生主要處於家庭語境兼社會語境。從圖表中呈現的統計資料看，華語此階段共18人，占85名被訪者的21%，幼稚園、小學、中學、「至今」的完成時間依次占比為11%、17%、22%和50%，說明到大學的華族生，仍有一

部分人繼續學習華語；馬來語此階段共33人，占85名被訪者的39%，幼稚園、小學、中學、「至今」的完成時間依次占比為0%、18%、43%和39%；英語此階段共35人，占85名被訪者的41%。幼稚園、小學、中學、「至今」的完成時間依次占比為0%、20%、43%和37%。這一階段三語相比，英語和馬來語人數都較多，占比較高，但完成時間幼稚園時都為零，說明學齡前幼稚園沒有完成二語的。完成時間都在中小學時期，尤其是中學時期，人數是小學時期的一倍。「至今」的占比跟中學時期近似而略低，說明到了中學和大學時期，馬來語和英語的學習都達到了巔峰。

表2-2-2　4歲三語習得起始到「至今」各年限表

年限	完成時間	3-6歲（幼稚園）	7-12歲（小學）	13-17/18（中學）	至今	總計
華語	人數	1	1	0	1	3
	百分比	33%	33%	0%	34%	100%
馬來語	人數	0	1	1	2	4
	百分比	0%	25%	25%	50%	100%
英語	人數	0	2	0	4	6
	百分比	0%	33%	0%	67%	100%

表2-2-3　5歲三語習得起始到「至今」完成各年限表

年限	完成時間	3-6歲（幼稚園）	7-12歲（小學）	13-17/18（中學）	至今	總計
華語	人數	0	0	0	2	2
	百分比	0%	0%	0%	100%	100%
馬來語	人數	0	0	5	2	7
	百分比	0%	0%	71%	29%	100%
英語	人數	0	0	7	1	8
	百分比	0%	0%	88%	12%	100%

表2-2-4　6歲三語習得起始到「至今」完成各年限表

年限	完成時間	3-6歲（幼稚園）	7-12歲（小學）	13-17/18（中學）	至今	總計
華語	人數	0	0	0	0	0
	百分比	0%	0%	0%	0%	0%
馬來語	人數	0	1	0	2	3
	百分比	0%	33%	0%	67%	100%
英語	人數	0	0	0	2	2
	百分比	0%	0%	0%	100%	100%

以上表2-2-2、表2-2-3和表2-2-4這三表分別是華族生4歲、5歲和6歲三語習得起始到「至今」完成各年限資料表。人數都比較少，各項均在0-8人之間。三語習得起始到「至今」完成各時期，4歲：華語、馬來語和英語分別共有3人、4人、6人；5歲：華語、馬來語和英語分別共有2人、7人、8人；6歲：華語、馬來語和英語分別共有0人、3人、2人。三語均很少。

（三）學校語境

馬來西亞華族生通常在7歲進入小學開始接受系統化、規範化的三語學校教育，其中各級各類中小學馬來語、英語都是必修、必考課目。華語在辦學經費華人自籌的私立學校華文中小學「獨中」和「華小」以及大部分國民型中小學都是必修必考課目，是教學媒介語。國民型中小學是華文中小學改制後進入馬來西亞國家教育體系、由政府提供教育經費的學校。而公立中小學「國中」「國小」與其他私立學校如英文學校和印度族的泰米爾學校等，華語一般都是選修選考課。訪談中，華族生表明，他們的馬來語和英語在學校環境中不僅一直作為必修課學習、考試，而且師生之間、學生之間互動較多，中學畢業後回到華人家庭和華人社群中，主要靠華語和方言溝通，使用馬來語和英語的語境少，因此進行調查時這兩語的水準實際上基本維持在中學畢業水準。

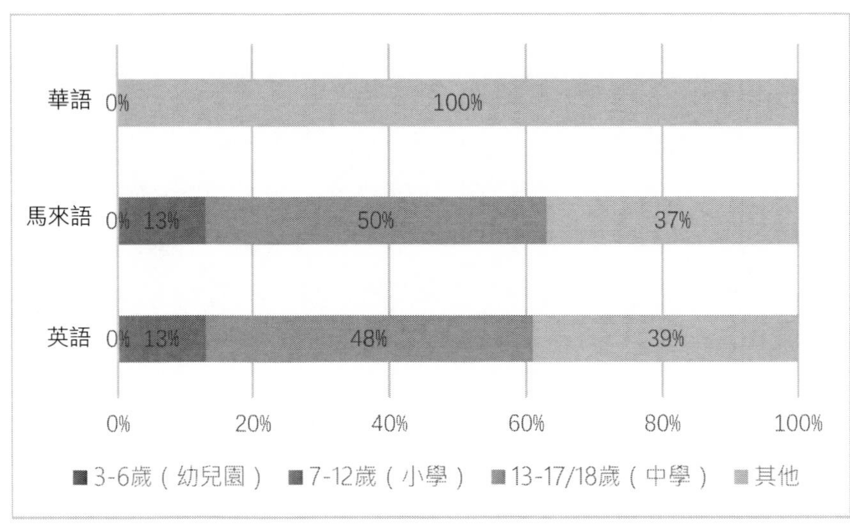

圖2-2-5　7歲（小學）三語學習起始到「至今」完成各年限圖

表2-2-5　7歲（小學）三語學習起始到至今完成各年限表

年限	完成時間	3-6歲（幼稚園）	7-12歲（小學）	13-17/18（中學）	至今	總計
華語	人數	0	0	0	2	2
	百分比	0%	0%	0%	100%	100%
馬來語	人數	0	4	15	11	30
	百分比	0%	13%	50%	37%	100%
英語	人數	0	3	11	9	23
	百分比	0%	13%	48%	39%	100%

從上面圖表中看，華族生7歲上小學，從三語學習起始到「至今」完成各年限資料來看，華語的人數已只剩2人且學習完成時間都為「至今」，通過訪談得知，這2人因從小家庭語言是潮州話和粵語，7歲入

讀華小後因學校禁止使用方言才開始學華語，其在85名受訪者中占比僅2%，說明絕大多數華族生在入讀小學前就已通過家庭和社會語境習得了華語。這一階段馬來語和英語總的人數則不少，馬來語、英語總計分別為30人、23人，在85名受訪者中分別占35%、27%。學習的完成時間，馬來語4個時期各為0%、13%、50%、37%，英語4個時期各為0%、13%、48%、39%。兩語的資料幾乎持平，都沒有幼稚園時期完成的人，中學時期比小學時期完成的人都多近3倍，至今尚未完成的人數介於中小學之間、靠近中學，說明占比30%左右的華族生馬來語、英語都是通過7歲入讀小學後才開始學習，並且沒有人在學齡前完成學習。

表2-2-6　8歲13歲華語馬來語英語學習起始到中學畢業完成各年限表

年限	完成時間	3-6歲（幼稚園）	7-12歲（小學）	13-17/18（中學）	至今	總計
華語	人數	0	0	0	0	0
	百分比	0%	0%	0%	0%	0%
馬來語	人數	0	0	2	0	2
	百分比	0%	0%	100%	0%	100%
英語	人數	0	0	2	0	2
	百分比	0%	0%	100%	0%	100%

受訪者中最晚學習馬來語和英語的兩名華族生，一名是8歲小學二年級開始學習，另一名是13歲初中一年級開始學習。兩人的兩語完成時間都在中學畢業時。從整個學習過程來看都較短，尤其13歲那名華族生，很短，只有五六年時間。但他們的馬來語和英語水準測評結果都是能交流、甚至標準，8歲起始學習的那名華族生馬來語4項語言水準3332，語音、詞彙和語法都是3級「不標準但能交流」，文字水準為2級「標準」；英語的4項語言水準2222，都是2級「標準」。13歲起始

學習的那名華族生兩語的水準都是3222，即兩語語音均為3級「不標準但能交流」，兩語的詞彙、語法和文字都為2級「標準」。而再對照這兩人的華語學習，8歲的那名在3歲開始學習華語並在小學時期完成；13歲那名在3歲以前記事起就開始習得華語，至今尚未完成。他們的馬來語、英語學習年限短，但華語的學習起始都最早而且年限較長。

總之，從廈大馬來西亞分校華族生的三語習得和學習的語境來看，他們三語的習得和學習離不開家庭語境、社會語境和學校語境。三種語境為互補狀態，華族生的華語幾乎全部是靠華人家庭和華人社群的社會語境自然習得，華族生華語全部能熟練流利交流，沒有交流困難的人。而絕大多數華族生的馬來語和英語都是在入讀幼稚園和小學後才開始學習，學校語境起了決定性的作用，3歲入讀幼稚園之前習得馬來語和英語的人數占比僅7%和10.6%，通過訪談得知，有幾名學生的父親是英文教育背景的，從小在家跟子女說英文。其他大多數華族生主要靠系統規範的學校教育來學習馬來語和英語，以達到能掌握運用的程度，但兩語水準總體上都低於華語，而且大部分人表示在完成中學階段的學習後兩語的使用範圍受限，尤其馬來語，因華族就業不易，故難以有工作社會語境，基本上大多保持在中學水準。華族生馬來語和英語使用水準大多為熟練自如的程度，只有極少數人交流困難。

三、馬來西亞華族生華語、馬來語、英語學習水準評測

本文設了4個評測等級來對馬來西亞本地華族生的華語、馬來語、英語及其他語言的水準進行問卷調查：「你通過學習／習得而獲得語言的語音、詞彙、語法和文字的水準？」4個評測等級是：1=很標準、2=標準、3=不標準但能交流、4不標準故交流困難。

（一）馬來西亞華族生三語語音、詞彙、語法和文字水準比較

表3-1　馬來西亞華族生華語、馬來語、英語語言文字水準等級及人數占比表

語言水準等級		華語		馬來語		英語	
		人數	百分比	人數	百分比	人數	百分比
語音水準	1級	10	12%	4	5%	0	0%
	2級	55	65%	41	48%	40	47%
	3級	20	23%	36	42%	41	48%
	4級	0	0%	4	5%	4	5%
詞彙水準	1級	10	12%	3	4%	0	0%
	2級	63	74%	30	35%	37	43%
	3級	12	14%	46	54%	45	53%
	4級	0	0%	6	7%	3	4%
語法水準	1級	7	8%	5	6%	1	1%
	2級	57	67%	34	40%	35	41%
	3級	21	25%	42	49%	46	54%
	4級	0	0%	4	5%	3	4%
文字水準	1級	10	12%	2	2%	1	1%
	2級	63	74%	40	47%	37	44%
	3級	12	14%	37	44%	41	48%
	4級	0	0%	6	7%	6	7%
總人數		85		85		85	

1. 三語語音水準比較

從三語的各級語音水準來看，1、2級的占比華語最高，分別達12%和65%，合計高達77%；馬來語占比分別為5%和48%，合計53%；英語1級為0%，2級為47%，兩級的合計占比低馬來語6個百分點。華語的3級23%，4級為0%；馬來語的3級和4級分別為42%和5%，與英語的

3、4級48%和5%相仿，英語3級占比略多。

以上資料說明，在語音上，華族生的華語有最高級「很標準」程度的，沒有最低級「不標準故交流困難」程度的，且占77%的大部分人在較高等級1、2級；馬來語中等上下程度2、3級的占了絕大部分，為90%，最高程度和最低程度的都極少，說明了馬來語在學校系統教育語境加上社會交流語境的作用下，絕大多數華族生的語言學習水準能夠達到中等上下程度，只有極少數能達到最高程度，同時也只有極少數為最低程度。英語最高等級為0%，說明儘管學校有系統的英文教育，而且訪談顯示學生們的英語學習態度積極，但由於缺少華語和馬來語那樣的自然語言習得的語境，因此依然難以達到很標準的最高級程度，中等上下程度2、3級的占了絕大部分，為95%，其中3級的比馬來語多出6個百分點，說明中下水準者英語多於馬來語，英語也有極少數的為最低程度。

2. 三語詞匯水準比較

三語詞匯水準資料表明，詞彙1級的三語占比與語音占比相仿，依次為華語12%、馬來語4%、英語0%；2級華語最高為74%，馬來語和英語均較低，分別為35%和43%，分別比華語低了近40個和30餘個百分點，而馬來語又比英語低了8個百分點；華語3級為14%，4級為0%，馬來語和英語的3、4級相近，3級分別為54%和53%，4級分別為7%和4%。由此可見，華族生1、2級占比合計86%，華語詞彙使用水準較高，遠高於1、2級合計各占39%和43%的馬來語和英語。

3. 三語語法水準比較

三語語法水準的調查資料顯示，1級水準華語與馬來語的比例接近，分別為8%和6%，英語則為1%，說明華族生感到華語語法很標準的占比減少，華語語法達到最高等級較難。2級華語水準高達67%，比

40%馬來語和41%英語高出了近30個百分點，說明華族生華語達到較高的「標準」程度的人數，比其他兩語多了四分之一以上。3級「不標準但能交流」這一項的水準，華語、馬來語和英語分別是25%、49%和54%，華語比馬來語低了24個百分點，比英語低了29個百分點，再結合4級水準來看，華語為0%，馬來語為5%，英語為4%，說明華族生華語的語法最好，比其他兩語好不少，其次是馬來語的，最差的是英語語法。

4. 三語文字水準比較

從三語文字水準資料來看，1級水準華語占比12%為最大，馬來語和英語的占比微小，分別為2%和1%，只有個別人達到1級；2級華語占比高達74%，馬來語和英語較低，分別為47%和44%，分別比華語低了27個和30個百分點。3級華語為14%，4級為0%，馬來語和英語的3級分別為44%和48%，4級相同均為7%。

從以上語音、詞彙、語法和文字的三語4個等級的水準來看，華族生華語水準整體大大高於馬來語和英語，馬來語和英語的水準總體來看相近，馬來語略好於英語。選填「很標準」的1級水準，語音、詞彙、語法和文字4項中，華語的占比分別是12%、12%、8%、12%，優秀率占總人數的1／10左右；而馬來語的占比分別是5%、4%、6%、2%，其優秀率幾乎都比華語少一半；英語的占比分別是0%、0%、1%、1%，可見英語的優秀率幾乎為零。相比之下，馬來語1級有百分之幾的占比，有少數水準特別高的學生。三語選填2級（「標準」）的4項語言水準中，華語的占比分別高達65%、74%、67%、74%，各項都占了大半人數；而馬來語的占比分別是48%、35%、40%、47%，比華語占比少了近20到40個百分點；英語的占比分別是47%、43%、41%、44%，比華語也少了20多到30多個百分點；三語選填3級水準「不標準但能交流」的是華語水準最差的一類學生，從其4項語言水準來看均占較少人數，分別為23%、14%、25%、14%；而3級的馬來語和英語的人數占比都不低，馬來語的4項占比分別為42%、54%、49%、44%，英語的4項占比分別為48%、53%、54%、48%，這兩語除了詞彙基本等同，其餘三項，英語比馬來語占比高5個左右百分點。最差的一個水準等級4級的「不標準故交流困難」，三語中華語沒有華族生選填；馬來語填答4項語言水準的占比分別為5%、7%、5%、7%，英語填答4項語言水準的占比分別為5%、4%、4%、7%，數值相近，說明有百分之幾的少數學生其馬來語和英語水準在難以交流的水準層次。

（二）馬來西亞華族生華語語音、詞彙、語法和文字4項語言水準比較

下面從單種語言華語的4項語言水準來進行比較分析。

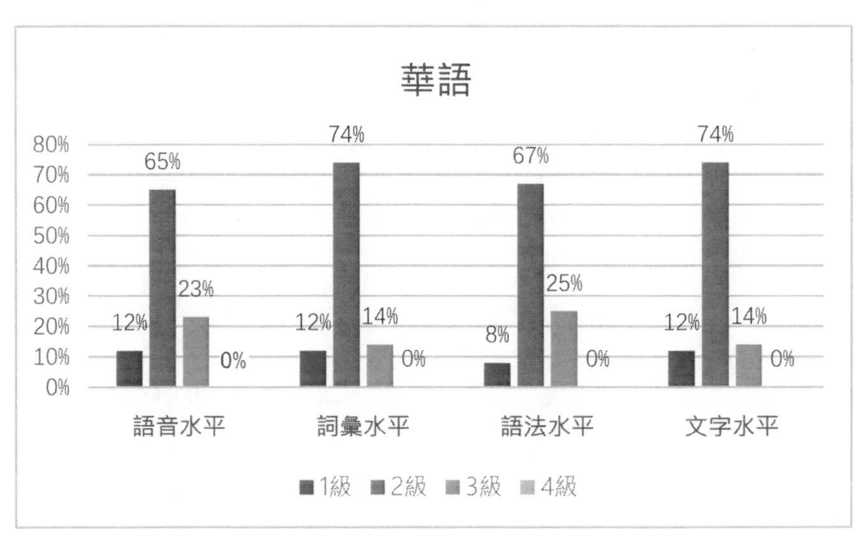

圖3-1　馬來西亞華族生華語語言文字水準等級及百分比圖

如上圖所示，單從華語這一種語言的語音、詞彙、語法和文字4項語言水準來看，比較突出的是高達65%到74%的華族生選填了其4項語言水準為2級「標準」，遠超過其他3級；其次是選填了3級「不標準但能交流」的占14%到25%；選填1級「很標準」的只占8%到12%；無人選填4級「不標準故交流困難」。

（三）馬來西亞華族生馬來語語音、詞彙、語法和文字4項語言水準比較

下面從單種語言馬來語的4項語言水準來進行比較分析。

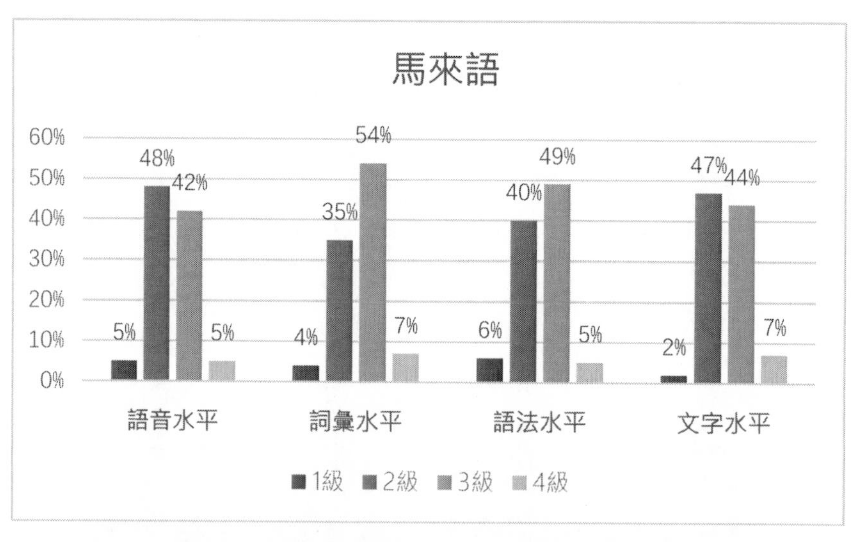

圖3-2　馬來西亞華族生馬來語語言文字水準等級及百分比圖

從上圖來看馬來語的語音、詞彙、語法和文字4項語言水準，第2級和第3級占比較大，第1級和第4級占比均較小。2級「標準」和3級「不標準但能交流」的4項語言水準，分別占比35%到48%、42%到

54%；選填4級馬來語「不標準故交流困難」的4項語言水準僅占5%到7%。

（四）馬來西亞華族生英語語音、詞彙、語法和文字4項語言水準比較

下面從單種語言英語的4項語言水準來進行比較分析。

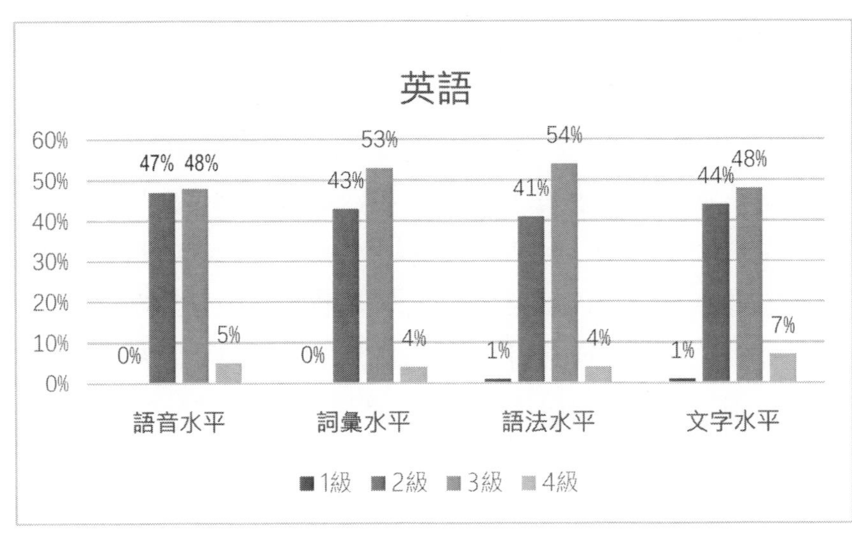

圖3-3　馬來西亞華人英語語言文字水準等級及百分比圖

上圖顯示的英語語音、詞彙、語法和文字4項語言水準，特殊點是語音和詞彙的1級「很標準」均無人選填，語法和文字都只有1%的人選填，可見，4項英語語言水準，華族生絕大多數都達不到很標準，尤其是語音和詞彙，無人很標準。第2級和第3級占比較大，第3級又略強於第2級。4項語言水準，2級「標準」的占比依序是47%、43%、41%、43%；3級「不標準但能交流」其4項語言水準的各項都略高於2級：48%、53%、54%、48%。第1級和第4級占比均較小。4項語言水

準的2級「標準」和3級「不標準但能交流」，分別占比41%到47%、48%到54%；4項語言水準選填4級英語「不標準故交流困難」的僅占4%到7%。

通過上列圖表的資料分析，我們看到馬來語與英語的學習，大部分華族生雖然是同時學習，但因為馬來語有社會和學校語境，因此馬來語學到一級「很標準」的人比英語的多，語音和詞彙都在5%左右的比例，但英語這兩項都為0%，沒有達到一級很標準水準的人。語法和文字達到一級「很標準」的馬來語是2%-6%，但英語僅為1%。說明沒有自然語境的語言學習很難達到很標準的程度。此外，詞彙水準2級「標準」的比例英語比馬來語高出8個百分點，說明學生在英語詞彙的掌握上更下功夫，學得更好。但語音、語法和文字水準3級「不標準但能交流」的比例，英語分別比馬來語高出6、5、4個百分點，說明華族生人數在這個比較差的層級英語比馬來語更多一些。在最差的4級語言水準的學生比例，語音和文字水準馬來語和英語相同，詞彙和語法水準英語分別比馬來語低3和1個百分點，顯示出英語略好於馬來語。這說明詞彙和語法靠學校的學習（如英語）尚可，不會比在不充足的社會語境中習得馬來語差，也說明華族生在社會上與馬來語語境的交融程度不夠，馬來語跟英語一樣主要靠課堂教學。

馬來語和英語的4項語言水準中，許多華族生文字水準等級選填比詞彙和語法高，說明學校教育獲得的語言書面語——文字的水準比較高。大部分學生在訪談中說，其馬來語和英語都是靠從幼稚園到大學通過學校系統化教育來學習獲得。而方言在小學就被禁止使用，連華小也禁止方言的使用，除了華文中小學「獨中」「華小」等學校，在各級各類學校的的三語課程中，華文的課時也比馬來語和英語少得多，因此比較難學的華文的書面語文字水準就並不比英語和馬來語高。

結語

總體上看，60%以上的華族生能用比較標準的華語交流。從華語、馬來語和英語這三語習得、學習的起始來看，華人家庭在三語啟蒙教育中，華語習得時間普遍最早、占比最高，85名受訪者中已有60名、占比71%華族生從三歲以下就已依託家庭語境習得華語。而同期的馬來語只占比7%，英語只占比11%。三歲以下習得三語的華族生，從其學習完成時間看，華語在幼稚園、小學及中學三個年齡段，都分布均衡，合計占比47%，選擇「至今」尚未完成的卻有53%，超過一半人。對照他們接受個別訪談時絕大多數華語熟練流利的事實，可知這個資料體現了華族生對母語華語水準的高要求、高期待值。3歲後進入幼稚園後至入讀小學前，三語的習得占比分別為21%、39%和41%，合計三歲前後華語的比例資料可見其在學齡前已高達92%，馬來語和英語則在幼稚園階段習得比例驟升至40%左右，到7歲入讀小學後達到第二個高峰分別為35%和27%。對照馬來語和英語的完成時間，卻都是年齡段分布不均衡，幼稚園階段占比極低，均為1%，小學階段均與華語相近，中學階段則分別高達47%和46%，說明馬來語、英語在學齡前階段幾乎無人完成，兩語的完成主要在中學階段尤其是高中階段，依靠在學校語境中的系統學習來掌握和運用。訪談的情況印證了問卷調查的結論，絕大部分華族生說他們的馬來語和英語在進入幼稚園以前完全沒有學習語境，後來通過幼稚園內外的社會語境零星習得一些，在7歲以後馬來語、英語在學校環境既是作為必修課學習而且師生、學生間互動較多，學習成效顯著。三語4個等級的水準評測中，華語均最好，沒有4級（「不標準故交流困難」），馬來語和英語均有4級。僅以語音為例，華語1級（「很標準」）、2級（「標準」）合計達

77%，而馬來語和英語則分別合計為53%和47%，其中英語1級為0%。訪談中，華族生大都陳說，在中學畢業後，除了留學和經商，華人升學和就業的機會不多，馬來語和英語的學習和使用範圍變窄，語境減少，兩語維持在中學畢業水準，日常主要使用華語和方言在華人家庭和華人社群內溝通交流。

文化傳承及認同是獨中未來發展的重中之重——獨中華文教學現況初探

李保康

馬來西亞南方大學學院中文系博士生

引言

本文聚焦於馬來西亞華文獨中華文科的教學現狀，探討中華文化傳承、中華文化認同與華文獨中存在的內在關係。自上個世紀五〇年代開始，世界性的教育改革浪潮掀起，各種關乎教育，特別是教學過程的理論紛陳而出，令人目不暇給。直至八〇年代以降，則轉而對各種教育觀念的深究與轉變，主要是集中在教師及學生這兩者相互關係的探討上。時至今日，各國的教育改革呼聲仍此起彼落，惟大家的目光基本上也僅集中在教育科學和教育技術這兩方面。

獨中的教改倡議及「素質教育」也自上世紀末提出，歷經廿餘年推動，其間雖催生《獨中教育改革綱領》、《馬來西亞華文獨中教育藍圖》及《馬來西亞華文獨立中學課程總綱（試行版）》三份繼《華文獨中建議書》（1973年發佈）之後的重要指導文件，但究其實，各校具體落實之且奏效的並不顯著。固有的課程結構、教育體系、教學內容、方法及評量機制，加上各校本身的管理思維、措施、師資條件等，都限制或拖慢了教改及素質教育的進程，甚至有「空轉」的情形。故此，對於該如何加大力度或調整步伐，加快教改步伐，確保素質教育得以落實的種種反思與討論於焉產生。故而，本文擬嘗試從另一個視角（姑且稱之為「教育戰略」）切入，追尋先賢們當年堅持不接受改制，創辦華文獨中以至於今的初心，希望能為華文獨中持續邁向未來、穩健前行提供一點建議。

一、獨中的產生、一般使命及特殊使命

華文獨中是馬來西亞教育體系之外一道特殊的風景。自1961年國家實施《1961年教育法令》以來，許多華文中學改制為英文中學，而拒絕改制的華文中學則成為華文獨立中學，以私立民辦的形式存在，由華社創辦及經營，經濟上並未獲得政府的資助，辦學經費及發展建設所需一概仰賴民間（團體、企業或個人）的捐助及學雜費收入。儘管被擯棄於國家教育主流之外，但作為馬來西亞重要的教育體系之一，獨中的辦學仍然扣緊國家需要及社會現實，培育學生，為國儲才。因此，獨中具備完整的六年學制，下則為華文小學（官方辦學體系）的延續，強調讓華族子弟能夠接受完整的12年基本母語教育，上則為銜接國內外大專院校，是華裔子弟往後追求高等教育的基石與橋樑。與此同時，華文獨中有別於一般學府的辦學使命，即它亦肩負了延續民族傳統文化，發展民族教育的神聖任務。

二十世紀六〇年代的那次改制風暴，使得華文獨中的辦學陷入低潮，由於經費支絀，生源驟減，獨中的生存和發展一度面臨重大危機。所幸霹靂州的華教人士率先發起華文獨中復興運動，並得到華社與董總和教總（簡稱「董教總」）的熱烈響應，獨中復興運動旋即在全國展開。隨著華文獨中復興運動發展的需要，董教總在1973年發佈《華文獨立中學建議書》（以下簡稱《獨中建議書》），確立了華文獨中的使命和辦學路線，也成立了董教總全國發展華文獨立中學運動工作委員會（簡稱「董教總獨中工委會」）。《獨中建議書》裡明確

地指出：「華文小學六年不足以維護及發揚博大精深的中華文化，必須以華文獨中為堡壘，方能達致目標。」並且強調「堅持以華文為主要教學媒介，傳授與發揚優秀的中華文化，為創造我國多元種族社會新文化而作出貢獻」。此即為華文獨中總的辦學方針之第一項。

2005年董總獨中工委會在《獨中建議書》的基礎上，回應「華文獨中教育要培養怎樣的人」這一命題，發佈了歷時9年研擬之後的《獨中教育改革綱領》，再次強調華文獨中「肩負維護與發展中華文化和民族教育的任務」。並且表示「面對21世紀科技迅速發展，國際交流頻繁的時代，文化除了需要得到傳承，也需要創新和發揚。科技的發達，無疑在這方面提供了極大的便利。換句話說，時代需要具有科技和文化素養的個人，以個人和民族優秀的文化，豐富世界文化的多樣性」。整份綱領，圍繞著《獨中建議書》擬定的大方向，結合獨中（當時的）教育現況，用「立足共同點，強調整體性」的策略，帶領獨中辦學者「正確面對壓力，反思教育問題」，在既有的基礎上重新規劃獨中教育的發展藍圖，以應對未來的挑戰。

《獨中教改綱領》以「回顧獨中教育目標，以教育理論與研究成果為決策依據，超越經驗主義，擺脫非教育因素的干預，加強獨中教育專業」等論述，試圖從課程與教學、德育與學生發展、教學評鑑與管理、教師發展、學校發展等面向提出一份「理論領航、實踐指導」，「將作為未來十至二十年獨中、獨中工委會和州董聯會發展」的文件。當然，《教改綱領》也延續了《獨中建議書》的基礎，當中所揭櫫的四個獨中教育理念，其中就有「延續民族文化，豐富世界文化：獨中教育以維護和發展民族教育和文化為宗旨，讓中華文化在我國得以延續，並成為豐富我國和世界文化的重要資源」這一項。

2018年董總獨中工委會更是在既定的使命及已有的基礎上，借鑑現今世界教育最前沿的改革成果，發佈一份嶄新的指導性文件《馬來西亞華文獨中教育藍圖》（以下簡稱《藍圖》），為華文獨中未來十年的發展做出規劃。《藍圖》強調從「社會為主」轉向「以人為本」的典範轉移過程，以突出教育改革的重要性，勾勒出「新時代下的華文獨中」以及「新世代的學生」的樣貌。依循往例，「教育學生認識自己族群文化」、「培養學生對自己文化的認同感」、「傳承中華文化」、「為華社培養能夠延續民族事業和文化的知識分子」、「（肩負）維護與發展民族教育和文化的宗旨」等零星話頭。《藍圖》中仍可讀到，即便是時任董總主席的天猛公拿督劉利民，在其〈序言〉中也明確指出：華文獨中「不僅要能完成普通的中等教育機構所賦予的『一般教育使命』；也必須堅持，華文獨立中學作為我國華教運動特定條件下，從浴火中蘊育的『文化堡壘』的角色，必得要達成其母語、文化上的『特殊教育使命』」。由此可見，獨中以傳承及發揚中華文化為重責大任，也是獨中存在及維繫迄今的命根所系，換言之，華文獨中也是馬來西亞華社（或曰堅持不改制的先賢們）用以建構自身的文化認同的最主要途徑。然而，若自上世紀六〇年代改制風暴追溯起，華文獨中經過了一甲子救亡圖存的努力，其中華文化的傳承究竟成效如何，卻是一個值得深入探析的課題。

二、獨中傳承文化面對的挑戰

本文關切的重點，不在探討華文獨中作為一所延續華文小學，如何達致讓國民完成十二年基本母語教育的中等普通教育機構的功能（或其所謂的「一般教育使命」），而是要深入地探討華社先賢所賦予它的「特殊使命」，在整個獨中教育實施的過程當中，是否起到顯著的作用，甚至有效達成？筆者之所以執著於這一點，正是意識到教育的過程，其實也是文化「選編」的過程。人類通過教育，對自己的文化進行甄別、揀選、去蕪存菁，再傳授給下一代，讓文化能借助生命的傳衍得以賡續、更新，更讓生命因文化而生生不息。再者，當今之世，科技昌明，經濟水準日漸提高，人們的物質生活普遍得到了極大的改善，但隨之而來的社會問題也層出不窮。治安不靖、公德淪喪、虛無主義氾濫、拜金主義盛行等弊端，都直接或間接的影響了人們的精神文化與生活品質。而在全球化浪潮下，各國各族文化在相互交融碰撞中生存與發展，世界趨於大同，國域疆界的開放使大家都變成了地球人，於是隨之帶來的身分焦慮感，即「我是誰」的問題也更為突顯，人們也愈加清楚地意識到保護本民族傳統文化，是在世界之林中建構國家文化身分、加強自身文化識別的最有效方法，同時還可以加強民族以及國家的凝聚力及認同感。

無可否認的是，馬來西亞也正朝往現代化的路程上前進，西風東漸，歐風美雨對馬來西亞社會及各民族文化所帶來的衝擊與影響也在不斷的擴大，特別是年輕一代，在享受速食文化帶來的便捷之際，卻面臨精神領域的空白，民族語言的丟失與人文關懷的缺失，既對本身族群的傳統文化的核心價值知之甚少，也缺乏興趣和動力去了解，身處多元種族的國度裡，大家更加關注的是跨越族群之間的公民意識和核心國家價值。就在這樣一個內外夾攻的氛圍下，許多華裔新生代對自身的傳統文化不屑一顧甚或妄自菲薄，民族文化的凝聚力自然是不斷的被削弱。

外在的大環境是如此，而國內的形勢也同樣嚴峻。華文獨中此刻正面對許多考驗，特別是國家調整教育政策使教育市場化的步伐更為快速，短短的三五年內，國內的私立學校或國際學校以迅猛之勢快速成長，幾乎已達200所，這些學校的學生人數也節節攀升，加上社會結構、城鄉發展差異及家庭形態改變、少子化等因素，進一步稀釋了華文獨中的生源。即便是獨中本身，也由於資源、人口等地利因素，導致學校發展規模形成落差，如同「馬太效應」（Matthew Effect）所謂「大者愈大，小者愈小」的情形，出現教育生態失衡的現象。凡此種種，都值得獨中辦學者重視。有鑑於此，獨中的教改，除了所謂的教育科學、教育技術之外，還有什麼是值得關注的呢？我認為，就是文化的傳承、認同，以及由此上升到文化自信與文化實力的辦學理念或戰略。

當然，探究文化傳承乃至於文化認同的課題，不得不強調的兩個觀點是：（1）文化認同和國家認同，族群認同乃至於政治身分的認同儘管有相互交集的地方，但彼此並不相同，也不全然存在衝突。唯有在這樣的認知下，本文的探究才有實質的意義。（2）傳承及認同本身民族的文化，是建立在尊重他人傳承及認同其自身文化的基礎之上，因此這個行為本身其實很好。然而，必須認清的一點是：跨族群或跨文化的交流，並非以貶抑（或隱藏）自身，高看（或張揚）他人的文化為交易的手段，進一步說，後者其實更像是國家意識長期主導下順民政策的表徵，不僅無法做到真正的族群間的交融，反而會在各族之間滋生更多的隔閡與誤解。

由是觀之，本文擬探討的獨中教育「文化傳承」課題，實際上是極其嚴肅的課題。中華文化的傳承與弘揚之效果是否顯著，我們可以透過面向社會大眾（主要是家長）、教師及學生的調研（問卷及訪談）了解情況，再配合各類文獻及統計資料，從中窺探一甲子以來獨中發展規模、生源數的高低起落，掌握「家長認同程度」「社會支持高低」，藉以判定「文化傳承」成效的顯著與否。而「文化傳承」成效的顯隱，必定與「文化認同」程度的高低脫離不了關係，更對「文化自信」（或曰「文化實力」）的強弱起著決定性的作用。可以說，無論是「文化認同」抑或「文化自信」，它們終將直接左右華文獨中未來能否永續經營的命運，以及中華文化能否在馬來西亞賡續久遠的關鍵。

三、華文科教學是探究獨中文化傳承成效的主要途徑

和其他體系的教育一樣，獨中教育的過程中也存在必不可少的、有形及無形的眾多要素，僅以有形的要素論，則包括教師、教學內容、教學方法（軟體）和教學手段（硬體）。而探討「中華文化傳承」之「特殊使命」的路徑很多，本文則擷取「華文教學」為切入點，並盡己所能，推擴至「教師」、「教材」諸面向逐一剖析，並冀能提出具體的建議。之所以選擇這樣一個方向，不外乎以下原因：

其一，華文獨中既是標舉以傳承及弘揚中華文化為使命，則選擇華文教學為探究方向是最直接的管道。畢竟以華文作為母語教育，在提高人文素質方面起著重要的作用。

其二，華文獨中傳統上除了英文、馬來西亞文及個別的特殊學科（如會計學）以外，基本上均採用華文教材，且校內行政語言及教學媒介語悉以華語華文為主，這其實就是文化「浸濡」的效用。

其三，現代學校教育的操作模式，基本上不會脫離學科教學。儘管所有的學科（或任教教師）均可能對學生進行人格品德塑造工作，發展學生智力，培養良好學習習慣及提高學生文化素質，然而語文教學除了對學生進行語言文字訓練，使學生具有一定的聽說讀寫能力的「工具屬性」的任務以外，它又不同於一般的自然科學，因為它是一門集文史哲、倫理道德與天文地理等知識和常識於一體的文選型人文科學，具有豐富的人文精神和文化內涵。易言之，語文教學的內容涵蓋了人類社會生活的各個方面。學語文，其實就是學文化。華文獨中的華文教學，其重要程度自是不言而喻。

四、一些展望

本文聚焦於獨中的華文科教學，從深究華文獨中總的教育目標到學科教育目標，再到華文科的課程設置、華文教科書編選、華文教師隊伍，乃至於配合華文教學的實踐活動、環境教育等諸般面向逐一剖析，輔以問卷調查、文獻分析及實地採訪等方式，盡可能完善研究，梳理獨中的華文教學與中華文化傳承之間的關係，不僅調和華文教學之工具性與人文性的統一，將中華文化傳承的聚焦點從「需不需要傳承」逐漸轉移到「傳承什麼文化、怎麼傳承文化」，並且期待能提出具體可行的建議，加強文化傳承的力度，既能展現中華文化兼容並蓄的能力，也能進一步堅實中華文化的防禦力等，俾使華文獨中得以永續經營。

文化傳承及文化認同，是獨中未來發展的重中之重，本文對此提出六項展望：

（1）獨中辦學者應將文化傳承、文化認同提高到學校經營管理的戰略高度上，面向社會大眾、家長時，能有效的提高文化傳承及認同的力度，促進生源及資源（財力、物力）成長。

（2）教師隊伍在理念上能接納及認同中華文化，形成「一榮俱榮、一損俱損」的群體，從行為舉止、言傳身教各方面影響學生的人格成長。

（3）華文教師能從工具性與人文性相互糾葛的泥淖中跳脫，服膺語文教學「文道統一」的境地，既能沉潛，又能超越，引領學生涵泳其中。

（4）課程及教材部分，應做更嚴謹且有系統的設置與編制，循序漸進地融入華文教學之中。

（5）配合課堂教學，開展課外活動，甚至結合社區資源，開拓在地的文化傳承活動。

（6）在人倫日用中充分體現中華文化的精髓與風貌，消弭學生對文化傳承的茫然與莫名的恐懼。

華文獨立中學不應止步在過往（改制後）經營管理（行政、課程、考試、經費等）上的「獨立」，而是要上升到「獨特」，能展現深厚的文化底蘊，不僅讓師生認同、社會大眾矚目，更能憑藉這些家底，自信坦然地與各族群、文化進行對話與交流。

風起南洋，詩承中華——《風起南洋——馬來西亞華人的華文教育、族群認同與多元文化》編後記

二〇二〇年夏天，時值Covid-19肺炎肆虐世界各地，「雲端會議」成為學術互動的新生事物，許多之前想舉辦但困於經費、時間、手續或各種原因的會議皆得以成功在「雲上」舉辦，據有案可查的資料，僅在二〇二〇年下半年，全世界各科研機構雲端舉辦各類國際學術會議近二十萬次，是二〇一九年全球國際學術會議的二十倍。一場疫情竟然加劇了人類知識流動，這皆在意料之外。

在這樣的契機下，我作為召集人，在馬來西亞華校董事會聯合會總會（董總）前首席行政主任莫泰熙先生、美國杜魯門州立大學教授暨中國教育部「長江學者」講座教授令狐萍女士、中國國際關係學院盛靜教授三位學界同行的支持下，發起「馬來西亞華人的華文教育、族群認同與多元文化」國際學術會議，該會議由武漢大學國家文化發展研究院主辦，由馬來西亞旅華同學會、馬來西亞留華同學會作為支援單位。

這是武漢大學第一次舉辦馬來西亞華人文化國際學術會議，很快得到海內外馬華研究領域學者的回應，短短一個多月時間裡，我們收到來稿近100篇，並得到了馬來西亞南方大學學院王潤華教授、中國暨南大學王奕平教授、中國中山大學范若蘭教授等前輩學者的賜稿與支持。

來稿內容多元，探討了馬華文化的方方面面，為我們展現出了馬華文化的複雜性與多樣性，如媽祖文化產業、馬來西亞華文教育、馬

華移民歷史等議題，當中許多內容使我們既大開眼界，更感歎馬華文化的博大精深與馬來西亞華人的艱辛不易。通過會務組的初步評審與同行學者的評議，我們遴選了十餘篇高品質的學術論文參加會議。會議議程分為四個環節，均安排在一天內完成。

本次會議首先由武漢大學國家文化發展研究院院長暨中國教育部「長江學者」特聘教授傅才武教授致開幕詞，分別由莫泰熙先生、王潤華教授、范若蘭教授與王奕平教授進行主旨發言。幾位學者的發言分別從馬華華文教育、族群認同與歷史演變等議題入手，高屋建瓴，得到了與會學者們的高度肯定，皆稱惠我良多。

會議上半場分別由南方大學學院華人族群與文化研究所所長（現任新紀元大學中文系教授）安煥然、廣東技術師範大學美術學院副教授謝雅卉、馬來西亞博特拉大學現代語言暨傳播學院副教授洪麗芬、馬來西亞拉曼大學中華研究院助理教授林志敏與鹽城師範學院文學院馬來西亞籍副教授莊薏潔等五位學者發表論文，他們分別就鄭和下西洋的「軟／硬實力」，「海上絲綢之路」的媽祖文化產業，從博特拉大學中文課程看馬來西亞中文高等教育的辦學形式，馬華文學與其他文學關係史等問題進行探討。

會議下半場分別由馬來亞大學中文系副教授潘碧華、馬來西亞拉曼大學中文系助理教授李樹枝、閩南師範大學教授王建紅、廈門大學海外教育學院副教授金美以及馬來西亞南方大學學院中文系博士生李保康等五位專家學者圍繞馬華作家林連玉的古體詩詞創作，馬華「五一三事件」的文學敘事，馬來西亞檳城閩粵華人的田野調查，廈大馬來西亞分校以及當地獨立中學的華文教育等馬華文化研究各問題展開探討。我作為主辦方代表，亦應邀忝列其中，以盡雲端地主之誼，叨陪末座，發表了關於「馬華學」研究的簡短發言。

在兩場會議中間，我們還依循國際學術會議通例，專設了青年學者論壇。來自於復旦大學、中山大學、馬來亞大學、武漢大學與廣東外語外貿大學的蔣明、黃薇妮、陳國偉、錢杉杉、白丹妮、袁敏棻等六位同學分別從思想史、民族史、文學史、政治史、民俗與語言學等不同學科背景出發，探討了與馬華文化有關的若干重要學術問題。在青年學者論壇之後，我們評審出本次會議的優秀論文。

這次會議自始至終得到了中國的「澎湃新聞」、中國社會科學網、馬來西亞《星洲日報》等媒體同行的支持，蒙郭飛先生、于淑娟女士與邢知博女士厚愛，多次刊發會議綜述、會訊等消息以作宣傳，武漢大學網站也發佈了會議綜述新聞。會議全程在「學術志」網絡平台直播，吸引十餘萬馬來西亞華人朋友線上觀看，並在網絡平台上留言近千條，多是客居世界各地的馬來西亞華人朋友的熱情支持，當中許多留言讓我們倍感溫暖。這場學術會議的熱烈反響遠在我和同事們意料之外。猶記會議圓滿收官當天晚上，一直從事會議現場記錄的代晴小姐幾乎熱淚盈眶。

遵循學術慣例，會務組在廣泛徵求與會學者意願的前提下，邀請學界同行對提交的論文進行兩輪評議，將本次會議中有代表性的論文結集出版。論文集編輯工作由莫泰熙先生、令狐萍教授與盛靜教授擔任學術顧問，由本人擔任主編，由我院助理教授紀曼小姐、研究生高洋同學及湖北省馬來西亞同學會主席楊艾昕同學擔任副主編，肖怡星、代晴、胡紫純、周雪盈、楊國榮、張慧敏等多位同學在會議籌備與文集編輯工作中努力良多。哈佛大學東亞系王德威教授為本次會議的舉辦與論文集的出版提供了寶貴的指導意見，我院院長傅才武教授專程為此論文集撰序，我作為會議的召集人與論文集的主編，謹向諸位表示感謝。

我們在徵求諸位與會嘉賓意願時了解到，這次「雲會議」節省了大量的時間與人力物力，並收穫了預期的學術價值，大家對會議所取得的學術反響一致表示肯定，且期待今後可以以一種不定期常設「雲端論壇」的形式，舉辦後續會議或專題研討，以進一步精研馬華文化，團結國際同行，打造學術研究共同體，共襄馬華文化研究之盛舉。

本論文集的編輯出版承臺灣秀威資訊科技股份有限公司鼎力相助，發行人宋政坤先生、副總編輯蔡登山先生、出版部經理鄭伊庭小姐與責任編輯孟人玉小姐襄助，諸君在論文集出版過程中的熱情與付出，使我們銘感五內，特此鄭重致謝。

南洋風起，詩承中華。從籌辦這場學術會議以及後續的論文集編輯工作中，我們不斷被馬來西亞華人數百年來莊敬自強、堅忍不拔的家國情懷所感動。從昔日的「模範移民」到今日的「海濱鄒魯」，馬來西亞華人的發展史，正是一部承自中華文脈的壯麗史詩。借用馬華作家鍾怡雯女士的話就是——

「一首存在於天地間，充滿隱喻的詩。」

我相信，這本論文集的出版決不是我們工作的結束，而是一場共同學術事業的開篇。

韓晗

二〇二二年一月五日

語言文學類　PG2731　文學視界138

風起南洋
——馬來西亞華人的華文教育、族群認同與多元文化

主　　編／韓晗
副 主 編／紀曼、高洋、楊艾昕
作 者 群／潘碧華、成茉莉、錢杉杉、何啟才、蔣明、王潤華、安煥然、
袁敏棻、謝雅卉、莊薏潔、李樹枝、莫泰熙、陳奕平、
洪麗芬、金美、李保康
學術顧問／莫泰熙、令狐萍、盛靜
文字整理／代晴、周雪盈、楊國榮、胡紫純、肖怡星、張慧敏
責任編輯／孟人玉
圖文排版／蔡忠翰
封面設計／劉肇昇

發 行 人／宋政坤
法律顧問／毛國樑　律師
出版發行／秀威資訊科技股份有限公司
114台北市內湖區瑞光路76巷65號1樓
電話：+886-2-2796-3638　傳真：+886-2-2796-1377
http://www.showwe.com.tw
劃撥帳號／19563868　戶名：秀威資訊科技股份有限公司
讀者服務信箱：service@showwe.com.tw
展售門市／國家書店（松江門市）
104台北市中山區松江路209號1樓
電話：+886-2-2518-0207　傳真：+886-2-2518-0778
網路訂購／秀威網路書店：https://store.showwe.tw
國家網路書店：https://www.govbooks.com.tw

2022年8月　BOD一版
定價：420元

讀者回函卡

國家圖書館出版品預行編目

風起南洋：馬來西亞華人的華文教育、族群認同與多元文化/潘碧華, 成茉莉, 錢杉杉, 何啟才, 蔣明, 王潤華, 安煥然, 袁敏棻, 謝雅卉, 莊薏潔, 李樹枝, 莫泰熙, 陳奕平, 洪麗芬, 金美, 李保康作；韓晗主編. -- 一版. -- 臺北市：秀威資訊科技股份有限公司, 2022.08

面； 公分. -- (語言文學類；PG2731)(文學視界；138)

BOD版

ISBN 978-626-7088-87-6(平裝)

1.CST: 華僑 2.CST: 華僑教育 3.CST: 族群認同 4.CST: 多元文化 5.CST: 馬來西亞

577.2386 111009846